科学技术与文明研究丛书

主 编／柯 俊 梅建军

陕北出土商周青铜器的科学分析研究

兼论商代晚期晋陕高原与殷墟的文化联系

刘建宇 梅建军 刘 煜 陈坤龙◎著

科学出版社

北 京

内 容 简 介

自 20 世纪 50 年代以来，陕北地区不断有商周青铜器的发现和出土。这些青铜器兼具北方或中原的特征，是研究商周青铜器发展和区域特征必不可少的重要资料，历来为学界高度重视。本书以陕北地区出土的商周时期青铜器作为主要研究对象，开展了元素成分、金相组织、铅同位素比值以及制作工艺等几方面的检测分析，探讨了陕北地区商代晚期至战国晚期青铜冶金技术的特点及铸铜原料来源等相关问题。另外，本书还对河南安阳殷墟遗址出土的部分青铜器及冶铸遗物进行了铅同位素比值分析，讨论了商代晚期陕北地区与中原地区在青铜器及金属矿料等物质文化方面的交流问题。

本书适合历史、考古、文博等相关专业的师生，以及科学技术史、冶金考古等领域的研究人员、爱好者参考阅读。

图书在版编目（CIP）数据

陕北出土商周青铜器的科学分析研究：兼论商代晚期晋陕高原与殷墟的文化联系 / 刘建宇等著. —北京：科学出版社，2023.6
（科学技术与文明研究丛书 / 柯俊，梅建军主编）
ISBN 978-7-03-075417-2

Ⅰ.①陕… Ⅱ.①刘… Ⅲ.①青铜器（考古）-冶金史-技术交流-中国-商周时代 Ⅳ.①K876.41

中国国家版本馆 CIP 数据核字（2023）第 069377 号

丛书策划：侯俊琳 邹 聪
责任编辑：刘红晋 王光明 / 责任校对：韩 杨
责任印制：李 彤 / 封面设计：有道文化

科学出版社 出版
北京东黄城根北街 16 号
邮政编码：100717
http://www.sciencep.com
北京建宏印刷有限公司 印刷
科学出版社发行　各地新华书店经销
*
2023 年 6 月第 一 版　开本：787×1092　1/16
2023 年 6 月第一次印刷　印张：14
字数：248 000
定价：118.00 元
（如有印装质量问题，我社负责调换）

总 序

　　20 世纪 50 年代，英国著名学者李约瑟博士开始出版他的多卷本巨著《中国科学技术史》。该书的英文名称是 *Science and Civilisation in China*，也就是"中国之科学与文明"，该书在台湾出版时即采用这一中文译名。不过，李约瑟本人是认同"中国科学技术史"这一译名的，因为在每一册英文原著上，实际均印有冀朝鼎先生题写的中文书名"中国科学技术史"。这个例子似可说明，在李约瑟心目中，科学技术史研究在一定意义上或许等同于科学技术与文明发展关系的研究。

　　何为科学技术？何为文明？不同的学者可以给出不同的定义或解说。如果我们从宽泛的意义去理解，那么"科学技术"或许可视为人类认识和改变自然的整个知识体系，而"文明"则代表着人类文化发展的一个高级阶段，是人类的生产和生活作用于自然所创造出的成果总和。由此观之，人类文明的出现和发展必然与科学技术的进步密切相关。中国作为世界文明古国之一，在科学技术领域有过很多的发现、发明和创造，对人类文明发展贡献卓著。因此，研究中国科学技术史，一方面是为了更好地揭示中国文明演进的独特价值；另一方面是为了更好地认识中国在世界文明体系中的位置，阐明中国对人类文明发展的贡献。

　　北京科技大学（原北京钢铁学院）于 1974 年成立"中国冶金史编写组"，为"科学技术史"研究之始。1981 年，成立"冶金史研究室"；1984 年起招收硕士研究生；1990 年获批科学技术史硕士点，1996 年获批博士点，是当时国内有权授予科学技术史博士学位的为数不多的学术机构之一。1997 年，成立"冶金与材料史研究所"，研究方向开始逐渐拓展；2000 年，在"冶金与材料史"方向之外，新增"文物保护"和"科学技术与社会"两个方向，使学科建设进入一个蓬勃发展的新时期。2004 年，北京科技大学成立"科学技术与文明研究中心"；2005 年，组建"科学技术与文明研究中心"理事会和学术委员会,聘请席泽宗院士、李学勤教授、严文明教授和王丹华研究员等知名学者担任理事和学术委员。这一系列重要措施为北京科技大学科技史学科的发展奠定了坚实的基础。2007 年,北京科技大学科学技术史学科被评为一级学科国家重点学科。2008 年,北京科技大学建立"金属与矿冶文化遗产研究"国家文物局重点科研基地;同年,教育部批准北京科技大学在"211 工程"三期重点学科建设项目中设立"古代金属技术与中华文明发展"专项,从而进一步确立了北京科技大学科学技术史学科的发展方向。2009 年,人力资源和社会保障部批准在北京科技大学设立科学技术史博士后流动站,使北京科技大学科学技术史学科的建制化建设迈出了关键的一大步。

30 多年的发展历程表明,北京科技大学的科学技术史研究以重视实证调研为特色,尤其注重(擅长)对考古出土金属文物和矿冶遗物的分析检测,以阐明其科学和遗产价值。过去 30 多年里,北京科技大学科学技术史研究取得了大量学术成果,除学术期刊发表的数百篇论文外,大致集中体现于以下几部专著:《中国冶金简史》、《中国冶金史论文集》(第一至第四辑)、《中国古代冶金技术专论》、《新疆哈密地区史前时期铜器及其与邻近地区文化的关系》、《汉晋中原及北方地区钢铁技术研究》和《中国科学技术史·矿冶卷》等。这些学术成果已在国内外赢得广泛的学术声誉。

近年来,在继续保持实证调研特色的同时,北京科技大学开始有意识地加强科学技术发展社会背景和社会影响的研究,力求从文明演进的角度来考察科学技术发展的历程。这一战略性的转变很好地体现在北京科技大学承担或参与的一系列国家重大科研项目中,如"中华文明探源工程""文物保护关键技术研究""指南针计划——中国古代发明创造的价值挖掘与展示"等。通过有意识地开展以"文明史"为着眼点的综合性研究,涌现出一批新的学术研究成果。为了更好地推动中国科学技术与文明关系的研究,北京科技大学决定利用"211 工程"三期重点学科建设项目,组织出版"科学技术与文明研究丛书"。

中华五千年的文明史为我们留下了极其丰富的文化遗产。对这些文化遗产展开多学科的研究,挖掘和揭示其所蕴含的巨大的历史、艺术和科学价值,对传承中华文明具有重要意义。"科学技术与文明研究丛书"旨在探索科学技术的发展对中华文明进程的巨大影响和作用,重点关注以下 4 个方向:①中国古代在采矿、冶金和材料加工领域的发明创造；②近现代冶金和其他工业技术的发展历程；③中外科技文化交流史；④文化遗产保护与传承。我们相信，"科学技术与文明研究丛书"的出版不仅将推动我国的科学技术史研究，而且将有效地改善我国在金属文化遗产和文明史研究领域学术出版物相对匮乏的现状。

柯　俊　梅建军

2010 年 3 月 15 日

先秦时期，在中原农业文化区以北，中原农业居民和北方游牧人群互相接触的地带，以长城为物化标志，逐渐形成了一条西起陇山向东至鄂尔多斯高原，再向东到桑干河谷至燕山的北方游牧文化带，这是一个在自然环境、经济类型、生活方式和价值观念上都有着自身特点的地区。

该地区出土的青铜器（在本书中为泛称概念）具有鲜明的地域特色，器物类别以工具、武器、装饰品等小件器物为主，而附于器物柄首端的铃、环、管銎以及动物形象的纹饰则是主要的器物特征。20 世纪二三十年代，部分国外学者便注意到了我国北方地区出土的这类特征鲜明的青铜器，并进行了著录研究，讨论它们与俄罗斯南西伯利亚地区出土青铜器之间在类型与装饰风格上的联系。[1]随着河南安阳殷墟遗址考古发掘工作的深入开展，在殷墟也出土了这类风格的小件铜器物，因此，中原与北方、北方与欧亚草原地区之间青铜文化的交流与相互影响也逐渐受到了国内外学术界的重点关注。[2]新中国成立后，该类具有地方特色的器物在我国北方地区陆续被大量发现，而且多数是与中原风格的青铜容器相伴出土的，随之对于该类器物的专题研究在 20 世纪 70 年代末 80 年代初开始勃兴。[3]

关于我国北方地区出土的具有地方特色的青铜器，目前学术界一般统称为"北方系青铜器"，历年来还有"绥远青铜器""鄂尔多斯式青铜器""北方式青铜器"等不

---

① 江上波夫，水野清一. 内蒙古·長城地带. 東京：東亚考古学会，1935.

② Karlgren B. Some weapons and tools of the Yin dynasty. BMFEA, 1945, 17: 101-144; Loehr M. Weapons and tools from Anyang, and Siberian analogies. American Journal of Archaeology, 1949, 53 (2): 126-144; Loehr M. Chinese Bronze Age Weapons: The Werner Jannings Collection in the Chinese National Palace Museum, Peking. Ann Arbor: The University of Michigan Press, 1956.

③ 林沄. 商文化青铜器与北方地区青铜器关系之再研究//苏秉琦. 考古学文化论集（一）. 北京：文物出版社，1987. 该论文最初于 1982 年在美国火奴鲁鲁召开的商文化国际研讨会上宣读；乌恩. 殷至周初的北方青铜器. 考古学报，1985（02）：135-156；田广金，郭素新. 鄂尔多斯式青铜器. 北京：文物出版社，1986.

同的称谓。这些称谓的沿用与发展也表明，学术界在我国北方各地出土的该类器物应代表着具有相同文化因素主体的问题上逐渐形成了共识。北方系青铜器是一个内涵较为宽泛的学术概念，虽基于中国考古学而提出，但视角却并不仅限于中国境内。所谓"北方系"的"系"指的是一种大的分类，虽然具有一定的笼统性和模糊性，但该概念的提出者林沄先生并不仅仅将其作为一个表达方便的"符号"，而是认为它有着深刻的经济和文化内涵。[①]他不仅强调了北方地区出土的青铜器在器类、器型、纹饰和艺术风格等方面与中原起源青铜器的区别，还提到了它们与欧亚草原其他地区青铜器的密切关系。[②]此外，北方系青铜器还具有分布范围广、时代跨度长的特点。分布在我国广阔的北方地区的北方系青铜器，虽然总体面貌上有着高度的一致性，但其中也不乏具有显著地域性特征的器物。因此，北方系青铜器还应是多源而多分支的一个复杂的综合体[③]，在强调北方系青铜器与中原青铜器的区别以及与欧亚草原青铜器的共性的同时，也应注意到该系青铜器所存在的地域性差异，而具有差异的地域基本上可以区分为晋陕高原、冀北和辽西三个地区。

晋陕高原是我国北方系青铜器的主要出土区域，大致包括内蒙古中南部、陕北、晋西北以及晋中等地，铜器出土地点大多沿南流黄河两岸分布在陕北高原和晋西北吕梁山区。这是一个在青铜文化面貌上高度趋同的地区，而该地区独特的地理位置也决定了其在中原青铜文化和欧亚草原青铜文化的相互交流过程中扮演着重要的角色。

陕北地区的北方系青铜器主要集中在商代晚期和东周时期两个阶段，并具有多元复杂的特征。在商代晚期陕北地区受到了中原文化的强烈影响，北方系青铜文化遗存中除了有未见于殷墟的具有鲜明欧亚草原特征的武器、工具和装饰品，还有综合了殷墟铜器形制与草原装饰风格的混合式器物，以及在殷墟遗址常见的中原风格的青铜礼容器。而东周时期该地区出土的青铜器，则显示出与欧亚草原青铜文化更为密切的联系。众多学者对该地区青铜器的类型划分、断代分期、文化归属、族属及其与周边青铜文化的关系等方面的课题进行了深入的研究，并大致建立起了较为清晰的时代和区

① 梅建军. "北方系青铜器"：一个术语的"诞生"和"成长"//《法国汉学》丛书编辑委员会. 考古发掘与历史复原. 北京：中华书局，2006.
② 林沄. 早期北方系青铜器的几个年代问题//内蒙古文物考古研究所. 内蒙古文物考古文集. 北京：中国大百科全书出版社，1994.
③ 林沄. 早期北方系青铜器的几个年代问题//内蒙古文物考古研究所. 内蒙古文物考古文集. 北京：中国大百科全书出版社，1994.

域特征框架。但由于该地区的铜器多是偶然发现或是采集品，大多没有经过正式的考古发掘，缺乏明确的地层关系和共存陶器，加之该地区人群的流动特性以及相关文献资料的缺乏，在青铜文化遗存的断代分期、文化渊源、族属等方面的考古学研究还存在着许多难点。另外，该地区出土青铜器的技术特征还有待进一步揭示。

目前，科学分析研究已是北方系青铜器研究的重要领域。经过 20 余年的努力，国内外关于北方系青铜器的科学分析工作取得了显著的进展，并呈现出由点及面、稳步推进、分析手段多样化的特点。但总体上，系统的有针对性的分析工作还需加强。本书选择陕北地区出土的铜器作为主要研究对象，从科学分析检测、制作技术考察等角度入手，开展冶金考古学研究，以期揭示陕北地区青铜冶金技术的特点。另外，本书还对殷墟出土的北方系青铜器进行了矿料来源研究，期望能对探讨北方与中原地区之间在文化、技术、资源等方面的交流问题提供有益的信息。

图　目　录

表 目 录

第1章
研究背景、内容
与方法

1.1 陕北青铜器出土概况

陕北，是对陕西省北部地区的简称，是相对于陕西的陕南和关中而言的，在行政区划上包括榆林和延安两市及其所辖县（区）。该地区位于我国黄土高原的中心部分，其南缘以渭北北山山系为天然分界线与关中平原相接，北靠毛乌素沙漠，和鄂尔多斯高原接壤，东隔南流黄河与山西相望，西以子午岭为界与宁夏、甘肃相邻。陕北高原以黄土塬、梁、峁、沟为基本地貌，地势西北高，东南低，总面积 9 万余平方公里，其独特的地理位置和生态环境孕育了独特的历史文化。

先秦时期，陕北地区是"戎狄"的活动范围，在商代属于商代方国属地，春秋战国时期主要是游牧民族和秦人活动的区域。①从文化地理的视角看，陕北地区正处于北方游牧文化带的中段，是典型的"农牧交错带"②，是北方游牧民族与中原王朝政治势力彼此消长及社会文化相互融合交错的区域，也是中国中原地区和欧亚草原地带之间联系或相互影响的重要通道，在考古学研究上具有非常重要的意义。

从已发表的资料来看，陕北地区出土的青铜器，年代主要集中于商代晚期和春秋战国时期两个时间段，商代以前及西周时期的青铜器及相关遗存仅有少量的发现。

1.1.1 商代以前青铜器出土概况

2006 年陕西省考古研究所（后更名为陕西省考古研究院）在榆林市榆阳区小纪汗镇昌汗界村考古发掘出土 1 件环首刀，时代为新华遗址二期文化（约 2000 BC）。③该环首刀是典型的北方系青铜器，由此推断至晚在夏代，陕北地区已有使用北方系青铜器的人群在活动。

近年来，随着对神木石峁城址的调查和发掘系统深入开展，在石峁城址的夏代遗

---

① 曹玮. 陕北出土青铜器. 陕北的商代青铜器研究. 成都：巴蜀书社，2009：1-43.
② 林沄. 林沄学术文集.2. 中国北方长城地带游牧文化带的形成过程. 北京：科学出版社，2009：39-76.
③ 曹玮. 陕北出土青铜器. 陕北的商代青铜器研究. 成都：巴蜀书社，2009：1-43.

存中出土了环首刀、锥、镞、环（包括齿轮环）等铜器，以及制作环首刀、锥等器物的石范[①]，不仅为揭示中国北方地区早期铜器的形制和技术特征增添了重要实物资料，而且说明陕北地区的先民至少从夏代早期已掌握了铜器的范铸技术[②]。

1.1.2　商代青铜器出土概况

自 20 世纪 40 年代以来，陕北地区陆续出土了大量商代晚期的青铜器，据目前已整理公布的资料不完全统计，先后共出土约 33 批次，计约 297 件。出土地点主要分布在清涧[③]、绥德[④]、子洲[⑤]、吴堡[⑥]、子长[⑦]、延川[⑧]、延长[⑨]、甘泉[⑩]、淳化[⑪]等地。这些青铜器中包括容器 87 件，兵器 85 件，工具 35 件，车马器 1 件，饰品及其他 89 件。其中容器大多是典型的中原文化容器，也有直线纹簋等少量未见于殷墟的容器。兵器、工具中的直内戈、曲内戈、直内钺、镞、斧、锛、凿等与殷墟同类器物相同；也包括数量较多的管銎斧、三銎刀、兽首刀、环首刀、铃首剑、蛇首匕、羊首勺等具有鲜明北方草原文化特色的器物，整体面貌上与南流黄河东岸的晋西北地区所出青铜器相似；另外还有管銎钺、銎内戈等综合了中原器型特征与草原风格的混合式器物。车马器仅有 1 件弓形器，该类器物在殷墟和北方草原地区都较为常见，可能是驾驭马

① 孙周勇，邵晶，邸楠，等. 陕西神木县石峁城址皇城台地点. 考古，2017（07）：46-56+2.
② 陕西省考古研究院商周考古研究室. 2008～2017 年陕西夏商周考古综述. 考古与文物，2018（05）：41-65+2+193.
③ 戴应新. 陕北清涧、米脂、佳县出土古代铜器. 考古，1980（01）：95+70+108；陕西省考古研究所，陕西省文物管理委员会，陕西省博物馆. 陕西出土商周青铜器（一）. 北京：文物出版社，1979；高雪. 陕西清涧县又发现商代青铜. 考古，1984（08）：760-761；国家文物局. 中国文物地图集：陕西分册（下）. 西安：西安地图出版社，1998.
④ 黑光，朱捷元. 陕西绥德墕头村发现一批窖藏商代铜器. 文物，1975（02）：82-87；绥德县博物馆. 陕西绥德发现和收藏的商代青铜器. 考古学集刊，1982，2：41-43；吴兰，宗宇. 陕北发现商周青铜器. 考古，1988（10）：955-957；马润臻. 绥德发现两件青铜器. 考古与文物，1984（02）：112.
⑤ 榆林市文物保护研究所. 陕西子洲出土商代铜器. 文物，2015（01）：4-12.
⑥ 国家文物局. 中国文物地图集：陕西分册（下）. 西安：西安地图出版社，1998.
⑦ 齐天谷. 陕西子长县出土的商代青铜器. 考古与文物，1989（05）：140；陕西省考古研究所，陕西省文物管理委员会，陕西省博物馆. 陕西出土商周青铜器（一）. 北京：文物出版社，1979.
⑧ 樊俊成. 延川县出土的几件青铜器. 考古与文物，1995（05）：91；姬乃军. 陕西延川出土一批商代青铜器. 考古与文物，1992（04）：26-29；阎晨飞，吕智荣. 陕西延川县文化馆收藏的几件商代青铜器. 考古与文物，1988（04）：103；师小群. 陕西延川出土商代青铜器. 陕西历史博物馆馆刊（10），2003：185-190.
⑨ 姬乃军. 陕西延长出土一批晚商青铜器. 考古与文物，1994（02）：27-28+112.
⑩ 王永刚，崔风光，李延丽. 陕西甘泉县出土晚商青铜器. 考古与文物，2007（03）：11-22.
⑪ 姚生民. 陕西淳化县出土的商周青铜器. 考古与文物，1986（05）：12-22；姚生民. 陕西淳化县新发现的商周青铜器. 考古与文物，1990（01）：53-57.

车所用的"挂缰钩"①。饰品及其他器物中包括数量较多的铜泡，该类器物可能缀饰于甲胄。②此外，还出土 14 件金质饰品，包括金质弓形饰、云形金耳饰、金箔片等，是典型的北方风格金属器，在晋西北地区也有发现。这些器物绝大多数是当地群众在生产劳动时无意中发现的，虽根据同出的人骨可以确定为墓葬随葬品，但几乎都未经过科学的考古发掘。

目前，陕北地区经过正式发掘的商代晚期遗存有 20 世纪末发掘的清涧李家崖遗址和绥德薛家渠遗址，以及近年来发现的清涧辛庄遗址，这几处文化遗址的考古发掘，为陕北地区出土青铜器的断代分期与文化归属提供了可靠的时空坐标。其中，绥德薛家渠遗址中虽未出土铜器，但该遗址所在地及周边均有铜器墓发现③；李家崖遗址于 1983 年至 1991 年经陕西省考古研究所 4 次发掘，发现城墙、房址、窖穴和墓葬等遗迹，其中墓葬或遗址中出土有直内戈、管銎钺、直内戚、管銎斧、蛇首匕、镞、锥等铜器④，从铜器的类型特征上可推断陕北地区出土的商晚期青铜器与李家崖遗址应属于同一个文化系统。自 2012 年开始，陕西省考古研究院对辛庄遗址进行了系统的考古发掘，发现了宗教礼仪性的夯土建筑以及陶范、陶模、泥芯、铜渣等铸铜遗存，从陶范的形制来推测，铸造的器类至少包括青铜容器和车马器。⑤这些发现是进一步认识陕北地区商代考古学文化面貌和冶金技术特征的重要资料。⑥

1.1.3 西周青铜器出土概况

陕北出土的西周青铜器较少，且大多是典型的中原风格的器物，主要出土于延安市的富县、延长、洛川等地。其中规模较大的一批西周青铜器于 1988 年出自延长县安沟镇岔口村寨子山以南下坪山峁的一个窖藏，包括觥、簋、鬲、壶、盉、釜、杯、戈、削刀等共计 14 件铜器，另有圆形金饰片和带形金饰 2 件⑦；该窖藏出土器物绝大部分是中原风格的容器，其中环首柄釜、削刀以及金饰品的发现表明有北方草原文化

---

① 林沄. 林沄学术文集. 关于青铜弓形器的若干问题. 北京：中国大百科全书出版社, 1998: 251-261.

② 赵丛苍. 城洋青铜器. 北京：科学出版社, 2006.

③ 北京大学考古系商周考古实习组, 陕西省考古研究所商周研究室. 陕西绥德薛家渠遗址的试掘. 文物, 1988（06）: 28-37.

④ 张映文, 吕智荣. 陕西清涧县李家崖古城址发掘简报. 考古与文物, 1988（01）: 47-56; 陕西省考古研究院. 李家崖. 北京：文物出版社, 2013.

⑤ 文艳. 辛庄遗址首次发现铸铜陶范. 西安日报, 2015-12-09（005）.

⑥ 陕西省考古研究院商周考古研究室. 2008~2017 年陕西夏商周考古综述. 考古与文物, 2018（05）: 41-65+2+193.

⑦ 姬乃军, 陈明德. 陕西延长出土一批西周青铜器. 考古与文物, 1993（05）: 8-12.

因素的存在。富县羊泉镇下立石村出土 1 件素面鼎，洛川县百益乡居德村出土 1 件夔
纹鼎，时代均为西周早期；横山高镇镇出土 1 件波曲纹柄勺，时代为西周晚期。《陕
北出土青铜器》中还收录了 20 余件出土于绥德、神木、子洲、横山、子长、宜川等
地的青铜工具、武器，主要是斧、锛、环首刀、直内戈等器类。①

1.1.4 东周青铜器出土概况

陕北地区出土东周时期的青铜器数量较大，在陕西历史博物馆以及陕北地区各
市、县、区博物馆和文物管理部门的文物库房中均有大量收藏，《陕北出土青铜器》
中收录有陕北地区出土的东周青铜器 400 余件②，大多是器型较完整且具有代表性的
器物，而实际总数远不止这些。陕北出土的东周青铜器包括容器、兵器、工具、车马
器及装饰品等几类，以兵器、工具、车马器和装饰品为主，其中又以刀、带钩的数量
最多。但是这些青铜器大多是零星发现或征集品，绝大部分都没有经过科学发掘。20
世纪 80 年代，在神木的纳林高兔、李家畔、中沟、老龙池、马家盖沟和乔岔滩等地
发现了一些战国晚期的具有典型草原文化特色的金属器，但均未经正式发掘，其中纳
林高兔墓葬出土鹰喙鹿身怪兽纹金冠顶饰、金虎、银虎、圆雕银鹿、银环、盘羊银扣
饰、刺猬形铜竿头饰、银质错金剑柄、透雕花虫银饰片、铜扣饰等 20 余件；李家畔
出土圆雕兔形饰件、带扣、扣形饰、环形饰、锯齿形饰、管等 30 余件铜器；老龙池
出土 1 件双环首剑；马家盖沟出土 1 件铜釜；中沟出土圆雕铜狗、车軎、銮铃等十余
件铜器。③

整体上，陕北地区东周时期文化遗存的考古发掘资料较少。1983 年，陕西省考
古研究所陕北考古工作队在清涧李家崖文化古城址周边发掘了一批墓葬，时代范围约
从春秋中期偏晚至秦代，出土有陶器、铜器、铁器及玉石器，其中铜器包括剑、銎内
戈、矛、弩机、镞、带钩、管、环、扣及半两钱等 43 件；墓葬特征及陶器类型与晋
文化有较多相似性，銎内戈、带钩及部分双耳陶罐具有北方文化特征。④1984 年，北
京大学考古系商周实习组等在米脂县张坪村发掘四座东周墓葬，年代约为春秋早期或
两周之际，出土铜器包括长胡直内戈、环首刀、镞、环、带扣等 8 件，墓葬形制及陶

① 曹玮. 陕北出土青铜器. 陕北的商代青铜器研究. 成都：巴蜀书社，2009：1-43.
② 单月英，汪涛，曹玮. 陕北地区东周秦汉时期的铜器研究//曹玮. 陕北出土青铜器. 成都：巴蜀书社，2009.
③ 戴应新，孙嘉祥. 陕西神木县出土匈奴文物. 文物，1983（12）：23-30.
④ 陕西省考古研究所陕北考古工作队. 陕西清涧李家崖东周、秦墓发掘简报. 考古与文物，1987（03）：1-17.

器组合较多地反映了周文化因素，环首刀、带扣则具有北方文化特色。①2009 年，陕西省考古研究院在横山杨家峁村发掘一处东周时期的小型聚落遗址，年代为春秋中晚期至战国早期，该遗址出土了铸铜遗留下来的陶范残片 200 余片及少量铜渣，从陶器特征看其文化性质主要与晋文化相当，但也包含少量北方草原文化的因素。②2011 年 4 月至 12 月，陕西省考古研究院在黄陵县寨头河村发掘战国墓葬 90 座、马坑 2 座及方坑 1 座，出土有陶、铜、铁、骨、玉、石、料器等逾千件随葬品，其中铜器包括鼎、戈、剑、镞、车辖、车軎、马衔、马镳、铜铃、带钩、镯、环、管、牌饰、带扣、布币等，该墓地文化面貌复杂，多元文化因素共存，时代为战国中晚期，族属为戎人，国别为魏，为辨识该地区同类遗存的年代及性质提供了较为可靠的标尺。③

综上所述，陕北地区出土的青铜器主要集中于商代晚期和东周两个时期。商晚期典型的中原文化系统青铜器出土较多，尤其是有较多常见于殷墟的容器，而且大部分铜器群以觚、爵为主要的组合形式，显然晚商时期陕北地区与殷墟商文化和先周文化有密切联系；兵器、工具、装饰品等小件器物是商代晚期陕北地区出土铜器的大宗，其中较多的北方系青铜器代表着该地区的文化主体。陕北地区西周青铜器出土较少，以典型的中原系统器物为主，且大部分出土于陕北地区南部的延安市境内，少量兵器、工具在榆林地区仅有零星收集，由此可见或许西周时期周人势力未能深入陕北地区。东周时期陕北地区青铜器中北方草原文化特色的器物占主导地位，主要出土于北部的榆林地区，可见这一时期陕北地区北方草原文化繁盛，出土器物与鄂尔多斯地区青铜器面貌基本一致，与甘肃东部、宁夏地区联系密切。

1.2　陕北青铜器研究概述

随着陕北地区铜器出土数量的不断增多，学术界的研究方向逐渐从对出土青铜器的类型描述转向了更加深入的考古学研究。由于陕北地区商代晚期的青铜器与相邻的

① 北京大学考古系商周实习组，陕西省考古所商周研究室. 陕西米脂张坪墓地试掘简报. 考古与文物，1989（01）：14-20.
② 陕西省考古研究院. 2009 年陕西省考古研究院考古调查发掘新收获. 考古与文物，2010（02）：3-13+113-121+2.
③ 陕西省考古研究院. 2011 年陕西省考古研究院考古发掘新收获. 考古与文物，2012（02）：3-13+113-121+2；陕西省考古研究院，延安市文物研究所，黄陵县旅游文物局. 陕西黄陵寨头河战国戎人墓地发掘简报. 考古与文物，2012（06）：3-10+2+113-118.

黄河东岸晋西北地区出土的青铜器在类型特点上有较多相似之处，东周时期榆林地区青铜器与内蒙古鄂尔多斯地区出土的青铜器关系密切，因此大多数研究都将商代晚期的晋陕高原以及东周时期的陕北榆林和内蒙古鄂尔多斯地区分别作为一个地域性的群体来对待，对青铜器的分期断代、类群划分、不同时期的文化归属、族属，以及与中原商周文化和周边其他地区青铜文化的关系等多个方面的问题进行了深入探讨。

1.2.1　分期与年代

陕北出土的大多数青铜器都是在已裸露的地层中偶然被群众发现的，没有经过科学的发掘，缺乏明确的地层关系和共存陶器。因此，运用类型学的方法，结合器物的形制、纹饰、铭文以及器物组合形式等各方面的特征，参考中原地区商周青铜器的断代分期成果，与中原青铜器进行比对，是对陕北地区出土青铜器进行断代分期的主要途径。

由于陕北地区与晋西北地区地域相邻且地貌相似，出土的商代晚期青铜器在类型特征上也有较多的相似性，因此大多数学者都将这两个地区作为一个区域整体进行研究。张长寿在殷墟青铜器分为三期①的基础上，将晋西北及陕北地区十处不同地点出土的青铜器分为十组器物群，从器物的组合、形制和花纹等方面与殷墟礼器对比进行了年代分析，他认为1965年绥德墕头村出土的铜器群中壶的形状比较特殊，圆筒状，敛口斜腹，簋是殷末常见的百乳纹簋，应是殷墟第三期遗存，大约相当于武乙、文丁、帝乙、帝辛时期。②

邹衡在将殷墟文化划分为四期③的基础上，将山西境内的十组商墓铜器群分为三期：第一期相当于"殷墟文化第二期"；第二期大体相当于"殷墟文化第三期"；第三期大体相当于"殷墟文化第四期"。④虽然该文未提及陕北地区的商代晚期青铜器，但由于两个地区出土的商代晚期青铜器在文化面貌上具有较多一致性，因此该分期成果对陕北地区商代晚期青铜器的分期研究具有重要的参考意义。

---

① 张长寿关于殷墟青铜器的分期：第一期为盘庚迁殷以后到武丁时期；第二期大致相当于祖庚、祖甲、廪辛、康丁时期；第三期约当武乙、文丁、帝乙、帝辛时期。
② 张长寿. 殷商时代的青铜容器. 考古学报, 1979（03）：271-300.
③ 邹衡. 试论殷墟文化分期. 北京大学学报（人文科学）, 1964（04）：39-60+64-68.
④ 邹衡. 夏商周考古学论文集. 关于夏商时期北方地区诸邻境文化的初步探讨. 北京：文物出版社, 1980：253-293.

郑振香、陈志达则在殷墟文化分四期[①]的基础上，对 1964 年清涧张家圪、1965 年绥德墕头村、1974 年绥德后任家沟、1977 年清涧解家沟出土的四批商代青铜器进行了分期探讨。其中对绥德墕头村青铜器的分期结果与张长寿先生的意见不同，他们认为绥德墕头村出土的铜器群不属于同一时期，其中瓿近殷墟第一期，鼎、瓽、爵近第一期偏晚，而簋可能属第三期，因此该墓葬的年代应不晚于殷墟第三期，约当廪辛至文丁时期。另外，这种殷代晚期墓葬中出土第一、二期青铜器的现象也出现在 1974 年绥德后任家沟和 1977 年清涧解家沟出土的铜器群中，其中绥德后任家沟铜器群中瓽、爵、戈接近殷墟第二期，鼎为殷墟第三期，清涧解家沟铜器群中瓿、瓽接近殷墟第一期偏晚，甗、扁圆壶、盘和两件鼎接近第二期，两件簋则是殷墟第四期的形式。仅有 1964 年清涧张家圪出土的铜礼器是大体同时的，接近殷墟二期，约当武丁晚期至祖甲时期。[②]

李伯谦综合陕北与晋西北地区出土的商代晚期青铜器资料，将其分为五期。其中，子长柏树台出土的饕餮纹瓽及 1977 年清涧解家沟出土的饕餮纹瓿等器物属于第一期，绝对年代约为武丁以前盘庚至小乙时期；清涧张家圪铜器群为第二期的代表，绝对年代约为武丁时期；1977 年清涧解家沟（饕餮纹瓿、双耳簋除外）以及绥德后任家沟（涡纹鼎除外）出土的铜器群为第三期代表，总的风格与第二期接近，唯器类增多，某些器物形制发生变化，其上限或可到祖庚、祖甲时期，下限似不晚于康丁；绥德墕头村出土的饕餮垂叶纹壶、乳钉纹簋，绥德后任家沟出土的涡纹鼎，淳化黑豆嘴 M1 贯耳壶、M2 爵等器物属于第四期，绝对年代约为武乙、文丁时期；第五期缺乏典型单位，1977 年清涧解家沟出土的双耳簋是唯一可判明属于该期的器物，绝对年代当在帝乙、帝辛时期。[③]

刘军社将包括陕西东北部，山西西北、西部地区，内蒙古河套地区在内的陕晋蒙邻境地区出土的商代青铜器进行了分期分群研究。他采用了殷墟青铜器分为四期的划分方法，其中，1964 年子长柏树台出土的饕餮纹瓽为殷墟一期器物；1964 年清涧张

---

① 郑振香、陈志达以陶器为依据将殷墟墓葬分为四期，并在此基础上，结合所出青铜器的不同特点，将殷墟青铜器相应划分为四期。殷墟第一期可分早晚两组，年代约为盘庚迁殷至武丁早期；第二期约当武丁晚期至祖甲时期；第三期约当廪辛至文丁时期；第四期相当于帝乙、帝辛时期。该分期与邹衡在 1964 年发表的《试论殷墟文化分期》一文中的分期判断大致相同。

② 郑振香，陈志达. 殷墟青铜器的分期与年代//中国社会科学院考古研究所. 殷墟青铜器. 北京：文物出版社，1985.

③ 李伯谦. 从灵石旌介商墓的发现看晋陕高原青铜文化的归属. 北京大学学报（哲学社会科学版），1988（02）：15-29.

家圪、1977 年清涧解家沟出土的青铜器为殷墟二期器物；1965 年绥德墕头村、1974 年绥德后任家沟、1982 年清涧寺墕、1982 年淳化黑豆嘴、1987 年延川用斗（永斗）村以及 20 世纪 80 年代延川刘家塬、延川去头村、延川土岗村出土的青铜器为殷墟三期器物；吴堡出土的乳钉纹簋为殷墟文化四期器物。①

朱凤瀚在《古代中国青铜器》一书中将晋西与陕东北山地地区作为一个区域整体，从器物组合、形制等方面与殷墟青铜器比对，按照殷墟青铜器分为三期五段②的断代依据，对该地区出土的商代晚期青铜容器进行了年代讨论。其中，1965 年绥德墕头村出土铜器群约跨殷墟青铜器二期第 I 阶段至三期第 I 阶段，其中鼎的年代约相当于二期第 I 阶段，高圈足、乳钉雷纹的簋有可能晚到三期第 I 阶段，爵、觚、瓿则相当于二期第 II 阶段；1974 年绥德后任家沟出土的鼎、爵具有殷墟三期第 II 阶段特征；1964 年清涧张家圪诸器中瓿、高圈足直线纹簋接近于殷墟二期第 I 阶段，尊、盘约当二期第 II 阶段；1977 年清涧解家沟出土诸器年代也有早晚差别，其中甗、瓿、觚、高足盘相当于殷墟二期第 II 阶段，二鼎、壶约当三期第 I 阶段，二簋已晚到三期第 II 阶段；1987 年延川用斗村出土的瓿、斝相当于殷墟二期第 I 阶段，觚、爵相当于二期第 II 阶段。③

沃浩伟在上述研究的基础上，认为绥德墕头村、1977 年清涧解家沟、延川刘家塬出土青铜器的年代为武乙、文丁、帝乙、帝辛时期，而延川去头村的青铜器当进入周纪年。④

曹玮将已发表的陕北地区出土的商晚期青铜器进行了详细的形制分析，并将容器分成四组进行了年代推测。四组容器的年代分别对应殷墟文化一至四期。其中第一组包括 1965 年绥德墕头村出土的鼎、2002 年于延川征集的火纹爵、1987 年延川用斗村出土的雷纹爵及兽面纹斝、1964 年清涧张家圪出土的云雷纹瓿、1977 年清涧解家沟出土的兽面纹瓿等，年代约当盘庚、小辛、小乙、武丁的前半期；第二组包括 1977

①　刘军社. 陕晋蒙邻境地区商代青铜器的分期、分区及相关问题的探讨//中国考古学会. 中国考古学会第八次年会论文集 1991. 北京：文物出版社，1996.

②　朱凤瀚综合诸家的分析方法和成果，提出殷墟青铜器的分期应综合考虑主要常见器类之器形演变的阶段性、殷墟陶器分期、划为同期铜器群应具有的相对稳定的整体特征、青铜容器的组合形式以及铜器铭文的内涵等五个方面的因素。他将殷墟青铜器划分为三期五段，其中第一期为盘庚至武丁早期；第二期分两段，第 I 段为武丁早期，第 II 段为武丁晚期至祖甲时期（可延至廪辛时期）；第三期分两段，第 I 段为廪辛至文丁时期（可延至帝乙时期），第 II 段为帝乙、帝辛时期。

③　朱凤瀚. 古代中国青铜器. 天津：南开大学出版社，1995.

④　沃浩伟. 晋陕高原商周时期青铜器分群研究//杨建华，蒋刚. 公元前 2 千纪的晋陕高原与燕山南北. 北京：科学出版社，2008.

年清涧解家沟出土的连珠雷纹鼎、兽面纹鼎、龟鱼纹盘、兽面纹瓿、乳钉方格纹壶、兽面纹贯耳壶，1981 年绥德沟口村出土的简化兽面纹鼎，1983 年清涧寨沟村出土的简易兽面纹鼎，2005 年甘泉阎家沟出土的三件简易兽面纹鼎，1964 年清涧张家圪土的直线纹簋、龟鱼纹盘、兽面纹尊、弦纹罍，2002 年延川征集的夔纹簋、弦纹盘、兽面纹斝、壶，1982 年清涧寺墕出土的龟鱼纹盘，1981 年延长土岗村出土的简易兽面纹爵，1974 年绥德后任家沟出土的简易兽面纹瓿，1987 年延川用斗村出土的云雷纹瓿，1965 年绥德墕头村出土的兽面纹瓿、兽面纹贯耳壶，时代约当武丁的后半期、祖庚、祖甲时期；第三组包括 1977 年清涧解家沟出土的弦纹甗、1965 年绥德墕头村出土的乳钉方格纹簋及夔纹爵、1947 年子长李家塌出土的乳钉方格纹簋、1974 年绥德后任家沟出土的爵、2005 年甘泉阎家沟出土的兽面纹瓿等，年代约当武乙、文丁时期；第四组包括 1982 年甘泉寺崾子出土的兽面纹分裆鼎、1974 年绥德后任家沟出土的圆钉纹鼎、1977 年清涧解家沟出土的两件簋、1981 年吴堡冯家墕出土的乳钉方格纹簋、2005 年甘泉阎家沟出土的三件弦纹簋和两件素面簋等，时代约当帝乙、帝辛时期，有的器物的年代可能已进入西周时期。[①]

以上关于陕北商代晚期青铜器的年代分析研究的断代依据均为殷墟青铜器的分期成果，但由于诸位学者对殷墟青铜器的断代分期有不同的看法，对陕北商代晚期青铜器年代分析的表述也有所不同，而且对同一器物的绝对年代断定也不尽相同，但总体上他们对器群相对年代序列的判断基本一致。发表于 20 世纪八九十年代的文章中由于资料受限，仅对部分青铜器进行了年代判断，而曹玮的分期成果是目前较为系统全面的。

由于陕北地区西周青铜器出土较少，目前没有相关的专题论述，曹玮在《陕北的商代青铜器研究》一文中对其出土情况及初步的年代判断进行了简要综述，已在前文作过介绍，不另赘述。

陕北地区出土的东周时期青铜器以北方草原文化特色的器物为主，中原系统的青铜器数量较少，埋藏性质主要是墓葬，但很少有明确的地层关系和共存陶器，而且东周时期陕北地区的文化交流碰撞较为复杂，因此对该时期青铜器的断代分期研究具有一定的难度。陕北地区东周时期的青铜器有明确出土地点的较少且零散，因此研究者往往将陕北地区尤其是北部的榆林地区与地域相邻且文化面貌上基本一致的鄂尔多斯

---

① 曹玮. 陕北出土青铜器. 陕北的商代青铜器研究. 成都: 巴蜀书社, 2009: 1-43.

地区当作一个区域整体进行讨论。鄂尔多斯地区发现了较多东周时期的墓葬,出土了大量北方草原系统的青铜器,部分墓葬经过了正式的考古发掘,因此陕北地区东周时期北方系青铜器的年代判断大多以内蒙古鄂尔多斯地区的东周青铜器作为参考标准。

乌恩(乌恩岳斯图)认为春秋战国时期的鄂尔多斯地区已进入了早期铁器时代,该地区的文化遗存的年代相当于春秋中晚期至战国晚期,可划分为早、晚两个发展阶段,早期年代相当于春秋中晚期至战国早期;晚期年代相当于战国中晚期[①],其中陕北地区的纳林高兔等墓葬遗存属于该时期[②]。

杨建华根据地理特征和文化面貌将春秋战国时期的中国北方文化带分为三个相对独立的区域,即以陇山为中心的甘肃宁夏地区,以鄂尔多斯高原、岱海为主的内蒙古地区和以桑干河、燕山为中心的冀北地区,以墓葬中随葬青铜器组合作为第一标准,青铜器的形制变化作为第二标准,并参照 ^{14}C 测定数据,对东周时期的中国北方系青铜文化进行了分期研究。陕北包括在以鄂尔多斯高原为主的内蒙古西部地区。她将该地区出土的东周时期北方系青铜器划分为早、中、晚三期。其中早期称为前短剑与扣饰时代,年代为春秋晚期左右,文中指出属于该期宝亥社、明安木独和西园墓葬出土的带扣的形态特征与米脂张坪 M2 出土的带扣相似[③]。中期称为短剑与腰饰牌时代,年代为春秋晚期至战国早中期。晚期称为立体动物车马器和近长方形浮雕饰牌时代,该期又可分为早、晚两段,早段时代为战国晚期偏早,以立体动物竿头饰为代表器物,榆林纳林高兔、李家畔、中沟出土的器物属于该期;晚期晚段以浮雕饰牌为代表器物,时代为战国末年至秦代。[④]

单月英等学者对陕北地区出土的东周时期中原系统青铜器和草原系统青铜器分别进行了年代分析。中原系统青铜器方面,他们选取了数量相对较多的代表性器物如鬲、簋、鼎、壶等容器,戈、矛、剑等兵器以及装饰品带钩,从形制、纹饰等方面与周边地区经过科学发掘的年代相对比较确定的同类器物相比较,进行了年代推测。另

---

① 乌恩. 关于北方草原早期铁器时代文化的若干问题//中国社会科学院考古研究所. 21 世纪中国考古学与世界考古学. 北京:中国社会科学出版社,2002.

② 乌恩岳斯图. 北方草原考古学文化研究:青铜时代至早期铁器时代. 北京:科学出版社,2007.

③ 杨建华认为,年代较早的带扣的扣舌位于环外缘,向下方外突,例如中宁倪丁村 M2、宝亥社、明安木独、西园墓葬出土的带扣,这些遗存的年代为春秋晚期左右;年代稍晚的带扣扣舌位于扣环内侧,舌尖突出环外。米脂张坪墓地 M2 出土的带扣是杨建华文中提出的早期带扣的样式,在春秋晚期左右流行于鄂尔多斯地区,但米脂张坪墓地发掘简报报道该墓地的年代为两周之际,可见该类型带扣的出现年代应早于鄂尔多斯地区相应遗存的年代,考虑到青铜器沿用年代较长的特殊性,在晚期遗存中发现较早时期的铜器也属正常。同样的现象也出现于固原地区的孟塬墓葬中,该墓葬出土的环首刀形制与米脂张坪 M2 所出的环首刀形制相同,而孟塬墓葬的年代亦属春秋晚期左右。

④ 杨建华. 春秋战国时期中国北方文化带的形成. 北京:文物出版社,2004.

外，该文在乌恩和杨建华断代成果的基础上，对包括陕北地区在内的鄂尔多斯地区北方系青铜文化进行了整体的分期研究。他们认同乌恩将该地区考古学文化年代定在春秋中晚期至战国时期的意见，并将其分为早、中、晚三期。其中，早期为春秋中晚期；中期为春秋晚期至战国中期；晚期为战国晚期，纳林高兔墓葬、李家畔墓葬属于战国晚期遗存。[①]

以上是目前已发表的关于陕北地区东周青铜器的年代分析成果，由于陕北地区出土的东周青铜器中中原系统青铜器较少，且主要集中出土于南部的延安地区，而占主导地位的北方系青铜器多数是征集品，缺乏明确的地层关系和共存的陶器以及中原系青铜器，大多甚至没有明确的出土地点，因此学术界较少有学者对其进行专门的断代分期研究。其中中原系青铜器的断代依据是参照中原地区出土的同类器物的断代成果，而北方系青铜器的年代分析以杨建华的研究为代表，主要以器物组合形式的变化作为断代依据。

1.2.2 分类及来源

陕北地区出土的青铜器具有与中原地区青铜器明显不同的鲜明的区域性特征，不仅包含与中原地区出土青铜器相同或类似的器物，也有在形制上是中原地区所常见的，但在某些细节或装饰风格上具有草原文化因素的器物，另外还有大量中原未见的流行于欧亚草原地区的青铜器。学者们习惯将包括陕北地区和晋西北地区在内的晋陕高原当作一个区域整体来看待，吕智荣[②]、李伯谦[③]、刘军社[④]、张忠培[⑤]、林嘉琳（Linduff）[⑥]、乌恩[⑦]等学者都对该地区出土的商代晚期青铜器进行过分类研究。吕智荣、刘军社将以上三类特征的器物分别称为商式铜器、混合式铜器、地方式铜器；李

① 单月英, 汪涛, 曹玮. 陕北地区东周秦汉时期的铜器研究//曹玮. 陕北出土青铜器. 成都: 巴蜀书社, 2009.
② 吕智荣. 试论陕晋北部黄河两岸地区出土的商代青铜器及有关问题//《中国考古学研究论集》编委会. 中国考古学研究论集: 纪念夏鼐先生考古五十周年. 西安: 三秦出版社, 1987.
③ 李伯谦. 从灵石旌介商墓的发现看晋陕高原青铜文化的归属. 北京大学学报（哲学社会科学版）, 1988（02）: 15-29.
④ 刘军社. 陕晋蒙邻境地区商代青铜器的分期、分区及相关问题的探讨//中国考古学会. 中国考古学会第八次年会论文集 1991 北京: 文物出版社, 1996.
⑤ 张忠培, 朱延平, 乔梁. 晋陕高原及关中地区商代考古学文化结构分析//内蒙古文物考古研究所. 内蒙古文物考古文集. 北京: 中国大百科全书出版社, 1994.
⑥ Linduff K M, Bunker E C, Wu E. An archaeological overview//Bunker E C. Ancient Bronzes of the Eastern Eurasian Steppes: from the Arthur M. Sackler Collections. New York: The Arthur M. Sackler Foundation, 1997.
⑦ 乌恩岳斯图. 北方草原考古学文化研究: 青铜时代至早期铁器时代. 北京: 科学出版社, 2007.

伯谦将之分为殷墟常见器形、具有鲜明地方特征的器物、卡拉苏克文化常见器物等三群；张忠培等则将之划分为本地（原生）、外来（次生）、模仿（派生）三种情况；林嘉琳等将之分为与中原商代青铜器相同或相似的器物、兼具中原商器形制和北方地区装饰风格的混合式器物、具有典型北方草原地带特征的器物等三类；乌恩则称之为殷墟式、混合式、土著式。各位学者的表述虽不尽相同，但意见基本一致，他们还从文化交流的角度探讨了各类铜器的来源。

殷墟式铜器，几乎全是青铜礼器，也包括直内戈、直内钺、双翼铜镞、锛等武器和工具，在组合、造型、纹饰上与殷墟常见的器物极为相似。大部分研究者都认为它们是通过战争、贸易、赏赐或其他方式直接或间接来自商王朝。李伯谦认为虽然其中有不少器物是当地铸造，但确实也有相当数量的殷墟式铜器可能是来自商文化分布地区，该类器物的存在不仅反映了当地居民与商文化居民有着频繁的交往关系，而且由此也可看出当地居民上层对商礼和习俗的极力模仿。[1]而乌恩指出其中有些器物是否在当地铸造，目前还缺乏直接的证据。[2]

所谓混合式铜器和土著式铜器，即是与中原系统的铜器存在明显不同的铜器，两者的综合亦即所谓的北方系青铜器。关于晋陕高原北方系青铜器的渊源问题，张长寿认为这些殷墟所未见的富有特点的器物，是本地区殷商时期青铜文化的地方性的反映。[3]乌恩曾以短剑、管銎斧、管銎戈、铜胄、铜刀等几类在我国北方地区以及欧亚草原地区均有发现的器物为例，对各类器物复杂的渊源问题进行过深入的探讨，他指出不能一概而论地认为北方系青铜器源于商文化或源于卡拉苏克文化或源于近东，因为北方青铜器中既有源于当地的产品，也有外来影响的因素；他认为商周之际我国北方青铜器可分为三类：一类为我国北方所特有，一类为欧亚大陆草原诸青铜文化所共有，一类则仅分布于欧亚大陆草原的局部地区。[4]而关于铜器产地的问题，吕智荣[5]、李伯谦[6]和乌恩[7]都曾明确指出商文化因素和土著文化因素相结合的混合式铜器以及

① 李伯谦. 从灵石旌介商墓的发现看晋陕高原青铜文化的归属. 北京大学学报（哲学社会科学版），1988（02）：15-29.
② 乌恩岳斯图. 北方草原考古学文化研究：青铜时代至早期铁器时代. 北京：科学出版社，2007.
③ 张长寿. 殷商时代的青铜容器. 考古学报，1979（03）：271-300.
④ 乌恩. 殷至周初的北方青铜器. 考古学报，1985（02）：135-156.
⑤ 吕智荣. 试论陕晋北部黄河两岸地区出土的商代青铜器及有关问题//《中国考古学研究论集》编委会. 中国考古学研究论集：纪念夏鼐先生考古五十周年. 西安：三秦出版社，1987.
⑥ 李伯谦. 从灵石旌介商墓的发现看晋陕高原青铜文化的归属. 北京大学学报（哲学社会科学版），1988（02）：15-29.
⑦ 乌恩岳斯图. 北方草原考古学文化研究：青铜时代至早期铁器时代. 北京：科学出版社，2007.

独具地方特色的土著式铜器毫无疑问全是在当地铸造的。

陕北地区东周时期的青铜器可分为中原系统青铜器和北方草原系统青铜器两类，以北方草原系统的青铜器占主导地位。该时期陕北地区的历史演变较为复杂，不同时期不同地域文化因素的分布呈现不平衡现象。中原系统的青铜器主要集中出现在春秋早期和战国晚期两个阶段，毗邻中原的陕北南部地区发现的遗存中包含较多中原系统的器物，而陕北北部的遗存中几乎全是草原文化系统器物。关于陕北东周时期青铜器的来源问题研究将在下文综述，此处不赘述。

1.2.3　考古学文化归属

在我国北方广阔的草原地区分布着大量风格特征鲜明的铜器群，明显区别于中原系统的青铜器，应属于独立于中原商周文化之外的北方青铜文化的范畴。但在广阔的北方青铜文化分布区内部仍然是具有差别的。乌恩早年在对商周之际的北方青铜器综合研究中认为，鄂尔多斯、西北黄土高原和燕山南北地区，在文化内涵上是有所不同的；而在陕北绥德、清涧和山西石楼、永和、柳林等地发现的铜器墓，其文化内涵则趋于一致，显然属于同一文化系统，但限于当时已知材料的不足，他没有明确这批铜器墓的文化内涵及归属。[①]李伯谦为了区分晋西北和陕西东北部黄河两岸高原山地出土的商代晚期青铜器与中原商代青铜器，曾将以山西石楼、陕西绥德等地出土的青铜器为代表的青铜文化系统，命名为"石楼-绥德类型"[②]，但这并不是依据陶器群来划分的考古学文化类型。

陕北地区大多数青铜器都没有经过科学发掘，缺乏相关的遗址信息和共存陶器群，这给确定这些青铜器的文化内涵及归属带来了一定的困难。1980 年邹衡先生提出了"光社文化"的概念，他认为黄河两岸的晋西北、陕东北直到河套地区都应是光社文化影响所及的地区，该地区铜器群中不同于商文化的因素在一定意义上恰好反映了其文化的特点。[③]刘军社认为光社文化概念的提出，对于系统研究这一地区的考古

---

①　乌恩. 殷至周初的北方青铜器. 考古学报, 1985（02）: 135-156.

②　李伯谦. 从灵石旌介商墓的发现看晋陕高原青铜文化的归属. 北京大学学报（哲学社会科学版）, 1988（02）: 15-29.

③　邹衡. 夏商周考古学论文集. 关于夏商时期北方地区诸邻境文化的初步探讨. 北京: 文物出版社, 1980: 253-293.

学文化内涵具有重要的意义[①]；他在《先周文化与光社文化的关系》一文中将"光社文化"分为三种类型，即以河套地区为中心的朱开沟类型，晋中、吕梁地区为中心的光社类型，以陕东北、晋西、晋西北为中心的李家崖类型[②]。这里"李家崖类型"的概念是由 1983 年发掘的陕西清涧李家崖古城址而来的。从 20 世纪 80 年代开始，在晋陕高原地区陆续发掘了清涧李家崖古城址、绥德薛家渠遗址以及山西柳林高红遗址等商代晚期的文化遗迹，发现了有明确地层关系的陶器群以及相关遗物、遗迹的埋藏信息，为晋陕高原出土商代青铜器的文化内涵及归属研究提供了重要的标尺。李家崖古城址的发掘者吕智荣在 1987 年发表的《试论陕晋北部黄河两岸地区出土的商代青铜器及有关问题》一文中，首先提出了"李家崖文化"的概念，并将晋陕高原出土商代青铜器的文化性质归属于李家崖文化。[③]后来，吕智荣等连续发表了一系列文章对该文化的内涵、特征进行了探讨和研究。[④]李家崖文化的命名是北方草原地带乃至晋陕高原青铜时代考古研究的一项重要成果[⑤]，随着考古资料的发现和研究的深入，这一观点逐渐得到了学术界的普遍接受。

从陕北地区东周遗存的发现情况来看，陕北南部地区（包括榆林地区南部）受中原文化的影响较深，而陕北北部地区与北方草原地区联系紧密。

目前陕北南部地区经考古发掘的东周时期遗存有米脂张坪墓、清涧李家崖东周墓、横山黑水沟铸铜遗址以及黄陵寨头河战国墓地。米脂张坪墓年代约为春秋早期或两周之际，发掘简报称其主体为周文化，仅包含部分北方草原文化因素[⑥]；张天恩等则认为该墓地为北方民族的墓葬，受到了周文化的强烈影响，或许为文献记载中的赤狄、白狄之属。[⑦]清涧李家崖东周墓中晋文化因素与北方草原文化因素共存，发掘简报中称清涧在春秋中期至春战之交为狄族所据，但墓葬形制及葬俗特点与晋文化基本相似；战国早期偏晚是魏治上郡时期，葬俗和陶器形制、组合与三晋墓葬更为相似；

①　刘军社. 陕晋蒙邻境地区商代青铜器的分期、分区及相关问题的探讨//中国考古学会. 中国考古学会第八次年会论文集 1991. 北京：文物出版社，1996.

②　刘军社. 先周文化与光社文化的关系. 文博，1993（02）：66-73.

③　吕智荣. 试论陕晋北部黄河两岸地区出土的商代青铜器及有关问题//《中国考古学研究论集》编委会. 中国考古学研究论集：纪念夏鼐先生考古五十周年. 西安：三秦出版社，1987.

④　张映文，吕智荣. 陕西清涧县李家崖古城址发掘简报. 考古与文物，1988（01）：47-56；吕智荣. 试论李家崖文化的几个问题. 考古与文物，1989（04）：75-79.

⑤　乌恩岳斯图. 北方草原考古学文化研究：青铜时代至早期铁器时代. 北京：科学出版社，2007.

⑥　北京大学考古系商周实习组，陕西省考古所商周研究室. 陕西米脂张坪墓地试掘简报. 考古与文物，1989（01）：14-20.

⑦　陕西省考古研究院商周考古研究部. 陕西夏商周考古发现与研究. 考古与文物，2008（06）：66-95+234-236+240+248.

战国晚期至秦代为秦治上郡时期，但墓葬形制与陶器种类、组合基本不见秦文化因素，仍是三晋文化的特点。[①]横山黑水沟铸铜遗址时代为春秋中晚期至战国早期，文化性质主要与晋文化相当，仅包含少量北方青铜文化因素。[②]黄陵寨头河战国中晚期墓地中则表现出西戎文化、三晋文化、北方系青铜文化并存的现象，以西戎文化为主，三晋文化次之，北方草原文化较少。[③]总体来看，陕北南部地区经发掘的东周遗存较少且分散，虽然米脂张坪墓地和寨头河墓地均可为该地区同类遗存的文化归属提供可靠标尺，但尚无更多的同类遗存发现，因而还无法从这些遗存中归纳出一个具有完整发展序列的考古学文化，学术界也缺乏对该地区考古学文化归属问题的系统研究。若从族属来看，似乎陕北南部地区的考古学文化可称为"戎狄文化"，但这种叫法并不符合考古学文化的命名原则。

陕北北部地区有明确出土地点的东周遗存包括神木纳林高兔、李家畔、中沟、老龙池、马家盖沟和乔岔滩等墓葬，这些墓葬中出土了大量北方草原特色的动物形饰品和车马器，但没有经过正式的考古发掘，无法为该地区东周北方系青铜器的文化归属提供有效可靠的标尺。然而，这些北方系青铜器遗存在整体面貌上与鄂尔多斯地区北方系青铜器趋于一致，学者们往往将陕北北部地区纳入内蒙古鄂尔多斯（及其邻近）地区一并探讨其考古学文化内涵。

东周时期是我国北方系青铜器的繁盛期。田广金曾将我国北方草原地区春秋晚期至战国早期的文化遗存划分为三种考古学文化，即北京和河北北部燕山南麓的"山戎文化"，内蒙古中南部以鄂尔多斯为中心的"鄂尔多斯式青铜文化"，以陇山为中心的宁夏南部和甘肃东部黄土高原地区的"西戎文化"。其中，"鄂尔多斯式青铜文化"又可划分为"西园类型"、"毛庆沟类型"以及"桃红巴拉类型"。[④]杨建华在《试论东周时期北方文化带中的内蒙古地区》一文中，根据考古发现的地点和文化面貌，大致以呼和浩特市为界，将内蒙古东周青铜文化分为东西两个区，东区即大青山东段以岱海为中心的地区，西区以鄂尔多斯高原为主，向北扩展到河套以北至阴山的个别地区；东区以毛庆沟墓地遗存为代表，西区以桃红巴拉墓葬遗存为代表，陕西神木纳林高兔

① 陕西省考古研究所陕北考古工作队. 陕西清涧李家崖东周、秦墓发掘简报. 考古与文物, 1987（03）: 1-17.

② 陕西省考古研究院. 2009 年陕西省考古研究院考古调查发掘新收获. 考古与文物, 2010（02）: 3-13+113-121+2.

③ 陕西省考古研究院, 延安市文物研究所, 黄陵县旅游文物局. 陕西黄陵寨头河战国戎人墓地发掘简报. 考古与文物, 2012（06）: 3-10+2+113-118.

④ 田广金. 中国北方系青铜器文化和类型的初步研究//苏秉琦. 考古学文化论集（四）. 北京: 文物出版社, 1997.

铜器群即包括在西区内。文中指出内蒙古东、西区有着不同的文化传统，文化的相似性主要体现在功能性很强的工具和武器方面，在反映传统因素的葬俗与陶器方面差别较大。[1]乌恩在《关于北方草原早期铁器时代文化的若干问题》一文中，提出不宜将相当于东周时期的文化遗存划归青铜文化范畴，其文化性质应为早期铁器时代文化。文中将内蒙古中、南部及甘宁地区的文化遗存分别命名为毛庆沟文化、桃红巴拉文化和杨郎文化。其中，桃红巴拉文化主要分布于河套地区，即阴山以南、长城以北的鄂尔多斯高原，陕西神木纳林高兔墓葬遗存即属于该文化范畴。[2]乌恩在其专著《北方草原考古学文化研究》中曾对桃红巴拉文化进行过详细的综述研究。

综上所述，陕北地区出土的青铜器在不同时期有不同的考古学文化归属，东周时期该地区考古学文化的复杂性尤为明显。从目前为学术界普遍接受的观点来看，陕北地区商代晚期青铜器的文化归属为李家崖文化，东周时期陕北北部地区的北方系青铜器则属于桃红巴拉文化，而东周时期陕北南部与北部地区在考古学文化面貌上的差异或许反映的是人群族属的不同。

1.2.4　人群族属

陕北地区位于传统中原地区的西北边界，北方文化带的南部边缘，是北方游牧民族与中原农耕民族融汇交流的地区。

甲骨卜辞中记载，商代晚期尤其是武丁晚期，商王朝对外征伐的矛头所向主要是西部和西北部，在这一地区既有与商王朝有臣属关系的友好方国，也有强大的经常袭扰商土的敌对方国。[3]商王朝西部和西北部区域的地理范围即所谓的晋陕高原地区，该地区出土的大量商代晚期青铜器应属于商代方国的遗存。但是由于出土资料有限，研究者大多是根据甲骨卜辞或金文等文献的记载，对该地区青铜文化居民的族属问题进行推断。

王国维在《鬼方昆夷玁狁考》一文中根据《易》《诗》及陕西凤翔眉县出土的大、小两盂鼎的金文记载考证，"鬼方之地，实由宗周之西而包其东北"。可见其地望

---

① 杨建华. 试论东周时期北方文化带中的内蒙古地区. 内蒙古文物考古，2001（01）：80-95+79.

② 乌恩. 关于北方草原早期铁器时代文化的若干问题//中国社会科学院考古研究所. 21世纪中国考古学与世界考古学. 北京：中国社会科学出版社，2002.

③ 李伯谦. 从灵石旌介商墓的发现看晋陕高原青铜文化的归属. 北京大学学报（哲学社会科学版），1988（02）：15-29.

正是今陕西北部地区。另外，他还指出"其见于商、周间者，曰鬼方、曰混夷、曰獯鬻。其在宗周之季，则曰玁（猃）狁。入春秋后，则始谓之戎，继号曰狄。战国以降，又称之曰胡、曰匈奴"。①王国维的结论影响很大，后来大多数学者的研究都会引述他的观点，但他的讨论主要是依据文献与金文的成果，这是诸多学者认为应该进行反思的地方。

日本学者岛邦男在专著《殷墟卜辞研究》中指出，呂方位于殷西北，大概在陕西北部或河套；土方在呂方之东，位于殷北；鬼方早在武丁时已隶属殷，地望近羌方，区域从太行、太原至陕西，但卜辞中无征伐鬼方例，因此《易·既济》"高宗伐鬼方"记载中的鬼方估计是指呂、羌。②

邹衡根据甲骨卜辞等古文献的记载，并援引王国维、郭沫若、丁山等人的考证，从古地名、方位、考古发现以及与先周文化的关系等四方面，就包括晋西北、陕东北及河套地区的光社文化区内的主要族属进行了推测。他认为在这一区域内应分布有鬼方、土方、呂方和燕京之戎。其中，鬼方在夏商之时，位置或靠北；从商代以后，大概经过多次迁徙，到春秋之时，则比较集中分布在今山西南部。土方应在今天山西石楼县一带，呂方在土方邻近。③

乌恩在《殷至周初的北方青铜器》一文中认为，晋陕高原地区出土的商周之际北方青铜器，显然属于戎狄族系的文化遗存，但他没有明确指出究竟是哪个方国。④

李伯谦认为甲骨文中所见与晋陕高原地区有关的敌对方国较多，其中尤以土方和呂方最为强悍。从地望分析，呂方在西，土方在东，因此推测汾河以西以山西石楼、陕西绥德为中心的黄河两岸高原山地应该是呂方的居地，而石楼、绥德等铜器群应该就是呂方的遗存。富有草原特色的石楼-绥德类型青铜文化或者是单一的呂方文化，或者是该地区包括呂方在内以呂方为主体的与商王朝基本上处于敌对状态的诸敌对方国的文化。⑤

田广金、郭素新在邹衡研究的基础上，援引马长寿关于"呂"字的考证，认为商

① 王国维. 观堂集林（外二种）. 石家庄：河北教育出版社，2001.
② 岛邦男. 殷墟卜辞研究. 濮茅左，顾伟良，译. 上海：上海古籍出版社，2006.
③ 邹衡. 夏商周考古学论文集. 关于夏商时期北方地区诸邻境文化的初步探讨. 北京：文物出版社，1980：253-293.
④ 乌恩. 殷至周初的北方青铜器. 考古学报，1985（02）：135-156.
⑤ 李伯谦. 从灵石旌介商墓的发现看晋陕高原青铜文化的归属. 北京大学学报（哲学社会科学版），1988（02）：15-29.

代晚期时的鬼方可能在今晋中地区，土方在其北，舌方在鄂尔多斯和陕西北部。[①]

张万钟则有不同意见，他认为以山西石楼出土铜器群为代表的青铜文化属于殷商文化的范畴，该地区应是臣属于殷商、作为商王朝西北边疆军事要枢的友好方国沚方之所在，而舌方在其西，土方在其东。[②]

韩嘉谷认为李家崖文化应是玁狁的遗存。他考证得出，玁狁又称作狁，金文中由"害"和"夫"二部分构成，从字形和结构看，疑即是舌的原形字。舌和玁狁是同一地区、属同一系统文化的两个氏族集团，在文化谱系上是一体的，只是年代前后不同，殷人称其为舌，周人则称其为玁狁。[③]

吕智荣以李家崖遗址出土陶器口沿上的"鬼"字陶文为证据[④]，认为分布于晋陕高原的李家崖文化应是鬼方先民的遗存，并将其命名为"鬼方文化"[⑤]。关于鬼方和舌方的关系问题，他认为，从史籍记载和甲骨文资料来看，两者都是商王朝西北的强敌，而且地望上也在同一地域，但在史料中却不见二者发生任何关系。他依董作宾之说，认为鬼方和舌方乃同音假借，而即使在卜辞中鬼与舌不是异字假借，二方也是聚地相邻的两个集团，在文化面貌上存在密切关系。[⑥]

曹玮则结合甲骨卜辞、金文及其他古文献的记载，从陕北地区与晋西北地区商代晚期青铜器之间存在地域性差别的角度，提出陕北青铜器代表的应是鬼方文化，而晋西北青铜器应是舌方文化遗存。他认为陕北出土的商代晚期青铜器更接近于殷墟青铜器，而晋西北的青铜器表现更为突出的是具有地方特色，这种差别应是同一区域内不同方国文化的反映。鬼方与舌方两支文化虽然都受到了殷墟文化的影响，但长期与殷商王朝敌对的舌方对殷墟文化的抵触要大得多，这种抵触反映在文化方面就是仿造器物的盛行；而鬼方文化虽远距殷商王朝，但器物与殷墟的一致性却要高于舌方文化。[⑦]

综上可见，大部分学者将陕北与晋西北两地的青铜文化进行综合讨论，关于该地区商代青铜器的族属问题，有鬼方、舌方、沚方三种说法，以鬼方、舌方两种意见为主。由于甲骨卜辞中关于殷商王朝西北地区方国的记述极不翔实，各个学者对其地望

① 田广金，郭素新. 鄂尔多斯式青铜器的渊源. 考古学报，1988（03）：257-275.
② 张万钟. 商时期石楼、保德与"沚方"的关系. 中国历史博物馆馆刊，1989（00）：16-31+141.
③ 韩嘉谷. 北方考古研究（四）. 土方历史的考古学探索. 郑州：中州古籍出版社，1994.
④ 吕智荣. 陕西清涧李家崖古城址陶文考释. 文博，1987（03）：85-86.
⑤ 吕智荣. 鬼方文化及相关问题初探. 文博，1990（01）：32-37.
⑥ 吕智荣. 朱开沟古文化遗存与李家崖文化. 考古与文物，1991（06）：46-52.
⑦ 曹玮. 陕晋高原商代铜器的属国研究. 古文字与古代史，2009（2）：303-328.

的解释也很不一致，虽然鬼方、舌方的意见占据主导地位，但究竟是哪个方国的遗存、晋陕高原内部是否以南流黄河为界可划分为不同的方国文化等问题尚难有笃定的答案。

关于西周时期陕北地区人群的族属问题，从金文资料中周人伐鬼方的记载或可见一斑。如前文所述，王国维根据史书和金文记载考证宗周之西及东北为鬼方地望所在。[①]曹玮在《陕晋高原商代铜器的属国研究》一文中指出，在关中北缘的淳化、陕北南部的甘泉发现的含有北方系青铜文化因素的商代晚期铜器群正是鬼方或其他北方部族南下的最好证明；另外，在陕北包括榆林地区和延安地区几乎没有出土西周早期的青铜器，这也反映出西周时期的陕北是受南下的鬼方或其他北方部族控制着。[②]

从先秦时期文献来看，狄和戎在中原地区的北部和西北部活动。清涧李家崖东周墓的发掘简报中指出，今清涧县地在春秋时期为狄族所居，并根据文献记载和出土器物特征推测，该墓地第一至三段（即春秋中期偏晚至春战之交的遗存）当是狄族盘踞该地的时期，狄族文化受到了毗邻的晋文化的强烈影响。[③]杨建华通过对李家崖东周墓葬的年代和文化性质的讨论以及对古代文献的梳理，进一步指出从春秋中晚期偏晚开始的李家崖东周墓应当是河西白狄的遗存，与隔河相望的晋国文化关系密切，并且与南流黄河两岸商末周初北方文化具有承袭关系。另外，她还认为具有北方文化因素的双耳罐和三足鬲在战国时代长城沿线广泛分布的现象反映了白狄的东传，并注意到了在陕北春秋到战国时期的狄人以北，还存在着使用具有欧亚草原文化风格的鄂尔多斯青铜器的居民，因此战国晚期的陕北地区有狄文化与胡文化并存。[④]米脂张坪墓地的发掘者认为该墓葬无疑属周文化系统，但也注意到了该墓地出土有常见于桃红巴拉、毛庆沟和西沟畔等遗存中的铜带扣，并提出了陕北地区除了文献中记载的狄之外是否还居住着其他民族的问题。[⑤]张天恩等则认为米脂张坪墓或许是受到周文化强烈影响的赤狄、白狄的墓葬。[⑥]

另外，近年来在陕北南部的延安地区黄陵县寨头河发掘出土了90余座战国中晚

① 王国维. 观堂集林（外二种）. 石家庄：河北教育出版社，2001.
② 曹玮. 陕晋高原商代铜器的属国研究. 古文字与古代史，2009（2）：303-328.
③ 陕西省考古研究所陕北考古工作队. 陕西清涧李家崖东周、秦墓发掘简报. 考古与文物，1987（03）：1-17.
④ 杨建华. 陕西清涧李家崖东周墓与"河西白狄". 考古与文物，2008（05）：34-38.
⑤ 北京大学考古系商周实习组，陕西省考古所商周研究室. 陕西米脂张坪墓地试掘简报. 考古与文物，1989（01）：14-20.
⑥ 陕西省考古研究院商周考古研究部. 陕西夏商周考古发现与研究. 考古与文物，2008（06）：66-95+234-236+240+248.

期墓葬。该墓地出土的器物包含了来自陇东的西戎文化因素、中原地区的三晋文化因素以及少量欧亚草原东部的北方系青铜文化因素。其中西戎文化因素主要体现在铲足鬲和各式陶罐上，俞伟超先生认为铲足鬲来源于西北的戎人文化^①；以罐式鬲、豆、盆为代表的陶器以及铜鼎、铜剑、铜戈、镞、铜带钩、车辖、车軎、马衔、马镳等器物与战国时期三晋一带常见器物类同，其中出土的"阴晋半釿（釿）"及"梁半釿"钱属魏国布币，铸行时间不晚于战国中期；另外还包含陶鍑、青铜牌饰、带扣等少量北方系青铜文化因素。从地理位置上看，寨头河墓地所在的延安南部地区为战国时期秦、魏长期争夺的"河西之地"，从其随葬品中包含大量晋文化因素而不见秦文化因素的现象以及文献记载来看，该墓地的族属应为战国中晚期魏国辖内戎人的一支。^②

东周时期的陕北北部地区属于桃红巴拉考古学文化范畴。桃红巴拉墓地的考古简报中称之为战国时期早期匈奴的遗存。^③田广金、郭素新曾对分布于山西北部、陕西北部、内蒙古西部地区的鄂尔多斯式青铜器的族属问题做过较详细的探讨，他们根据王国维、郭沫若、邹衡等先生的考证，认为商周时期的鬼方、猃狁，在春秋以后被统称为狄。其中的赤狄可能在春秋时南下，活动于今晋南一带，而白狄和其他众狄则留在了晋陕北部和内蒙古西部地区。另外，他们通过与《史记》《国语》等史料记载相印证，推测相当于商周至春秋时期的鄂尔多斯式青铜器应为狄人的先期文化和狄人文化。战国时期，晋北之白狄或众狄称为林胡和楼烦，为两个北狄集团。据《史记·赵世家》记载，战国时期的林胡可能在河套以内，即在鄂尔多斯之地，因此在鄂尔多斯地区发现的战国晚期鄂尔多斯式青铜器可能是林胡的遗物。而《史记·匈奴列传》中已把战国秦北边的林胡也称为匈奴，此时的林胡与匈奴恐怕已难以区分，所以鄂尔多斯发现的战国晚期遗物也可以说与匈奴有关，故可称为匈奴文化，而鄂尔多斯发现的春秋晚期至战国早期的遗物也可称为先匈奴文化或者早期匈奴文化。^④田广金先生在《中国北方系青铜器文化和类型的初步研究》一文中，重申了对鄂尔多斯式青铜器族属为"狄-匈奴系统文化"的判断，指出在草原环境下发展起来的鄂尔多斯式青铜文化"桃红巴拉类型"是狄文化的一支——白狄文化遗存，至战国晚期时发展成为匈奴

① 俞伟超. 先秦两汉考古学论集. 古代"西戎"和"羌"、"胡"考古学文化归属问题的探讨. 北京：文物出版社，1985：180-192.
② 孙周勇，孙战伟，邵晶. 黄陵寨头河战国墓地相关问题探讨. 考古与文物，2012（06）：79-86.
③ 田广金. 桃红巴拉的匈奴墓. 考古学报，1976（01）：131-144+169-172.
④ 田广金，郭素新. 鄂尔多斯式青铜器. 北京：文物出版社，1986.

文化。①林沄在《中国北方长城地带游牧文化带的形成过程》一文中也提到现今内蒙古中南部崞县窑子、毛庆沟、桃红巴拉、呼鲁斯太、西园等墓地应是文献中提到的林胡、楼烦、三（参）胡以及文献中未记载的民族的遗存。②乌恩③在田广金研究的基础上，也确认桃红巴拉文化的族属应为春秋战国时期活动在鄂尔多斯地区的林胡，并指出目前发现的桃红巴拉文化的遗存还没有可以晚到匈奴时期者，同可以确认为匈奴文化遗存的西汉时期的西沟畔 M4、宁夏同心县倒墩子墓地等匈奴遗存存在显著差别，林胡是在战国晚期被南下的匈奴征服后加入匈奴之中的，与蒙古高原的匈奴主体有所不同，并结合潘其风等学者关于桃红巴拉墓地出土人骨的体质人类学研究成果④进行佐证。

目前，关于陕北榆林地区东周北方系青铜器所属的桃红巴拉文化的族属问题，学术界的观点是比较一致的，认为该考古学文化遗存代表的是春秋战国时期的林胡文化，清涧李家崖白狄遗存以及延安黄陵寨头河戎人墓地的发现与研究，则表明该时期陕北是一个多民族共处、多元文化因素共存的地区。其中，春秋时期的狄与商周时期的鬼方（或苦方）似乎存在一脉相承的关系，而狄与胡可能是并存的两支文化群体，胡与匈奴民族主体族源问题还有待进一步深入探讨。

1.2.5　与周边青铜文化的关系

（一）中原地区

商末周初时期是陕北地区李家崖文化的繁盛期，该时期陕北地区与中原地区的关系非常密切，该地区出土青铜器中大量殷墟式青铜器的存在正是陕北地区青铜文化与殷商文化之间存在密切联系的最具说服力的证据。林沄曾指出，黄土高原的黄河两岸是殷墟式青铜器和北方系青铜器共存现象最显著的地区。该地区出土的大量殷墟式青铜器以及直线纹簋、双蛇戏蛙柄斗等器物的发现，充分说明该地居民不但能接受商文化的青铜制品，而且能在自身文化的基础上对殷墟式青铜器加以改造。殷墟式青铜器也正是以这样的地区为中介，影响到没有殷墟式青铜器的广大地区。林沄认为，殷墟

①　田广金. 中国北方系青铜器文化和类型的初步研究//苏秉琦. 考古学文化论集（四）. 北京：文物出版社，1997.
②　林沄. 林沄学术文集.2. 中国北方长城地带游牧文化带的形成过程. 北京：科学出版社，2009：39-76.
③　乌恩岳斯图. 北方草原考古学文化研究：青铜时代至早期铁器时代. 北京：科学出版社，2007.
④　潘其风，韩康信. 内蒙古桃红巴拉古墓和青海大通匈奴墓人骨的研究. 考古，1984（04）：367-375+392.

式青铜器对北方系青铜器的影响可分为两大类：一是使北方系已有之物混进殷墟式的成分而发生改变，二是使北方系中本来没有的东西，从无到有。反之，北方系的青铜器也对殷墟文化产生着影响。商文化也并非只是简单借用仿制一些北方系的青铜器成品，而是在自己生产的青铜器中引进北方系青铜器的某些因素对自己的工具和武器加以改进，殷墟中常见的有銎戈、有銎钺及环首连柄刀便是明显的例证。①陕北地区青铜文化不但与中心商文化区关系紧密，与关中地区的商文化类型也有密切的联系。卢连成认为晋陕高原地区出土的北方地区青铜文化容器以及清涧李家崖古城址的文化内涵表明，从铜器铸造、陶器烧制、古城夯筑技术和房屋的建造格式方面观察，都可以看出中心地区商文化和商文化关中类型对北方地区"朱开沟·石楼·绥德青铜文化类型"的深刻影响，这种文化影响还通过北方草原地区青铜文化传播到蒙古高原和外贝加尔地区；与此同时，具有浓郁北方草原风格的兵器、用具向南也已传播到殷墟地区和商文化关中类型的分布区。②

陕北地区的青铜文化与先周文化、周文化也存在着交流与影响。邹衡认为，先周文化中的一部分因素来自光社文化分布区。③张长寿等学者在探讨先周文化渊源时认为淳化黑豆嘴的文化遗存与陕北、晋西北的光社文化晚期遗存属于同一系统，但其中的金饰、翘尖长条形铜刀、銎式铜斧等器物在西周初期的文化遗存中没有发现，虽然他们不认为光社文化是先周文化的祖型，但这种现象也正说明陕北地区的青铜文化与先周文化存在着联系。④刘军社从陶器、铜器的形制特征方面将光社文化与先周文化进行了比较，认为这两种文化在殷墟二、三期或略晚些时期相互接触和影响，并可从先秦时期周人伐鬼方文献中得到印证。⑤吕智荣指出李家崖遗址出土的豆与沣西张家坡西周早期遗址出土的豆相似，锥形袋足联裆鬲与周鬲形制近似，清涧寺墕出土的大翼镂孔铜镞与沣西西周遗址⑥的同类器物形制相近似，由此可见李家崖文化与先周文化存在一定的关系。⑦杜正胜从关中地区出土的北方式青铜器探讨了周民族和文化中

① 林沄. 商文化青铜器与北方地区青铜器关系之再研究//苏秉琦. 考古学文化论集（一）. 北京：文物出版社，1987.
② 卢连成. 商文化关中类型与周边地区青铜文化//中国社会科学院考古研究所. 中国商文化国际学术讨论会论文集. 北京：中国大百科全书出版社，1998.
③ 邹衡. 夏商周考古学论文集. 论先周文化. 北京：文物出版社，1980：297-355.
④ 张长寿，梁星彭. 关中先周青铜文化的类型与周文化的渊源. 考古学报，1989（01）：1-23.
⑤ 刘军社. 先周文化与光社文化的关系. 文博，1993（02）：66-73.
⑥ 中国科学院考古研究所. 沣西发掘报告. 北京：文物出版社，1963：70-130.
⑦ 吕智荣. 试论陕晋北部黄河两岸地区出土的商代青铜器及有关问题//《中国考古学研究论集》编委会. 中国考古学研究论集：纪念夏鼐先生考古五十周年. 西安：三秦出版社，1987.

浓厚的"戎狄性"，认为山西、陕西之戎狄采取中原以礼器区分身份的制度，如清涧解家沟、绥德墕头村、石楼二郎坡、保德林遮峪等地出土的礼器偏重炊食器，鼎簋比例相对偏重，与中原重酒器的礼制有别，周人则承袭了这个传统。[①] 张天恩认为约在殷墟一期先周文化与分布在鄂尔多斯高原地区的朱开沟文化有了初步接触，可能反映了北方草原文化从商代中期开始南下的信息；经过殷墟二期前后一个较长的时期后，北方草原文化与以商和先周为代表的中原农耕文化的交流已演变成为文化冲突的形式，大约在殷墟三期，先周文化从彬县（今彬州市）、淳化一带退却，断泾二期[②]和黑豆嘴类型的出现就是这一冲突的结果，也应该是周太王迁岐的主要原因；到了殷墟四期，先周文化吸收了一部分北方地区文化的因素，又一次回到这一带，甚至影响到更为偏北的庆阳地区，应与周人灭商前在泾渭大规模发展扩张的历史有直接关系，表明北方文化势力受到了晚期先周文化的遏制。[③]

西周时期的青铜器在陕北地区发现较少，而且主要集中在南部的延安地区，在北部的榆林地区未发现西周时期的青铜容器，由此可以判断西周时期，周人的势力并未达到陕北北部地区。以后相当一段时间，在秦的势力到达之前，该地区仍是北方部族的控制地带。[④]

东周时期的陕北地区文化类型与内涵较为复杂，呈现出南部受中原文化的影响较深，北部与北方草原地区联系紧密的现象。春秋早期或两周之际的米脂张坪墓地中包含较强烈的周文化因素，也有北方草原文化的特征。对于该墓地的文化归属及族属问题，张天恩等指出，虽从出土陶器看该墓葬受到了周文化的强烈影响，并且与处于山西的晋国也有一定的交流，但是周王朝的势力范围始终难以涵盖陕北地区，而且两周之际或略晚时期的晋国内部纷争渐起，无暇向北方扩张，因此张坪墓地不太可能是周墓或晋墓，最大可能应属于北方民族的墓葬，其族属或许为文献记载东周时期活动于北方的赤狄、白狄之属。[⑤]同样的文化现象在清涧李家崖东周墓地以及横山黑水沟铸铜遗址中也有体现。黄陵寨头河战国中晚期墓地中则表现出西戎文化、三晋文化、北

① 杜正胜. 从三代墓葬看中原礼制的传承与创新：兼论与周边地区的关系//中国社会科学院考古研究所. 中国商文化国际学术讨论会论文集. 北京：中国大百科全书出版社，1998：220-226.

② 中国社会科学院考古研究所泾渭工作队. 陕西彬县断泾遗址发掘报告. 考古学报，1999（01）：73-96+123-126.

③ 张天恩. 关中商代文化研究. 北京：文物出版社，2004.

④ 曹玮. 陕北出土青铜. 陕北的商代青铜器研究. 成都：巴蜀书社，2009：1-43.

⑤ 陕西省考古研究院商周考古研究部. 陕西夏商周考古发现与研究. 考古与文物，2008（06）：66-95+234-236+240+248.

方系青铜文化并存的现象，其中出土的西戎文化因素器物占到了 60% 左右，晋系文化因素器物占 35% 左右，北方系青铜文化因素不足 5%。[①] 从这些位于陕北南部地区的墓葬遗址来看，东周时期该地区受到中原文化的影响更为强烈，虽然都包括北方系青铜文化因素，但均不占主导地位。而陕北北部地区所属的桃红巴拉文化以北方草原文化为主体，但其分布地域与东周时期的秦、赵、燕等国为邻，其中少量中原形制的鬲、簋、鼎、壶等容器，戈、矛、短剑等兵器以及带钩等随身饰品的发现表明该地区与中原地区存在密切联系。单月英等学者研究认为，陕北地区中原式青铜器主要集中于春秋早期和战国晚期，而这两个时期正是草原游牧文化在我国北方兴起之前和衰落之后的时间段。因此，陕北春秋早期的中原式器物证明了在草原游牧文化兴起之前，商周文化在陕北地区的影响仍然存在。春秋中晚期，草原游牧文化在我国北方地区兴起，经历了数百年的兴盛发展。而战国晚期中原式器物的明显增多则表明，到战国晚期，随着秦、赵、燕三国北拓疆土，修筑长城，草原游牧文化被迫退出陕北，中原文化继而北上。[②]

（二）晋西北地区

20 世纪 30 年代以来，晋西北的吕梁地区先后出土了大量商末周初时期的青铜器。据已发表的资料统计约 23 批，约 371 件，另外还有 1 个红陶范塞。出土地点分布于石楼、柳林、保德、永和、忻州、隰县、吉县等地，其中半数以上青铜器出土于石楼县境内。出土青铜器包括容器、兵器、工具、车马器、装饰品及其他器物。其中容器 65 件，包括鼎、簋、甗、斝、觚、爵、瓿、壶、卣、盘、觥、斗、豆、盉等，鼎、觚、爵数量较多；兵器 73 件，包括戈、矛、钺、剑、镞、管銎斧、头盔等，除镞之外，戈、钺较多；工具 26 件，包括刀、匕、锛、凿、斧、斤、梳等；车马器 18 件，包括兽首铜勺（马镳[③]）、车軎、舆栏饰、球铃等；装饰品 70 件（不完全统计），包括弓形饰[④]、铜泡、蛙首竿等；另外还包括铎形器、铜贝、铜管、靴形器、塔形器、钩形器、觽形器、条形器、璜形器、筒形器等 100 多件；此外还出土有 26 件金质饰品，包括金质弓形饰、云形金耳饰、金丝、金片等。

---

① 孙周勇，孙战伟，邵晶. 黄陵寨头河战国墓地相关问题探讨. 考古与文物，2012（06）：79-86.
② 单月英，汪涛，曹玮. 陕北地区东周秦汉时期的铜器研究//曹玮. 陕北出土青铜器. 成都：巴蜀书社，2009.
③ 杨建华，Linduff K. 试论"勺形器"的用途：兼论晋陕高原商周时期青铜器的武装化与移动化//杨建华，蒋刚. 公元前 2 千纪的晋陕高原与燕山南北. 北京：科学出版社，2008.
④ 梅建军，李明华. 关于我国北方商周墓葬所出"弓形饰"的若干问题. 西域研究，2007（03）：116-123+130.

晋西北与陕北隔黄河为邻，两地地貌特征相似，出土的商代晚期青铜器在整体文化面貌上也具有高度的一致性，绝大部分学者都把南流黄河东西两岸出土的商代青铜器看作同一个文化系统进行考古学研究。但随着研究的深入，有的学者逐渐注意到该地区出土的不同铜器群之间似乎还存在着一些相异的文化因素。

张万钟根据器物的组合、形制、纹饰等特点，将晋西北各地出土的商时期青铜器划分为以石楼、保德出土青铜器为代表的两种不同文化风格的类型，他认为石楼青铜器的文化性质应属于殷墟文化范畴，其中个别器物保留一定的地方性特点可能是受西北民族文化影响的结果。而保德出土的青铜器大多是殷墟所未见的，因此其内涵和特征基本不属于殷墟文化的范畴，而是更多地保存了游牧民族和本地区地方性的特点。[①] 张万钟将石楼出土青铜器归入殷墟商文化系统的观点虽值得商榷，但他将石楼和保德出土的青铜器从文化风格上加以区分的观点却是具有启发性的。其后，俄国学者瓦廖诺夫根据晋西北、陕北黄河沿岸地区出土青铜器之间彼此共存和不共存以及分析器物的成套关系，将这些青铜器分为石楼类型和保德类型两个器物组群。[②]蒋刚在瓦廖诺夫研究的基础上，以出土器物群中是否包含典型的商式青铜礼器或是否具有较为完备的成套礼器组合为标准，来区分石楼类型和保德类型。其中，石楼类型铜器以礼器、工具、装饰品组合为主，武器相对较少，而保德类型则缺乏成套的礼器和工具，装饰品也不够发达，基本以武器组合为主。可见石楼类型居民重视礼制和装饰，与中原商人保持着比较紧密的联系；保德类型居民则比较尚武，没有接受中原的礼制，而与中国北方更北更西的欧亚大草原地区有着更密切的联系。从两个类型铜器不同时期的分布情况来看，石楼类型铜器群集中分布在陕西绥德、清涧和山西石楼，在晚商早期石楼类型铜器在整个晋西北、陕北都有较多分布，而到了晚商晚期，石楼类型似乎在黄河以东的晋西北地区不见，只出现在陕北地区；保德类型铜器出土地点较少，主要集中于晋西北山地，分布地域南北跨度较大，最北到山西保德，最南抵山西吉县，晚期其向西分布到了黄河以西的陕西延川一带。据此蒋刚设想，大概在晚商早期石楼类型铜器兴起于整个晋西北、陕北黄河两岸地区，到了晚商晚期保德类型开始在晋西北偏北地区出现并逐渐向南发展，在保德类型的武力压制下，石楼类型居民开始南退，最后不得不放弃了黄河以东的晋西北地区，向西退缩到了黄河以西的陕北地区，而保德

① 张万钟. 商时期石楼、保德与"沚方"的关系. 中国历史博物馆馆刊，1989（00）：16-31+141.
② 瓦廖诺夫. 商代至西周早期中国北方诸小族的考古遗存——年代、分布及文化关系问题. 中国古代北方民族考古文化国际学术研讨会（公元前16世纪~公元14世纪）. 呼和浩特：内蒙古文物考古研究所，1992.

类型凭借武力继续扩展，其势力甚至达到陕西延川一带。①

曹玮则注意到以黄河为界的晋西北和陕北地区在器物构成及特征上表现出一定的差异性。陕北出土的商代青铜容器大多接近于殷墟的同类器物，而晋西北的青铜器则大量地模仿和改造商式青铜容器。这种现象反映出黄河东西两岸在礼仪用器包括丧葬用器都受商文化影响的同时，相互之间又有着差异。其中有些器物比如铜质弓形饰、龙形觥、铎形器、高三足盘、变形龙纹带铃觚只见于山西吕梁地区的石楼县境内，而不见于晋陕高原的其他地区，更不见于殷墟，可以说它们是代表着山西吕梁地区北方系青铜器鲜明区域性特征的特殊器物。而这种表现在器物上的差异，可以看作是在一个大的文化区域内，部族间或方国间文化的差异。②

在历年来的研究中，关于陕北地区与晋西北地区商代晚期青铜器在文化内涵及族属方面趋同的观点似乎已成为学术界的共识，但随着研究的不断深化，这些注意到晋陕高原区域内部存在差异的观点对于进一步深入探讨该地区青铜器的区域性特征具有重要的意义。

另外，在吕梁山地以东、晋中盆地南端的灵石旌介还发现了三座商代晚期的墓葬，出土青铜礼器 51 件，兵器 69 件，还有少量玉器、石器、骨器、陶器和海贝等。③灵石旌介商墓在墓葬形制、葬俗、青铜器种类及组合等方面与殷商文化有较大相似性，但其中也有一些相异的成分。李伯谦认为，该墓地虽属商系文化系统，但并非典型的商文化，而是商文化在发展过程中在当地形成的一个地域类型的分支；另外，该墓地出土的青铜器与石楼、绥德等地出土的青铜器是不同的文化系统，因出土较多带有"丙"形徽铭的礼器，因而推测该墓地是与商王朝有着较为稳定的臣属关系、包括居住于灵石一带的"丙"族在内的诸友好方国遗存。另外，从灵石旌介类型铜器的分布范围来看，往北往西不远即已进入石楼-绥德类型青铜文化的分布范围，因此，灵石旌介不会是该类型分布的中心所在，而很可能是其向北分布最远的一个地点。④灵石旌介商墓出土的青铜器除了典型的商式礼器外，还有兽首刀、兽首管状器、銎内戈、銎内钺、弓形器等常见于晋西北、陕北南流黄河两岸地区的具有北方草原文化特

---

① 蒋刚. 南流黄河两岸出土青铜器的年代与组合研究//杨建华，蒋刚. 公元前 2 千纪的晋陕高原与燕山南北. 北京：科学出版社，2008.

② 曹玮. 陕北出土青铜器. 陕北的商代青铜器研究. 成都：巴蜀书社，2009：1-43.

③ 山西省考古研究所. 灵石旌介商墓. 北京：科学出版社，2006.

④ 李伯谦. 从灵石旌介商墓的发现看晋陕高原青铜文化的归属. 北京大学学报（哲学社会科学版），1988（02）：15-29.

征的器物，由此可见，在商代晚期，灵石旌介地区与其西方的晋陕高原地区存在密切的文化交流。

两周时期，山西地区属于中原文化区。这一时期，尤其在东周时期，陕北地区受到了黄河东岸晋文化的强烈影响。前文已阐述了陕北地区与山西地区在东周时期的关系，不再赘述。

（三）内蒙古中南部地区

陕北地区在北部与内蒙古中南部地区的鄂尔多斯相邻，该地区有一支我国北方草原地带非常重要的考古学文化——朱开沟文化。朱开沟文化以鄂尔多斯市伊金霍洛旗朱开沟遗址[①]的发掘而得名。朱开沟遗址发现房址 83 座，灰坑 207 个，墓葬 329 座，瓮棺葬 19 座，其中铜器 50 余件。属于该文化的重要遗址还包括二里半遗址、南壕遗址、白敖包墓地、白泥窑子遗址、寨子塔遗址、杨厂沟遗址、庄窝坪遗址、官地遗址、海生不浪遗址等。该文化可分为五段，时代为龙山文化晚期至商代前期。其中陶器最具代表性的器类为花边鬲、蛇纹鬲、带纽圆腹罐、甗、三足瓮等。第三段时期（相当于夏代中期）开始出现青铜器，器物种类包括臂钏、环、指环等装饰品；第四段即夏代晚期出土数量和种类都有所增加，包括镞、指环、锥、针、凿等兵器、工具和装饰品；第五段即商前期出土数量和种类明显增多，除了镞、耳环、项饰等小件铜器外，出现了鼎、爵残片及短剑、戈、刀、銎、护牌等礼器、兵器和工具。[②]

朱开沟文化是在当地龙山文化的基础上形成的，由于该文化具有明显的北方草原文化特色，而且时代上要早于相邻的李家崖文化，因此有学者将陕北商代晚期青铜器所属的李家崖文化与朱开沟文化相联系，对李家崖文化的来源问题展开讨论。吕智荣认为，李家崖文化是朱开沟文化的延续，李家崖文化遗存与朱开沟文化遗存是同一文化的不同发展阶段。他的根据是，年代下限不晚于殷墟第一期的朱开沟文化与年代上限约相当于殷墟第二期的李家崖文化在年代上是相衔接的，而且两种文化的分布范围也相互衔接；另外，李家崖文化的器类、陶质陶色和纹饰与朱开沟三期遗存相比虽然有差异，但演进关系明显，二者在文化面貌上的不同只是时代早晚不同和地域的差距所致。[③]

---

① 内蒙古自治区文物考古研究所，鄂尔多斯博物馆. 朱开沟：青铜时代早期遗址发掘报告. 北京：文物出版社，2000.

② 乌恩岳斯图. 北方草原考古学文化研究：青铜时代至早期铁器时代. 北京：科学出版社，2007.

③ 吕智荣. 朱开沟古文化遗存与李家崖文化. 考古与文物，1991（06）：46-52.

田广金①也持有相同的观点。李海荣也认为李家崖文化是朱开沟文化重心南移而形成的。②但后来吕智荣纠正了其先前的观点，认为朱开沟文化时代上限早到二里头文化四期偏晚阶段，下限约与殷墟二期相当，该文化应是北方地区一个与商文化和李家崖文化并存且相互影响的古文化。③1997 年在南流黄河东岸的内蒙古清水河县西岔村发现了年代上和李家崖文化大体相当的遗存，命名为"西岔文化"④。该文化遗存出土了一批典型的北方系青铜器，填补了内蒙古中南部地区继朱开沟文化之后商代晚期至西周早期青铜文化的空白，为朱开沟文化的流向与李家崖文化的来源问题研究提供了新的资料。据此，林沄认为朱开沟人向南移动形成李家崖文化的设想可能过于简单化。⑤乌恩则提出朱开沟文化或许既没有南迁也没有北徙，而是在当地延续发展为与李家崖文化平行发展的西岔文化，但是他也承认西岔三期遗存与朱开沟文化连接不上，特别是在陶器方面区别较大。⑥马明志则对朱开沟文化的流布提出了新的观点，他认为近年来在陕北地区发现的一批以蛇纹鬲、盆形甗、小三足瓮等为代表器类的文化遗存，其主体内涵特征均与内蒙古中南部的朱开沟文化相同，应属于朱开沟文化范畴，这些遗存的年代上限均不早于二里岗上层时期，下限为西周早期，或可晚至西周中期。因此，他认为朱开沟文化在经历了夏至商早期阶段的发展后并未中断，晚商至西周早期阶段的朱开沟文化分布地域基本以陕北北部的榆林和延安北部为中心，南部到达延安北部（或可再向南推进一些地域），向西可至横山、靖边、吴起、志丹一带，并与庆阳地区相邻，东达黄河西岸的李家崖文化以西附近，北部似乎以鄂尔多斯高原南部边缘为界。由此可见，朱开沟文化、李家崖文化、西岔文化是晚商至西周早中期河套地区共存的三支不同谱系的文化。⑦目前，关于李家崖文化的来源及朱开沟文化的流布问题还存在争议，仍需进一步深入研究。

东周时期陕北地区考古学文化归属于桃红巴拉文化。桃红巴拉文化以杭锦旗桃红巴拉墓地⑧的发掘而得名，时代为春秋中晚期至战国晚期。属于该文化的主要遗存有

---

① 田广金. 中国北方系青铜器文化和类型的初步研究//苏秉琦. 考古学文化论集（四）. 北京：文物出版社，1997.

② 李海荣. 北方地区出土夏商周时期青铜器研究. 北京：文物出版社，2003.

③ 吕智荣. 朱开沟文化相关问题研究. 华夏考古，2002（01）：33-42.

④ 内蒙古文物考古研究所，清水河县文物管理所. 清水河县西岔遗址发掘简报//内蒙古文物考古研究所. 万家寨水利枢纽工程考古报告集. 呼和浩特：远方出版社，2001.

⑤ 林沄. 林沄学术文集2. 中国北方长城地带游牧文化带的形成过程. 北京：科学出版社，2009：39-76.

⑥ 乌恩岳斯图. 论朱开沟文化. 考古学集刊，2006，16：346-379.

⑦ 马明志. 朱开沟文化的流布及相关问题研究. 西部考古，2009（00）：135-153.

⑧ 田广金. 桃红巴拉的匈奴墓. 考古学报，1976（01）：131-144+169-172.

公苏壕墓地、纳林高兔墓葬、瓦尔吐沟墓葬、速机沟墓葬、阿鲁柴登墓地、玉隆太墓葬、呼鲁斯太墓地、西沟畔墓地、李家畔墓葬、宝亥社墓葬、石灰沟墓葬、碾房渠窖藏、明安木独墓葬等。桃红巴拉文化的遗存主要是墓葬,大部分分布于今鄂尔多斯市境内,位于陕北神木境内的有纳林高兔、李家畔、老龙池、中沟等墓葬。桃红巴拉文化遗存出土了大量的北方系青铜器和金银饰品,还有数量可观的铁器。青铜器包括短剑、鹤嘴斧、镞等兵器;刀、斧、凿、锥、锥管等工具;衔、镳、车辕饰、杆头饰、马面饰、铃等车马器;带扣、环、双鸟形饰、扣饰、联珠形饰、圆雕动物形饰等装饰品;其中尤以短剑、鹤嘴斧、车辕饰、杆头饰、带扣、圆雕动物形饰等最具特色。金银饰品是该文化晚期遗存中最为显著的特点。①

桃红巴拉文化与分布在内蒙古中南部乌兰察布境内的毛庆沟文化②在地域上紧密相连,文化内涵上表现出较多相似性,两者均出土有"触角式"短剑、三翼镞、环形带扣、扣饰、锥管、双鸟纹牌饰、联珠形饰、兽头形饰、管状饰、铃形饰及猛兽袭食食草动物纹带饰等青铜兵器和装饰品。但在墓葬形制、朝向、殉牲种类、动物纹装饰艺术及经济形态、陶器等方面存在颇多差异。另外,桃红巴拉文化未见成片的集中墓地,毛庆沟文化中则没有丰富的金银器及圆雕的动物形象。③杨建华认为,这两支文化的相似性主要体现在功能性很强的工具和武器方面,在反映传统因素的葬俗和陶器方面差别较大,毛庆沟文化接受中原文化的影响较多,而桃红巴拉文化则很少见中原文化的影响。④

目前,陕北地区属于桃红巴拉文化范畴的遗存主要在北部的榆林神木境内。近年来在延安黄陵发掘的寨头河战国中晚期墓地中发现了少量桃红巴拉文化中常见的锥管、牌饰、管状饰、带扣、扣饰等青铜工具和饰品⑤,但其中大部分青铜工具饰品在分布于宁夏中南部及甘肃东部地区的杨郎文化遗存⑥中也较为常见,因此尚不能确定该地区是否受到了桃红巴拉文化的影响。从该墓地出土的西戎文化陶器以及地缘关系来看,北方系青铜文化的因素更像是来源于甘宁地区也未可知,或许由西和由北而来

① 乌恩岳斯图. 北方草原考古学文化研究:青铜时代至早期铁器时代. 北京:科学出版社, 2007.
② 田广金, 郭素新. 鄂尔多斯式青铜器. 北京:文物出版社, 1986.
③ 乌恩岳斯图. 北方草原考古学文化研究:青铜时代至早期铁器时代. 北京:科学出版社, 2007.
④ 杨建华. 春秋战国时期中国北方文化带的形成. 北京:文物出版社, 2004.
⑤ 陕西省考古研究院. 2011 年陕西省考古研究院考古发掘新收获. 考古与文物, 2012（02）：3-13+113-121+2.
⑥ 宁夏文物考古研究所, 宁夏固原博物馆. 宁夏固原杨郎青铜文化墓地. 考古学报, 1993（01）：13-56+152-157.

的北方草原文化因素兼而有之。

（四）宁夏中南部、甘肃东部地区

陕北地区与宁夏中南部、甘肃东部地区发生联系的证据主要是东周时期遗存。

黄陵寨头河战国中晚期墓地的随葬品中以铲足鬲、双耳罐、单耳侈口罐、双鋬罐、球腹罐、高领罐、矮领罐等陶器占据主导地位。该类型的陶器如铲足鬲、高领罐等在甘肃甘谷毛家坪 B 组遗存[①]和甘肃张家川马家塬战国墓地[②]中均有发现。另外，寨头河墓地中出土的料珠在马家塬墓地也有同类器物。铲足鬲是毛家坪 B 组遗存的代表性器物，该遗存是与秦文化共存一地的戎人文化遗存[③]；马家塬战国墓地则被认为是一支西戎部落首领及贵族的墓地[④]。由此可见活动于甘肃东部、宁夏固原和宝鸡地区的西戎在战国中晚期已进入陕北南部地区。另外，如上一节所述，该墓地中还发现有少量常见于甘宁地区杨郎文化中的北方系青铜工具和饰品，杨郎文化被认为是戎人文化，表明该地区可能受到了来自甘宁地区的北方系青铜文化的影响。

上述寨头河战国墓地以及甘肃毛家坪遗存中陶器非常发达，农耕定居文化的面貌比较清晰。而杨郎文化遗存中陶器很不发达，以北方系青铜器为主，是典型的北方草原游牧文化。该文化与分布于陕北北部及鄂尔多斯地区的桃红巴拉文化联系更为紧密。杨郎文化由宁夏固原杨郎乡马庄墓地[⑤]的发掘而得名，时代为春秋早中期至战国中晚期。属于该文化范畴的遗存较多，主要分布于宁夏中南部的固原、中卫等地，以及甘肃东部的庆阳、秦安等地。青铜器包括兵器、工具、车马器和装饰品，未见中原礼器，本身也没有青铜容器，以透雕和圆雕动物形象为主的动物纹装饰艺术最具特色。桃红巴拉文化与杨郎文化分布区域毗邻，在葬俗、青铜器类及装饰艺术等方面存在很多相似的文化因素，但在墓葬形制及某些代表性器类方面的区别也显而易见。[⑥]另外，陕北地区出土的某些器物是流行于甘宁地区而不见于鄂尔多斯地区的，如铜泡、两端均扁平有刃的鹤嘴斧、两叶较宽的矛、双耳竖直嘴巴前端较平的圆雕鹿形牌

---

①　甘肃省文物工作队，北京大学考古学系. 甘肃甘谷毛家坪遗址发掘报告. 考古学报，1987（03）：359-396+407-412.

②　早期秦文化联合考古队，张家川回族自治县博物馆. 张家川马家塬战国墓地 2008～2009 年发掘简报. 文物，2010（10）：4-26+1.

③　赵化成. 甘肃东部秦和羌戎文化的考古学探索//俞伟超. 考古类型学的理论与实践. 北京：文物出版社，1989.

④　王辉. 张家川马家塬墓地相关问题初探. 文物，2009（10）：70-77.

⑤　宁夏文物考古研究所，宁夏固原博物馆. 宁夏固原杨郎青铜文化墓地. 考古学报，1993（01）：13-56+152-157.

⑥　乌恩岳斯图. 北方草原考古学文化研究：青铜时代至早期铁器时代. 北京：科学出版社，2007.

饰，以及头和躯体分铸的圆雕鹿形车饰等器物。[①]这一现象或表明，虽然陕北北部地区的北方草原文化遗存归属于以鄂尔多斯地区为中心的桃红巴拉文化，但地处鄂尔多斯和甘宁之间的陕北地区与甘宁地区的联系更为密切，其中有些甘宁地区的北方系文化因素见于陕北而不见于鄂尔多斯，从文化因素和地缘关系来看，陕北地区正处于桃红巴拉文化与杨郎文化之间交汇融合的地区。

（五）燕山南麓地区

围坊三期文化是分布于燕山南麓的北方系青铜文化，以天津蓟州围坊遗址[②]的发掘而得名。该文化的分布范围大致为西起太行山，东至滦河流域，南至拒马河一带，文化遗存主要分布于河北青龙、卢龙、唐山、易县、涞水，北京平谷、房山以及天津蓟州、宝坻等地。时代为殷墟一期至商周之际。围坊三期文化青铜器主要包括兽首曲柄匕首式短剑、管銎斧、啄戈、环首刀、三凸钮环首刀、铃首刀、鹿首刀、弓形器、喇叭口耳环等，另外还有臂钏、喇叭口耳环等金器。其中，曲柄匕首式短剑、管銎斧、鹿首刀、环首刀、三凸钮环首刀等铜器与李家崖文化的同类器物大同小异，另外，花边鬲、蛇纹鬲等陶器也与朱开沟文化和李家崖文化的同类器物相类似，可见其间存在着密切的联系。[③]

东周时期，陕北地区与燕山南麓冀北地区的北方草原文化交流不太明显。

（六）欧亚草原地区

切尔内赫（Chernykh）在对欧亚大陆西部的早期金属时代进行研究时，划分出巴尔干-喀尔巴阡山冶金省（指区域）、环黑海冶金省以及西亚冶金省三个冶金文化区，清晰地勾勒出了欧亚大陆西部地区冶金工业技术的发展脉络。以上三个文化区内冶金技术的发展几乎可以涵盖欧亚大陆西部从早期金属时代至青铜时代晚期的各个发展阶段。[④]李刚参照切尔内赫的分期，将欧亚草原青铜器的发展演变分作三期，即初始期、发达期和没落期，概括了欧亚草原及黄河、辽河流域的整个青铜时代，以及局部的铜石并用时代和早期铁器时代。初始期，青铜器在欧亚草原局部地区出现，年代为公元前 3 千纪至前 2 千纪初，相当于西亚冶金省的形成阶段；发达期，青铜器在

① 单月英，汪涛，曹玮. 陕北地区东周秦汉时期的铜器研究//曹玮. 陕北出土青铜器. 成都：巴蜀书社，2009.

② 天津市文物管理处考古队. 天津蓟县围坊遗址发掘报告. 考古，1983（10）：877-893+961-963.

③ 乌恩岳斯图. 北方草原考古学文化研究：青铜时代至早期铁器时代. 北京：科学出版社，2007.

④ Chernykh E N. Ancient Metallurgy in the USSR：The Early Metal Age. Wright S（trans）. Cambridge：Cambridge University Press，1992.

欧亚草原大部出现，年代为公元前 2 千纪初至前 1 千纪初，相当于西亚冶金省的稳定发展和解体崩溃阶段；没落期，时代为公元前 8 世纪至前 3 世纪，相当于欧亚草原的早期铁器时代。[①]

李家崖文化的时代与南西伯利亚卡拉苏克文化的前期相当。二者在主体文化内涵上具有显著区别，但在某些铜器方面存在关联，比如短剑、刀、管銎斧、空首斧、挂缰钩等。李伯谦在对晋陕高原出土商末周初青铜器分群研究时指出，其中有一群铜器是米努辛斯克盆地卡拉苏克文化中常见的器物，有双环首刀和冒首刀两种，数量虽较少，但也许正是卡拉苏克文化曾向南传播的证明。[②]

苏联学者 C. B. 吉谢列夫于 1960 年访华时，曾谈及苏联境内青铜文化与中国商文化的关系问题。他认为，苏联境内伏尔加河及欧洲部分所发现的塞伊玛文化要早于殷墟文化，但两者在青铜矛、空銎斧和柄端饰有野马的刀等器物上又表现出相似性，而在苏联境内自西向东分布的木椁墓文化以及西西伯利亚、叶尼塞河流域和阿尔泰地区的安德罗诺沃文化中都可以看到塞伊玛文化的影响。他根据这一现象推论：公元前 1600～前 1300 年，塞伊玛文化向东发展，一直影响到了中国境内的殷墟文化，使得这一时期安阳类型器物有很大的发展，殷墟青铜器的发展继而又向其邻近地区扩展影响。另外，吉谢列夫还认为，东西方之间在青铜器器物形状和技术方面的影响是相互的，最初是由西向东，继而又是由东向西。他以外贝加尔湖和叶尼塞河流域卡拉苏克文化出土的陶鼎和陶鬲为例，说明殷墟文化对卡拉苏克文化的影响。他还提到，鄂尔多斯地区发现的文化既有卡拉苏克文化的特征，又有较多的商文化因素，并将这一地区的文化称为"卡拉苏克-安阳文化"。[③]

乌恩认为吉谢列夫的推论是毫无根据的。他指出塞伊玛墓地不出陶器，单纯以青铜器推断其绝对年代在公元前 16 至前 13 世纪难以令人信服。塞伊玛青铜器的渊源尚不清楚，而商文化的锛、斧、刀的祖型都可上溯到商代早中期，而矛在殷代也已大量存在，因此殷代流行的这几种器类绝不是塞伊玛青铜器影响的结果。另外，乌恩还认为，我国北方青铜文化具有独特的文化内涵，它既不是从商周文化，也不是从卡拉苏克文化中派生出来的，在探讨商文化与卡拉苏克文化之间的关系时，总是将两者直接

---

① 李刚. 中国北方青铜器的欧亚草原文化因素. 北京：文物出版社，2011.

② 李伯谦. 从灵石旌介商墓的发现看晋陕高原青铜文化的归属. 北京大学学报（哲学社会科学版），1988（02）：15-29.

③ 吉谢列夫，阮西湖. C. B. 吉谢列夫通讯院士在北京所作的学术报告. 考古，1960（02）：45-53+9.

联系起来，而把北方青铜文化作为两者的媒介，实属一种偏见。实际上，同卡拉苏克文化有联系的是北方青铜文化，而非中原商文化，即使商周文化对卡拉苏克文化有某些影响，也是经由北方青铜文化来实现的。[①]

林沄指出在米努辛斯克盆地和黄河流域之间，是一个广大的北方系青铜器分布区，这一地区的青铜器在殷墟文化时期已经很发达。少量的卡拉苏克文化青铜器表现出了与殷墟文化的相似之处，而在中原商文化与中国北方系青铜文化的器物上也能找到卡拉苏克文化的影子。比如广泛流布于北方地区的背部呈磬折状的折背刀，既见于南西伯利亚，在殷墟也有个别发现；再如流行于卡拉苏克文化的混有商文化戈成分的管銎啄戈，在中国北方地区也有出土。他认为，殷墟文化青铜器与卡拉苏克文化青铜器的相似之处应理解为：北方系青铜器先传入了殷墟文化的分布区并影响了一部分殷墟式青铜器，也传到米努辛斯克盆地，在稍晚的时代（西周）为卡拉苏克文化所采用。而在谈到分布于广大地域的北方系青铜器的共同成分的起源时，林沄先生提出了一个设想：中央亚细亚草原地区就像一个奇妙的历史漩涡，它把不同起源的成分在这里逐渐融合成一种相当一致而稳定的综合体，又把这种综合体中的成分像飞沫一样或先或后地溅湿着四周地区。[②]

乌恩认为，相比于卡拉苏克文化，蒙古和外贝加尔地区与我国北方系青铜文化的关系更为密切。蒙古和外贝加尔地区出土的装饰动物纹的青铜器在形制和纹饰风格上与我国北方的同类器物都非常相近，而且在贝加尔湖地区的石棺墓和遗址中常见源于我国的陶鬲。这似乎表明，在公元前1千纪前后，从我国北方草原地带到外贝加尔这一范围内居住着经济类型和文化面貌相近的民族。由此可以推测我国北方地区以李家崖文化为代表的青铜文化在某些方面经由蒙古和外贝加尔地区，对米努辛斯克盆地卡拉苏克文化产生了影响。[③]

春秋战国时代的欧亚草原正值铁器时代的早期，这一时期，欧亚大陆草原存在比较发达的早期游牧人文化，包括黑海北岸的斯基泰文化、咸海沿岸的塞种人文化、米努辛斯克盆地的塔加尔文化、图瓦地区的乌尤克文化、阿尔泰地区的巴泽雷克文化、蒙古西部的乌兰固木文化、蒙古和外贝加尔的晚期石板墓文化。这些文化以其相似的

① 乌恩. 中国北方青铜文化与卡拉苏克文化的关系//《中国考古学研究》编委会. 中国考古学研究：夏鼐先生考古五十年纪念论文集（二集）. 北京：科学出版社，1986.

② 林沄. 商文化青铜器与北方地区青铜器关系之再研究//苏秉琦. 考古学文化论集（一）. 北京：文物出版社，1987.

③ 乌恩. 论我国北方古代动物纹饰的渊源. 考古与文物，1984（04）：46-59.

兵器、马具和"野兽纹"艺术著称于世。乌恩认为，我国北方春秋战国时期动物纹与斯基泰"野兽纹"有明显区别，表明我国北方春秋战国时期动物纹是在我国早期动物纹的基础上发展起来的，并非斯基泰"野兽纹"影响的结果；但另一方面，发达的斯基泰"野兽纹"的某些母题对我国北方动物纹产生了影响，而且斯基泰艺术对我国的影响并非直接的，是经由阿尔泰部落的艺术传播来的。[1]另外，桃红巴拉文化中的"触角式"和蘑菇形首短剑、鹤嘴斧、马镫形首和环首马衔、双孔马镳、环形带扣、镜形饰等青铜器，在乌兰固木文化、巴泽雷克文化、乌尤克文化、塔加尔文化、石板墓文化中均有发现，这种在一组器物上表现出的相似性说明它们之间的联系非常紧密，这种联系还集中表现在动物纹装饰艺术方面。但桃红巴拉文化与这些欧亚草原文化的相似性表现出由近及远逐渐减弱的趋势。另外，我国北方草原早期铁器时代文化不仅同蒙古、外贝加尔、图瓦、戈尔诺-阿尔泰地区存在紧密联系，而且同米努辛斯克盆地以西鄂毕河上游地区的早期铁器时代文化之间也存在着一种间接的文化联系。[2]

杨建华也指出，与中国北方文化带关系较为密切的是乌拉尔以东地区，包括米努辛斯克盆地、图瓦、阿尔泰、哈萨克斯坦、蒙古国以及外贝加尔等地区。在春秋战国时代，随着欧亚大草原游牧化程度的加深，我国北方地区与这些地区自青铜时代以来的联系变得更加广泛。这时我国北方地区的器物大致可分为"中国北方原来没有而后来从北方草原传入的器物"以及"由于中国北方与北方草原的文化联系而形成的风格相似的器物"两种情况。她还推测描述了东周时期我国北方系青铜文化与北方草原文化联系的发展过程：早期阶段，从北方草原传入双鸟回首剑，并与北方草原都出现了鹤嘴斧、立兽刀剑、环首刀、圆形饰单体动物饰牌；中期正值我国北方系青铜文化之间频繁交往的时期，该时期双鸟回首剑和鹤嘴斧仍在我国北方系青铜文化中继续发展，由北方草原影响、只有零星传入的柄形镜，数量比较少；晚期尤其是晚期晚段，出现了大量的北方草原的装饰风格，除虎身饰紧密有力线条的风格见于甘宁和内蒙古东部外，其余域外风格均在内蒙古西部，而且多是金银器。这说明这时的内蒙古西部是最为发达的地区，不仅用贵金属表示财富地位，而且有能力模仿远方的北方草原贵族的装饰风格。[3]

① 乌恩. 论我国北方古代动物纹饰的渊源. 考古与文物, 1984（04）: 46-59.
② 乌恩岳斯图. 北方草原考古学文化研究: 青铜时代至早期铁器时代. 北京: 科学出版社, 2007.
③ 杨建华. 春秋战国时期中国北方文化带的形成. 北京: 文物出版社, 2004.

1.2.6 科学检测分析

通过大量的考古学研究工作，目前已对陕北地区青铜文化建立了较为清晰的时代和区域性框架。但是青铜器是物质文化与生产技术的综合体，在深入开展其历史价值、艺术价值认知研究的同时，还必须进行系统的科学分析工作，揭示其物质载体背后隐藏的技术信息，挖掘其科学价值。

陈坤龙等学者对榆林出土的一件龙山文化晚期铜刀进行了成分分析和金相组织观察。扫描电镜能谱分析显示，该铜刀为锡青铜，锡、铅含量分别为9.9%、1.3%，具有典型的热加工处理后的金相组织。根据外形及样品金相组织观察，这件锡青铜刀为双范铸造成形后，又对刃部及尖部进行加热、锻打。[①]

廉海萍等学者对陕北地区出土的夏商周及汉代的25件青铜器进行了合金成分和金属组织结构的分析，并探讨了器物的制作工艺技术。实验手段为X射线荧光光谱分析和电子探针能谱微区分析。所分析的器物包括容器、兵器、工具及其他，如带钩、铜镜等，工具数量最多、年代跨度也最长，容器数量次之且年代均集中在汉代。成分分析结果显示：铅锡青铜和锡青铜是这批陕北铜器的主要材质，商代以铜锡二元合金为主，西周之后以低铅的铜锡铅三元合金和铜锡二元合金为主。另外，有两个值得注意的现象：一是所分析的8件东周时期兵器、工具中，有2件工具的材质为红铜或类红铜；二是从商晚期到东周的兵器、工具以及汉代的容器共有9件铜器含有砷，大部分含量在1%左右，只有1件商晚期的刀和1件东周时期的刀，砷含量略高于2%，虽然砷可能是来源于砷铜共生矿或砷铅共生矿而不是人为加入，但这或许可以为研究陕北铜器的矿料来源提供线索。制作技术方面的研究显示：铸造是该批陕北铜器的主要成形工艺，铸造后对刃口进行热、冷加工以提高使用性能是陕北有刃铜器采用的主要加工技术手段；汉代，在采用铸造成形技术的同时也采用热加工成形技术制作薄壁容器，从而减少高锡青铜的脆性，提高了薄壁容器的使用性能。[②]

郭美玲在《陕西黄陵寨头河战国墓地出土金属器的科学分析与制作技术研究》中，对寨头河战国墓地出土的41件铜器和13件铁器进行了科学检测分析。结果表明，经分析的铜器样品可见锡青铜和铅锡青铜两类主要材质类型，其中铅锡青铜占主

---

① 陈坤龙，梅建军，张鹏程.陕西榆林出土龙山文化晚期铜刀金相及元素成分分析报告//曹玮.陕北出土青铜器.成都：巴蜀书社，2009.

② 廉海萍，曹玮，Notis M R.陕北铜器合金成分与制作技术的分析研究//曹玮.陕北出土青铜器.成都：巴蜀书社，2009.本书中"青铜器"为一定时期"铜器"的泛称概念。

导地位，且表现出低锡低铅的特点。铜器多为铸造成形，部分经过了受热、热锻、冷加工，其中 1 件铜镯表面进行了镀锡处理。经分析的 13 件铁器包括铁带钩和铁环两种器类，这两类铁器的技术特征明确，且存在显著差异。4 件铁带钩均为亚共晶白口铁铸件，其中 3 件铁带钩表面采用了金银工艺装饰；9 件铁环均为块炼铁或块炼渗碳钢锻打而成。该研究认为生铁制品在寨头河墓地的出现应是受到了三晋地区的影响，而块炼铁技术体系的存在或与西北地区早期冶铁技术传统有渊源关系。另外，铁带钩的错金银装饰工艺也显示出了与中原地区三晋文化的密切联系。铁带钩表面至少有部分银饰为灰吹法冶炼制品，这也是目前我国古代有关灰吹法炼银技术较早的实物证据。[①]

吕智荣在李家崖考古发掘报告中发表了李家崖古城遗址内出土的铜渣、铜器和城址附近东周至秦代墓葬中出土的铜器等 8 件样品的成分分析结果，实验手段为电子探针能谱和摄谱仪。其中属于李家崖文化遗物的直内戈、蛇首匕、铜镞、铜渣等 4 件样品均为铜锡二元合金，含锡量在 3.35%～4.71%，含铅量在 0.38%～0.76%。[②]

曹大志对晋陕高原出土的 180 余件青铜器进行了成分分析和铅同位素比值分析。其中，采用手持式 X 射线荧光分析仪（pXRF）对 30 件陕北出土的商代晚期铜器进行了成分检测，结果显示有 12 件锡青铜、16 件铅锡青铜、2 件红铜，采用此方法所得的分析结果虽存在锡含量偏高的问题，但对材质定性影响不大。铅同位素比值分析的结果显示，陕北地区出土的具有北方草原风格和晋陕高原本土风格的青铜器中所含的铅，有与殷墟青铜器相同的高放射性成因铅存在，揭示了陕北地区与中原地区在以矿料为代表的物料流通方面存在密切的联系，这是一项有重要意义的工作。[③]

随着学术界对科技考古工作的不断重视和加强，陕北青铜器的科学研究工作从早期的成分和金相分析逐渐拓展到矿料来源研究，但总体来看目前的研究成果还无法支撑起对陕北地区青铜合金技术发展脉络的完整认识。因此，为了能更全面地揭示陕北地区青铜冶金技术的特征，还需开展更加系统深入的科学分析工作。

综上所述，陕北地区出土的青铜器以北方系青铜器为主，年代集中在商代晚期和春秋战国两个时期，而这两个时期也正是我国北方系青铜器勃兴的时期。经过多年的努力，关于陕北地区出土青铜器的考古学研究已取得了一系列重要的成果，对于器物

① 郭美玲. 陕西黄陵寨头河战国墓地出土金属器的科学分析与制作技术研究. 北京：北京科技大学，2013.
② 陕西省考古研究院. 李家崖. 北京：文物出版社，2013.
③ Cao D. The Loess Highland in a Trading Network（1300-1050 BC）. Princeton：Princeton University，2014.

的类型划分、断代分期、文化归属、族属及与周边青铜文化之关系等几方面的问题逐渐有了认识。

陕北地区商代晚期的青铜器主要出土于清涧、绥德、吴堡、榆阳、子长、延川、延长、甘泉、淳化等地，可分为与中原商代青铜器相同或相似的殷墟式铜器、兼具殷墟铜器形制和北方草原风格的混合式铜器以及具有典型北方草原地带特征的土著式铜器三类。器物的年代基本可以对应殷墟一期至四期，主要集中于殷墟二期。陕北商代晚期青铜器与晋西北商代晚期青铜器应属于一个大的文化系统，归属于李家崖文化，但在该文化系统内，以黄河为界的晋西北、陕北地区或许存在部族间或方国文化的差异。关于陕北地区商代晚期人群的族属问题，主要有鬼方、舌方两种意见，但由于甲骨卜辞中关于殷商王朝西北地区方国的记述极不翔实，对卜辞的解释也各有不同，所以该地区的商晚期青铜器究竟是哪个方国的遗存尚难有确定的答案。陕北地区商代晚期青铜器受到殷墟文化较为强烈的影响，其中也包含部分先周文化的因素，而在殷商晚期阶段，陕北地区的北方系青铜文化因素已进入了关中地区。陕北商代晚期青铜器所属的李家崖文化与内蒙古中南部的朱开沟文化具有一定的亲缘关系，但还无法确定李家崖文化就是由朱开沟文化南下发展而来的。在同一时期燕山南麓围坊三期文化中出土的青铜器和陶器与李家崖文化具有较多的相似性，说明商代晚期陕北地区与冀北地区存在密切的联系。商代晚期的陕北地区还充当着中原地区与欧亚草原地区文化交流通道的角色。

陕北出土的西周青铜器较少，出土地点主要集中在延安地区，榆林地区没有发现西周时期的青铜容器。由此表明，西周时期，周人的势力并未达到陕北北部。

陕北出土的东周青铜器中总体上中原文化系统器物的数量种类较少，北方系青铜器占据主导地位。中原系青铜器主要集中于北方草原游牧文化兴起之前的春秋早期以及衰落之后的战国晚期。该时期的陕北地区文化类型与内涵较为复杂，呈现出南部受中原文化的影响较深，北部与北方草原地区联系紧密的现象。其中陕北的南部地区与周文化及三晋文化的联系密切，应有狄、戎两支人群活动。北部地区的北方系青铜器归属于以鄂尔多斯为中心的桃红巴拉文化，族属应为林胡，与甘宁地区的杨郎文化来往密切，与冀北地区的北方草原文化交流则不明显。该时期，随着欧亚大草原游牧化程度的加深，我国北方地区与欧亚草原的联系变得更加广泛，在乌拉尔以东的欧亚草原文化遗存中可见与桃红巴拉文化因素类同的器物。

随着考古资料的不断丰富以及考古学研究的不断深入，学术界对青铜器科学价值的认知需求也在不断加强。从 20 世纪 90 年代开始，中外学者对我国北方系青铜器开展了较为系统的科学分析研究。研究内容及方法主要为元素成分分析和金相学研究，少数研究者关注了制作工艺及矿料来源研究。目前，关于内蒙古中南部、冀北以及辽西地区北方系青铜器的科学研究已取得了具有重要学术意义和参考价值的成果，但总体上有针对性的工作还需加强，其中陕北地区北方系青铜器的科学研究工作还比较欠缺，目前的研究成果还无法支撑起对该地区青铜合金技术发展脉络的完整认识，亟待开展系统深入的科学分析工作。

1.3　研究内容与方法

1.3.1　研究内容

本书将通过对陕北地区出土商周时期青铜器的科学分析，揭示其包含的技术信息，了解该地区的青铜冶金技术特征，探讨该地区青铜器的矿料来源及产地。并通过整理国内外的科学分析数据和考古学研究成果，进行综合比较研究，探索陕北地区与周边地区青铜文化之间的交流与互动关系。

主要研究内容包括：

（1）区域技术特征研究。利用自然科学的分析手段，对陕北地区出土青铜器的元素成分、金相组织进行分析检测，揭示陕北青铜器包含的技术信息，探讨该地区青铜冶金技术的特征。

（2）矿料来源与产地研究。对陕北地区出土青铜器及冶铸遗物样品的铅同位素比值和微量元素组成进行测定，并有针对性地选取殷墟出土的部分北方系青铜器及冶铸遗物进行铅同位素比值分析，再结合青铜器制作工艺细节的考察和研究，探索陕北青铜器的矿料来源与产地。

（3）区域间文化交流研究。综合以上两部分的检测分析结果，并结合已有的相关科学分析数据和考古学研究成果，开展区域间技术特征的比较研究，探讨区域间青铜文化的交流与互动关系。

1.3.2　研究方法

科学检测分析是本书的主要研究方法。检测分析方法主要包括金相组织观察、元素成分分析、铅同位素比值分析以及微量元素分析。另外，本研究还对陕北出土的部分商代容器的制作工艺痕迹进行了观察，对该批器物的铸造工艺进行了判断和复原。

（1）金相组织观察

在对样品进行整理、分类的基础上，选择较大的样品使用微型金相切割机或线锯进行再次切割，为下一步有可能进行的其他分析选取保留部分。除保留的部分外，所有样品均按照标准的金相试样制作方法，综合考虑器物类型及取样部位等因素，选取合适的分析面（大部分为样品的横切面），采用金相专用冷镶嵌粉和固化剂 1∶1 混合溶液对样品进行冷镶，样品直径为 3 cm；镶好的样品经砂纸打磨、抛光机抛光后，用浓度为 3% 的三氯化铁盐酸乙醇溶液浸蚀，浸蚀时间以能使样品金相组织显现为宜；然后在金相显微镜下观察样品的显微组织并拍摄金相照片。金相组织观察、照相所用仪器为 Leica DM4000 M 型金相显微镜。

本研究还通过扫描电镜对青铜器样品的微观组织形貌进行了观察，并拍摄了背散射电子图像。扫描电镜背散射电子图像可以反映出合金元素在固溶体中的偏析，以及铅和夹杂物的赋存状态等情况，与金相照片相结合，可以用来更准确地描述青铜器样品的金相组织形态。

（2）元素成分分析

元素成分分析包括原位无损分析和取样分析两种方法。

本研究采用 pXRF 对青铜器表面的元素成分进行了原位无损分析，该类设备具有成本低效率高的优点，但其测量误差较大，适用于青铜器成分的半定量分析或定性分析。为避免分析结果误差过大，在测试前对青铜器表面进行了细致的观察，并尽量选择在青铜器表面无锈蚀或锈蚀较轻的多个部位进行测试。本研究采用的仪器型号为美国 Thermo Niton XL3t 800 手持式合金分析仪，分析模式为电子合金模式，激发源为管电压 50 kV 的微型 X 射线管，探测器为 SDD 探测器，测试时间大于 30 s，测试点直径为 8 mm。

在原位无损成分分析的基础上，本研究对其中部分残损器物进行了取样分析。样品进行金相观察、照相后，重新抛光，然后经喷碳处理，利用扫描电镜能谱（SEM-EDS）进行元素成分无标样定量分析以及组织结构微区分析。为减少青铜器偏析或锈蚀造成的测试结果与实际成分的差异，在区域面扫时尽量避开锈蚀部位并使扫描面积最大，或在不同区域分别扫描取平均值。分析模式为无标样定量分析，分析条件设定为加速电压 20 kV，测试时间大于 50 s，分析结果经归一化处理，成分含量以 wt%（质量百分数）表示。为了保证分析数据的一致性，本书中所有青铜器样品的元素成分分析均使用同一台仪器，仪器型号为：日本电子公司 JSM-6480LV 型扫描电镜及其配置的美国 Noran System Six 型能谱仪。

这两种方法都是对器物或固体样品表面薄层的元素成分进行分析，而不是对器物或样品的整体元素成分的分析。而且在进行定量分析时都是无标样支撑的，是根据仪器内置标样数据库进行自动分析。实践证明，不同仪器的条件和状态不同以及观测者的不同，都会造成分析结果的差异。所以本书中同一方法所得的数据都是笔者使用同一台仪器进行检测的，以尽量做到等精度观测。然而，对于古代青铜器来说，成分偏析、浇注冷却速度不同、铸后加工处理、锈蚀等因素都会造成青铜器不同部位的成分不一致，从而使得测量数据产生差异。尤其 pXRF 的分析数据较大程度上会受到青铜器表面锈蚀的干扰，从而对其准确度产生较大影响。

本研究将同一器物相同或相近部位的 pXRF 无损分析数据与 SEM-EDS 分析数据分别作归一化处理后进行对比，发现铜、锡、铅等常量元素的含量差别明显。整体上，pXRF 测得的锡、铅数据要普遍高于 SEM-EDS 的分析数据，而相应地，pXRF 测得的铜含量则普遍低于 SEM-EDS 的分析数据。两种分析方法测得的锡含量绝对偏差大多在 5% 以内，少数数据的偏差在 10% 以上，最高偏差约为 15%；而铅含量的绝对偏差大多在 6% 以内，最大偏差达 31%。两组数据中偏差较大者，大多其本身的锡、铅含量较高，pXRF 数据还不至于影响定性结果的判断；其中个别锡、铅含量较低的青铜器在使用 pXRF 数据进行定性分析时会受到困扰。鉴于经 pXRF 检测的青铜器绝大多数表面都存在锈蚀，这种偏差应是受青铜器表面锈蚀的影响所致。

两种方法所得数据的另一个显著的区别是，pXRF 检测数据中可见有种类较多的少量或微量元素。扫描电镜能谱的检测下限约为 0.1 wt%，大多微量元素的含量低于该下限，而 pXRF 的检测下限能达到约 0.01 wt%。pXRF 数据中的少量或微量元素主要包括砷（As）、铁（Fe）、铋（Bi）、锑（Sb）、锌（Zn）、镍（Ni）、金（Au）、银（Ag）、钴（Co）等，其中砷、铁最为普遍，铋、锑、锌、镍次之，而其余微量元素大多是偶尔可见。这些元素有可能是矿石中的组成，在冶炼过程中进入合金，也有可能是来自青铜器表面锈蚀或其他外界的污染，尤其土壤中的铁容易侵入青铜器而在表面形成富集。但是，需要特别注意的是，该型号的 pXRF 分析仪的检测数据中砷元素和铅元素的发射谱线重合，往往会造成砷铅相互混淆干扰的问题，所以本研究对于 pXRF 检测数据中普遍含砷的现象持谨慎态度，在砷铜的判定问题上进行了仔细甄别。

为便于讨论，本研究选择 2% 作为铜合金合金元素下限的划分界线。[1]当铜器中锡（Sn）、铅（Pb）、砷（As）等元素含量≥2%时，则认为其为相应的铜合金类型；含量<2%的元素视为少量或微量元素（杂质元素）；铁（Fe）、硫（S）等元素不参与材质的划分。

本研究涉及的主要材质类型及表述方法如下：

红铜（Cu）：除铜以外的各种元素含量皆低于 2%；

锡青铜（铜锡二元合金，Cu-Sn）：Sn≥2%，其他元素<2%；

铅青铜（铜铅二元合金，Cu-Pb）：Pb≥2%，其他元素<2%；

铅锡青铜（铜锡铅三元合金，Cu-Sn-Pb）：Sn≥2%，Pb≥2%，其他元素<2%；

砷铜（铜砷二元合金，Cu-As；或铜锡砷三元合金，Cu-Sn-As）：As≥2%，其他元素<2%；或 As≥2%，Sn≥2%，As wt%＜Sn wt%。

金属锈蚀严重或完全锈蚀，成分分析结果无法说明合金元素的原始配比，但锈蚀成分中若明显存在其他合金元素，如锡、砷，则以铜锡、铜砷等标记。

合金中含量比较显著的少量元素（一般含量大于1%），以"（含该元素）"的形式标注于合金类型之后，如锡青铜（含铅）/Cu-Sn（Pb）。

多元合金中，金属元素按照含量比例大小的顺序排列，比如铅锡青铜，锡含量大于铅含量，材质类型表述为铜锡铅（Cu-Sn-Pb）；若铅含量大于锡含量，则表述为铜铅锡（Cu-Pb-Sn）。

（3）铅同位素比值分析

铅同位素分析在古代青铜器矿料产地的溯源研究中发挥着重要作用。古代青铜器的主要合金成分为铜、锡、铅，而古代锡矿主要为锡石，锡石中杂质很少，合金元素锡对铅同位素数据的影响基本可以忽略不计，因此，大多数情况下，铅同位素比值应作为铜矿或铅矿的示踪剂。[2]至于反映的是何种矿料的来源信息，则需对比器物的元

① 闻广. 中国古代青铜与锡矿. 地质论评, 1980（04）: 331-340.

② Gale N H, Stos-Gale Z. Lead isotope analyses applied to provenance studies//Ciliberto E, Spoto G. Modern Analytical Methods in Art and Archaeology. New York: Wiley, 2000.

素成分进行具体分析。

^{204}Pb、^{206}Pb、^{207}Pb、^{208}Pb 是铅的四种稳定同位素，其中 ^{204}Pb 几乎不具放射性，而 ^{206}Pb、^{207}Pb、^{208}Pb 则是由不同的放射性元素经一系列衰变而成的。^{206}Pb 或 ^{207}Pb 或 ^{208}Pb 含量特别高，即所谓高放射性成因铅，这种铅在地质上是罕见的，而我国的金属铅矿大多为 ^{207}Pb/^{206}Pb 比值大于 0.84 的普通铅。通过对这四种同位素的比值分析来表征青铜器样品的铅同位素特征，并与矿山的铅同位素比值比较，来确定矿料来源。

本研究的铅同位素比值分析工作委托北京大学地球与空间科学学院造山带与地壳演化教育部重点实验室进行，所用仪器为 VG Elemental 多接收电感耦合等离子体质谱仪（MC-ICP-MS）。

制样及分析流程为：称取一定量的样品，置于聚四氟乙烯的烧杯中，加入一定体积的无机酸（王水）使样品消解，其间可对其进行加热，加快样品消解进程。待样品完全消解并澄清后，转移至容量瓶中加去离子水定容至 100 mL，充分摇匀，取其中 20～30 mL 清液待测。使用电感耦合等离子体原子发射光谱仪（ICP-AES）测量溶液中的 Pb 含量，根据溶液中 Pb 含量数值，加去离子水将 Pb 含量稀释到 400～1000 ppb（1 ppb=10^{-9} g/g）左右，然后在样品溶液中加入国际 Tl 标准 SRM 997 作为内标，样品即制备完成。将制备好的样品使用 MC-ICP-MS 进行测试，测试过程中，为保证仪器的稳定性和精确度，在测量样品前后会采用国际标样 NBS 981 进行外部校正。NBS 981 的测定值分别是：^{207}Pb/^{206}Pb=0.913927，^{208}Pb/^{206}Pb=2.165276，^{206}Pb/^{204}Pb=16.9149，^{207}Pb/^{204}Pb=15.4588，^{208}Pb/^{204}Pb=36.62544。

（4）微量元素分析

微量元素组成分析在古代青铜器矿料来源研究中也具有非常重要的作用。检测富集于金属铜中的 Au、Ag、Se、Te、As、Sb、Bi 等亲铜元素以及 Ni、Co 等既亲铜又亲铁元素的含量，对数据进行多元统计分析，可用于青铜器中铜矿料的示踪研究。[1]而且将微量元素分析与铅同位素比值分析相结合，能够更好地进行青铜器的矿料来源研究。[2]

---

[1] 李清临，朱君孝，秦颍，等. 微量元素示踪古代青铜器铜矿料来源的可行性. 文物保护与考古科学，2004（03）：13-17.

[2] Pernicka E. Trace element fingerprinting of ancient copper: a guide to technology or provenance//Young S, Pollard A M, Budd P, et al. Metals in Antiquity. Oxford: Archaeopress, 1999.

本研究的微量元素分析在北京大学考古文博学院科技考古实验室进行，所用仪器为美国 LEEMAN LABS 公司生产的 Prodigy SPEC 型电感耦合等离子体原子发射光谱仪。

制样及分析流程为：称取一定量样品，加入一定体积的无机酸消解，待样品消解澄清后转移定容至 100 mL 容量瓶中，摇匀待测。测试条件为：RF（高频发射器）功率 1100 W，氩气流速 20 L/min，雾化气压力 30 psi（英制单位，约 0.2 MPa），蠕动泵（样品提升）速率 1.2 mL/min，积分时间 30 s/次。标准是钢铁研究总院研制的单一国家标准溶液配制而成的青铜测试系列混合标准溶液。

（5）铸造工艺考察

本书对陕北出土的部分商代容器进行了现场观察和测量，并对器物上遗留的成形或加工过程的工艺痕迹进行记录。这些工艺痕迹主要包括：浇注成形时遗留的范线、浇口或冒口痕迹、不同部位的叠压关系、铸后加工的磨痕以及补铸痕迹等。在考察记录的基础上，参考殷墟青铜器铸造及其加工工艺的研究成果，对该批青铜容器的铸造方法、铸型组合、芯撑设置、浇注位置等铸造工艺环节，以及修整、打磨、补铸等铸后加工过程，进行初步的判断和复原。

第2章
陕北出土青铜器
及冶铸遗物的科学分析

2.1 样品采集与分类

陕北地区出土青铜器是本书的主要研究对象。陕北地区是北方系青铜器的主要出土区域，而工具、兵器、车马器、饰品等小件的青铜器是北方系青铜器的主要器物类型，其中刀、斧、锛、凿等工具又为北方系青铜器的大宗。本研究共对陕西省榆林市绥德、子洲、清涧、米脂、神木、榆阳等县区博物馆（或文管所）的184件馆藏青铜器使用 pXRF 进行了无损成分分析（表2-1）。所分析的器物包括6件容器、137件工具、13件兵器、6件车马器及22件饰品，其中有商代晚期青铜器35件，西周青铜器37件，东周青铜器112件（定性分析结果见附表）。[①]

表2-1 陕北榆林地区经无损成分分析的馆藏青铜器情况统计表 （单位：件）

馆藏地	容器	工具	兵器	车马器	饰品	总计
绥德		99		2		101
子洲	6	3	3			12
清涧		4	3			7
米脂		5	4		2	11
神木		4	1		14	19
榆阳		22	2	4	6	34
合计	6	137	13	6	22	184

在无损成分分析的基础上，本研究对其中40件残损青铜器进行了取样，共获得青铜器样品41个。经取样的青铜器包括容器4件，工具32件，兵器3件，车马器1件，其中有商代晚期青铜器17件，西周青铜器11件，东周青铜器12件。样品编号以器物馆藏地拼音首字母（如取自绥德县博物馆馆藏青铜器的样品编号以 SD 开头）加数字顺序表示（表2-2，图2-1～图2-4）。

① 本书中的馆藏编号均为取样当时的馆藏编号。

表 2-2　陕北出土青铜器金属样品情况统计表

器物类别	器物名称	馆藏编号	时代	样品编号	取样部位
容器	尊	子洲 1116	商代晚期	ZZ001	肩部扉棱残块
	甗	子洲 1117	商代晚期	ZZ002	颈部残块
	盘	子洲 1118	商代晚期	ZZ003	腹部残损处
				ZZ004	腹部砂眼处
	觚	子洲 1115	商代晚期	ZZ005	口沿残损处
工具	直线纹斧	子洲 0409-0090	商代晚期	ZZ007	銎口残损处
	直线纹斧	子洲 0417-0098	商代晚期	ZZ008	銎口残损处
	直线纹斧	清涧 0081-046	商代晚期	QJ001	銎口残损处
	直线纹斧	绥德 140-X/5	商代晚期	SD002	銎口残损处
	直线纹斧	绥德 140-11/8	商代晚期	SD003	刃部残损处
	锛	清涧 0705-153	商代晚期	QJ002	銎口残损处
	锛	绥德 153-11/21	商代晚期	SD006	近銎口残损处
	凿	绥德 142-X/42	商代晚期	SD013	銎口残损处
	铜刀	绥德 54	商代晚期	SD014	刀柄残断处
	柱状凸钮环首刀	绥德 89	商代晚期	SD024	柄身交接处
	斧	绥德 140-5/10	西周	SD004	銎口残损处
	锛	绥德 153-17/24	西周	SD007	锛身穿孔残损处
	锛	绥德 153-15/25	西周	SD008	锛身穿孔残损处
	锛	绥德 153-5/26	西周	SD009	銎部残损处
	锛	绥德 153-14/27	西周	SD010	銎口残损处
	环首刀	绥德 145-11/78	西周	SD017	刃部残断处
	蛇纹齿柄刀	绥德 145-X/84	西周	SD019	刀首残断处
	环首刀	绥德 145-6/88	西周	SD023	环首残断处
	草首刀	绥德 90	西周	SD025	柄身交接处
	双环首刀	绥德 92	西周	SD027	刃部残断处
	斧	绥德 140-9/2	东周	SD001	斧身圆形穿孔处
	斧	绥德 153-X/17	东周	SD005	銎口残损凹陷处
	凿	绥德 142-X/29	东周	SD011	銎口残损处
	凿	绥德 142-4/34	东周	SD012	銎口残损处

续表

器物类别	器物名称	馆藏编号	时代	样品编号	取样部位
工具	简化鸟首刀	绥德66	东周	SD015	刃部残损处
	圆形穿首刀	绥德68	东周	SD016	刃部残断处
	铜刀	绥德83	东周	SD018	刀首残断处
	简化兽首刀	绥德85	东周	SD020	刃部残断处
	方环首刀	绥德86	东周	SD021	刃部残断处
	环首刀	绥德87	东周	SD022	刃部残断处
	三角形穿首刀	绥德96	东周	SD028	刃部残断处
	三角形穿首刀	绥德97	东周	SD029	尖锋残断处
兵器	铃首剑	子洲415	商代晚期	ZZ008	铃首残损处
	卷刃三銎刀	子洲416	商代晚期	ZZ009	銎口内侧残损处
	銎内钺	米脂0220-A0112	商代晚期	MZ001	銎部残损处
车马器	马镳	绥德91	西周	SD026	镳身残断处

图 2-1　子洲关王岔出土商代青铜容器

(1. 子洲 1113 鼎　2. 子洲 1117 瓿　3. 子洲 1118 盘　4. 子洲 1114 卣　5. 子洲 1115 觚

6. 子洲 1116 尊　对其中瓿、盘、觚、尊等 4 件残损器物进行了取样)

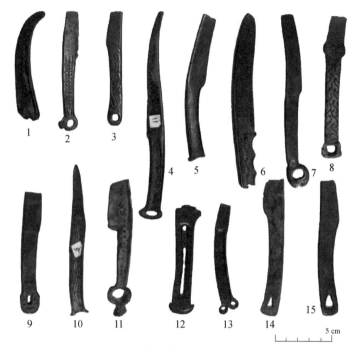

图 2-2　绥德县博物馆经取样的铜刀

（1. SD014　2. SD015　3. SD016　4. SD017　5. SD018　6. SD019　7. SD020　8. SD021　9. SD022　10. SD023
11. SD024　12. SD025　13. SD027　14. SD028　15. SD029）

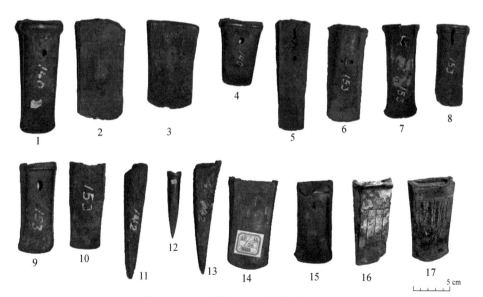

图 2-3　绥德、清涧、子洲等地经取样的斧锛凿等青铜工具

（1. SD001　2. SD002　3. SD003　4. SD004　5. SD005　6. SD006　7. SD007　8. SD008　9. SD009　10. SD010
11. SD011　12. SD012　13. SD013　14. QJ001　15. QJ002　16. ZZ007　17. ZZ008）

图 2-4 米脂、子洲、绥德等地经取样的武器、车马器
（1. MZ001　2. ZZ009　3. ZZ006　4. SD026）

此外，本研究还对 18 件陕北地区出土的东周青铜器和冶铸遗物样品进行了分析。其中包括陕西黄陵寨头河战国墓地出土的 11 件青铜器样品以及陕西横山黑水沟东周遗址出土的 7 件炉渣样品。

黄陵寨头河墓地是战国时期西北戎人的文化遗存，但是该墓地文化面貌较为复杂，西戎文化因素、中原三晋文化因素以及北方系青铜文化因素共存。本书所分析的 11 件青铜器包括了这三种不同文化因素的器物（表 2-3）。其中，杯形器和单耳罐属于西戎文化的典型器物，同类器形在西戎文化的陶器中也可见；铜牌饰、衔环外接倒梯形环的马衔则是北方风格器物；另外，鼎、矛、铜环、铃以及圆形衔环的马衔则属于中原风格的铜器。经检测，这 11 件青铜器均为铜锡铅三元合金[①]，本研究对这些青铜器样品进行了铅同位素比值分析。

表 2-3 寨头河战国墓地出土青铜器样品统计表

器物名称	出土单位	取样位置	样品编号	材质	文化属性
矛	K1	銎口断裂处	ZTH002	Cu-Sn-Pb	中原
镞	M55	锋刃部	ZTH006	Cu-Sn-Pb	中原
铃	M51	残破处	ZTH011	Cu-Sn-Pb	中原
马衔	M59	环部毛刺	ZTH012	Cu-Sn-Pb	北方
马衔	M7	环部毛刺	ZTH016	Cu-Sn-Pb	中原
马衔	M10	环部毛刺	ZTH017	Cu-Sn-Pb	北方/本地
铜环	M48	残环处	ZTH026	Cu-Sn-Pb	中原
牌饰	M72	残片	ZTH031	Cu-Sn-Pb	北方
杯形器	M55	腹部近底处毛刺	ZTH032	Cu-Sn-Pb	戎人

[①] 郭美玲. 陕西黄陵寨头河战国墓地出土金属器的科学分析与制作技术研究. 北京：北京科技大学，2013.

续表

器物名称	出土单位	取样位置	样品编号	材质	文化属性
单耳罐	M68	腹部范缝毛刺	ZTH034	Cu-Sn-Pb	戎人
鼎	M7: 1	内底铜滴	ZTH036	Cu-Sn-Pb	中原

　　横山黑水沟遗址是一处春秋中晚期至战国早期阶段的小型聚落，其文化性质主要与晋文化相当，但也包含北方戎狄文化的因素。在该遗址西北部的一座灰坑填土中发现有疑似陶范残片、炉渣等与冶铸生产相关的遗存，这是在陕北地区发现的先秦时期金属生产活动的直接证据。经分析，该遗址出土的炉渣均属于较为典型的熔炼渣，表明该遗址存在有意识的合金化生产活动，且可能存在铜、锡（铅）等较纯的金属物料。而从出土陶范残块来判断，该遗址铸铜作坊的产品应以工具等小件器物为主。[①] 本研究选取了该遗址出土的 7 件炉渣样品进行了铅同位素比值分析，样品号分别是 HS19、HS20、HS25、HS26、HS27、HS28、HS41。

2.2　金相观察及成分分析

2.2.1　商代晚期青铜器样品的金相与成分

　　本研究共对陕北地区出土的 35 件商代晚期青铜器进行了 pXRF 无损成分分析（分析结果见附表），并对其中的 17 件（残损）青铜器取样进行了 SEM-EDS 元素成分无标样定量分析（分析结果见表 2-4、表 2-5）。结果显示，35 件铜器的材质有 4 种：红铜 5 件、锡青铜 9 件、铅锡青铜 16 件、铅青铜 5 件。

表 2-4　陕北商代晚期青铜器样品的金相组织及 SEM-EDS 成分分析结果[②]

样品编号	金相组织观察结果	元素成分/wt%					材质	图示
		Cu	Sn	Pb	Fe	S		
ZZ001	铸造枝晶偏析不明显，基体为α+（α+δ）相。α固溶体呈细小再结晶晶粒，部分晶内存在少量滑移带，（α+δ）共析组织在晶界分布，其中α相聚集，有的只存在δ相。铅呈条块状，形体较大，有少量灰黑色夹杂物	74.4	15.1	9.5	0.9	0.1	Cu-Sn-Pb	图 2-5

---

① 刘建宇，陈坤龙，梅建军，等. 陕西横山黑水沟遗址出土铸铜遗物的初步研究. 南方文物，2015（01）：67-71.
② 本书成分分析相关表格中，空白区域代表含量低于仪器检测下限，又因数值四舍五入，存在各成分的和<1 或>1 的情况。

样品编号	金相组织观察结果	元素成分/wt%					材质	图示
		Cu	Sn	Pb	Fe	S		
ZZ002	α相呈不同取向的条状和针状，形态粗细不均，大量多角花斑状（α+δ）共析组织互连成网络状，其中α相出现聚集状态，存在少量缩孔，未见铅颗粒以及夹杂物	76.1	23.5	0.4			Cu-Sn	图2-6
ZZ003	铸造枝晶偏析残留，基体为铜锡α固溶体颗粒，晶粒较大，（α+δ）共析体呈岛屿状孤立地分布，铅很少，硫化物较多，且有聚集现象。局部晶内有少量滑移带	88.9	9.6	0.6		0.9	Cu-Sn（Pb）	图2-7
ZZ004	铸造枝晶偏析残留，基体为铜锡α固溶体颗粒，（α+δ）共析组织呈细小岛屿状孤立分布，（α+δ）共析体中α相聚集。有少量球状铅颗粒，大量细碎硫化物弥散分布于晶界	86.9	10.7	1.8		0.6	Cu-Sn（Pb）	图2-8
ZZ005	样品锈蚀较严重。基体为α固溶体枝晶，枝晶细且偏析明显，枝晶间隙均匀分布有较多（α+δ）共析组织，大部分已自然腐蚀，硫化物夹杂呈颗粒状与（α+δ）共析体伴存。铅呈球状分布于晶界。样品一侧边缘有较多滑移带，疑为取样过程中变形所致	75.7	19.4	4.3	0.6		Cu-Sn-Pb	图2-9
SD002	α固溶体枝晶粗大，枝晶间隙分布有（α+δ）共析体，数量不多，形态较小，大部分已锈蚀呈黑色，偶见灰白色夹杂物与共析体一起分布，部分晶内有滑移带	84.6	12.1	3.2		0.1	Cu-Sn-Pb	图2-10
SD003	α固溶体再结晶晶粒和孪晶。晶粒明显变形，晶界弯曲，扫描电镜下可观察到少量细小铅颗粒以及灰黑色高铁相	100.0					Cu	图2-11
QJ001	α再结晶晶粒大小不一，晶界明显，沿晶界腐蚀。铅呈小颗粒状弥散分布，偶见灰白色夹杂物与铅伴存。边缘部分晶内可见少量滑移带	97.1	2.1	0.8			Cu-Sn（Pb）	图2-12
ZZ007	α固溶体呈再结晶晶粒，晶粒较小，细小铅颗粒在晶界及晶内均有分布。样品一侧边缘有较多细碎孪晶，显示应受过热锻加工	96.9	0.3	2.8			Cu-Pb	图2-13
ZZ008	样品一半区域显示为红铜α固溶体再结晶粗大晶粒，另一半区域则是α再结晶等轴晶及孪晶，晶粒较细小	99.0	0.4	0.6			Cu	图2-14
QJ002	α固溶体呈再结晶晶粒，大小较均匀，铸造枝晶偏析仅有残余，沿晶界腐蚀严重。细小铅颗粒仍保持在原位，均匀分布于α晶粒内部与晶界，显现其原沿枝晶分布的状态。偶见灰白色夹杂物在晶界分布	84.7	10.8	4.5			Cu-Sn-Pb	图2-15

续表

样品编号	金相组织观察结果	元素成分/wt%			材质	图示
		Cu	Sn	Pb		
SD006	由于成分趋于均匀化，α 固溶体枝晶偏析基本消失。（α+δ）共析体中 α 有聚集现象，部分（α+δ）共析体中 α 与基体聚合，仅留存 δ 相。铅颗粒大小不均，在晶界呈粗大多角和条状、块状分布，在晶内呈小颗粒状分布，偶见灰黑色夹杂物与铅伴存。部分晶内可见滑移带，边缘部位有较多滑移带	70.2	14.6	15.2	Cu-Pb-Sn	图 2-16
SD013	偶见灰白色夹杂物，细碎铅颗粒弥散分布	100.0			Cu	图 2-17
SD014	少量锡溶入铜中形成 α 固溶体枝晶偏析。小颗粒状铅沿着偏析部位弥散分布。样品边缘局部有晶粒变形，疑为取样所致	98.3	1.7		Cu（Sn）	图 2-18
SD024	少量锡溶入铜中形成 α 固溶体枝晶偏析，枝晶细长，偏析明显。细小的铅颗粒弥散分布。样品边缘有较多滑移带	96.6	3.4		Cu-Sn	图 2-19
MZ001	α 固溶体枝晶偏析残留，晶界可见灰色硫化物与铅伴存	76.3	4.8	18.9	Cu-Pb-Sn	图 2-20
ZZ006	α 固溶体枝晶偏析，有受热迹象，受热温度不高，可见再结晶晶界。沿晶界锈蚀，可见细碎夹杂物。样品边缘一角有滑移带，晶粒变形严重	96.6	3.4		Cu-Sn	图 2-21
ZZ009	α 固溶体枝晶细长，偏析明显，小颗粒状铅沿枝晶偏析分布，偶见少量细碎灰色夹杂物与铅伴存。样品中部有两大区域的 α 固溶体有明显的晶粒边缘，其中有大量滑移带	89.6	5.7	4.7	Cu-Sn-Pb	图 2-22

表 2-5　陕北商代晚期青铜器样品中所含夹杂物成分分析结果

样品编号	夹杂物成分/wt%								备注
	S	Cu	Sn	Pb	Fe	Se	As	O	
ZZ001	33.5	31.7			34.8				硫化铜、铁（图 2-5：右）
ZZ003	20.3	79.7							硫化亚铜（图 2-7：右）
ZZ004	22.1	77.0			0.9				硫化亚铜（含铁，图 2-8：右）
ZZ005	21.8	78.2							硫化亚铜（图 2-9：右）
QJ001	13.9	60.9		22.3		2.9			硫化亚铜（含硒、背底，图 2-12：右）
SD003		61.8	2.6		27.8			7.8	铁氧化物（背底）
QJ002	20.9	79.1							硫化亚铜（图 2-15：右）

样品编号	夹杂物成分/wt%								备注
	S	Cu	Sn	Pb	Fe	Se	As	O	
SD006	25.7	64.9	0.2		9.2				硫化铜、铁（图2-16：右）
SD013	5.1	60.5	27.6					6.9	硫化物（合金背底，图2-17：右）
SD014	18.6	81.4							硫化亚铜（图2-18：右）
MZ001	22.4	77.6							硫化铜（图2-20：右）
ZZ009	15.7	77.9	1.5			3.5	1.5		硫化亚铜（含硒、砷，图2-22：右）

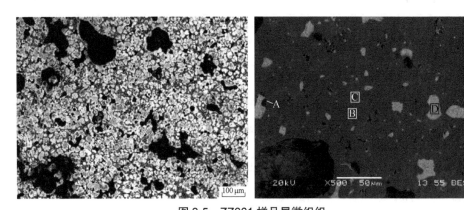

图2-5　ZZ001样品显微组织

左：金相照片　右：背散射电子图像

（EDS微区分析wt%：A. 硫化物Cu31.7，S33.5，Fe34.8　B. α固溶体Cu86.7，Sn12.2，Fe1.1

C. 共析体Cu72.7，Sn27.3　D. 铅颗粒Cu5.4，Pb94.3，Ni0.3）

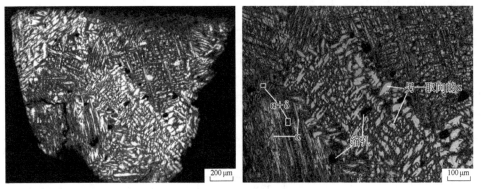

图2-6　ZZ002样品显微组织

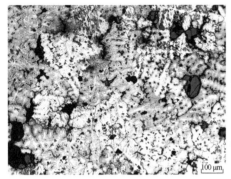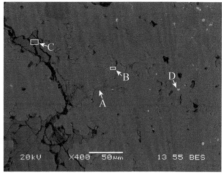

图 2-7　ZZ003 样品显微组织

左：金相照片　右：背散射电子图像

（EDS 微区分析 wt%：A. 硫化物 Cu79.7，S20.3　B. 共析体 Cu47.2，Sn40.7，Pb6.2，O5.9　C. 锈蚀 Cu91.2，O8.8
D. 铅颗粒 Cu37.2，Sn5.9，Pb56.9）

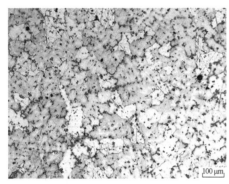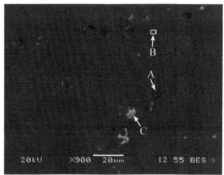

图 2-8　ZZ004 样品显微组织

左：金相照片　右：背散射电子图像

（EDS 微区分析 wt%：A. 硫化物 Cu77.0，S22.1，Fe0.9　B. 共析体 Cu72.7，Sn27.3　C. 铅颗粒 Cu6.4，Pb93.6）

图 2-9　ZZ005 样品显微组织

左：金相照片　右：背散射电子图像

（EDS 微区分析 wt%：A. 硫化物 Cu78.2，S21.8　B. 铅颗粒 Cu5.6，Pb91.6，O2.8　C. 共析体 Cu25.4，Sn47.9，
Pb12.0，O14.7　D. α 固溶体 Cu87.4，Sn12.6）

图 2-10　SD002 样品显微组织

左：金相照片　右：背散射电子图像

（EDS 微区分析 wt%：A. 共析体 Cu40.9，Sn42.0，O17.1　B. 晶内偏析 Cu85.7，Sn14.3　C. α 固溶体 Cu95.7，Sn4.3 D. 锈蚀 Cu91.0，O9.0）

图 2-11　SD003 样品显微组织

图 2-12　QJ001 样品显微组织

左：金相照片　右：背散射电子图像

（EDS 微区分析 wt%：A. 硫化物 Cu60.9，S13.9，Pb22.3，Se2.9　白色亮点为铅颗粒）

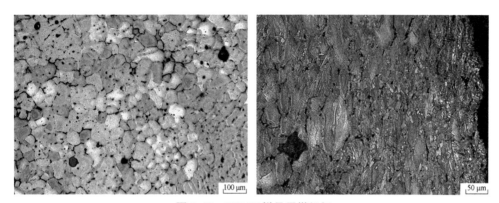

图 2-13　ZZ007 样品显微组织

（右图中显示，样品一侧边缘部位有较多细碎的孪晶）

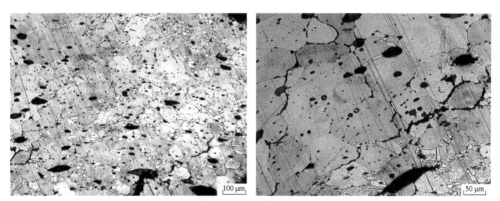

图 2-14　ZZ008 样品显微组织

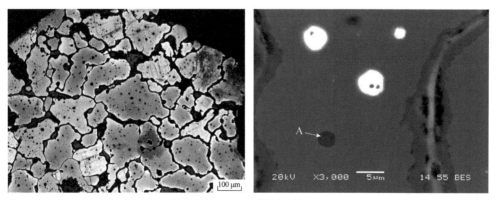

图 2-15　QJ002 样品显微组织

左：金相照片　右：背散射电子图像

（EDS 微区分析 wt%：A. 硫化物 Cu79.1，S20.9　白色亮点为铅颗粒）

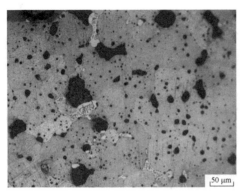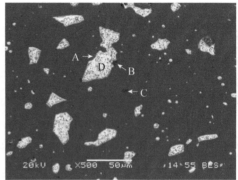

图 2-16　SD006 样品显微组织

左：金相照片　右：背散射电子图像

（EDS 微区分析 wt%：A. 共析体 Cu64.8，Sn35.2　B. 硫化物 Cu64.9，Sn0.2，S25.7，Fe9.2　C. 硫化物 Cu65.8，
Sn1.9，S24.4，Fe7.9　D. 铅颗粒）

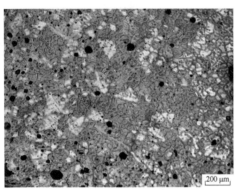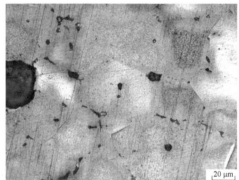

图 2-17　SD013 样品显微组织

（晶界可偶见细小灰色夹杂物，经 EDS 微区分析，夹杂物成分 wt%：Cu60.5，Sn27.6，S5.1，O6.9）

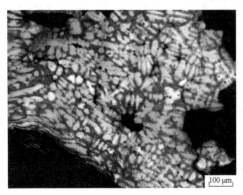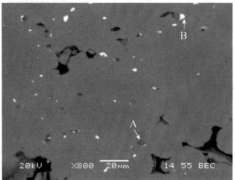

图 2-18　SD014 样品显微组织

左：金相照片　右：背散射电子图像

（EDS 微区分析 wt%：A. 硫化物 Cu81.4，S18.6　B. 铅颗粒 Cu27.1，Pb72.9）

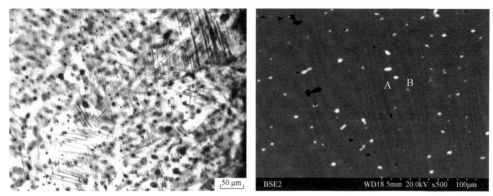

图 2-19　SD024 样品显微组织

左：金相照片　右：背散射电子图像

（EDS 微区分析 wt%：A. 偏析 Cu91.5，Sn8.5　B. Cu100.0　白色亮点为铅颗粒）

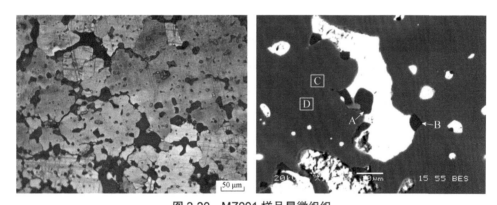

图 2-20　MZ001 样品显微组织

左：金相照片　右：背散射电子图像

（EDS 微区分析 wt%：A. 硫化物 Cu77.6，S22.4　B. 硫化物 Cu75.8，S24.2　C. 晶内偏析 Cu94.4，Sn5.6

D. Cu97.3，Sn2.7）

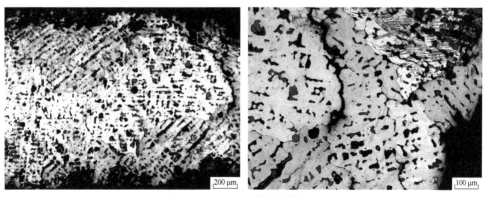

图 2-21　ZZ006 样品显微组织

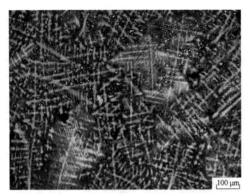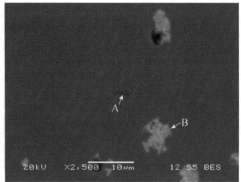

图 2-22　ZZ009 样品显微组织

左：金相照片　右：背散射电子图像

（EDS 微区分析 wt%：A. 硫化物 Cu77.9，S15.7，Sn1.5，Se3.5，As1.5　B. 铅颗粒 Cu5.8，Pb89.6，O4.6）

6 件容器，于 2010 年在子洲关王岔出土，材质类型包括锡青铜和铅锡青铜两种，其中锡青铜有 4 件，分别是瓿、盘、鼎和提梁卣；铅锡青铜 2 件，为尊和觚。这批容器锡含量普遍较高，经 SEM-EDS 分析，盘样品的锡含量约为 10%，而尊、瓿、觚样品的锡含量皆在 15%～24%。另外，尊、盘、觚样品中可见硫化物夹杂，其中尊、觚样品中还有微量铁元素存在。

21 件工具类器物中，有 5 件红铜，3 件锡青铜，9 件铅锡青铜，4 件铅青铜。经取样分析的 10 件工具中，SD003、SD013、SD014、ZZ008 为红铜，其中 SD014 元素平均成分为铜 98.3%，锡 1.7%，通过金相显微镜及扫描电镜观察，可见少量锡溶入铜中形成 α 固溶体枝晶偏析。QJ001、SD024 为锡青铜，其中 QJ001 锡含量仅为 2.1%，并可见少量细小铅颗粒，SD024 平均含锡量也较低，为 3.4%。SD002、QJ002、SD006 为铅锡青铜，其中 SD006 的铅含量高于锡。ZZ007 为铅青铜，含铅 2.8%，含锡 0.3%。杂质元素方面，除 SD002、ZZ007、ZZ008、SD024 外，其余 6 件样品中都普遍含有硫化夹杂物，其中 SD006 的硫化物中含有铁，QJ001 的硫化物中含有硒。另外，SD003 中可见灰黑色高铁相。

8 件兵器类铜器中有铅锡青铜 5 件，锡青铜 2 件，铅青铜 1 件。三件经取样分析的兵器中，ZZ006 为锡青铜，平均含锡量仅为 3.4%；MZ001 和 ZZ009 为铅锡青铜，锡含量均在 5%左右，MZ001 的铅含量较高，达 18.9%，显微镜组织观察可见有大尺寸的条块状铅在晶界分布，这么高的铅含量势必会对其机械性能产生较大影响。MZ001 和 ZZ009 中均可见硫化物，ZZ009 的硫化物中含有硒、砷。

经金相检测的 18 件商代晚期青铜器样品中，有 7 件为铸造组织、8 件为铸后受热组织、1 件为热锻冷加工组织、2 件为局部热锻组织。

其中，子洲出土的尊、瓿、盘、觚 4 件容器皆为铸造成形。尊肩部样品和盘腹部的两个样品均显示为铸后受热组织，其中尊样品基体组织为 α+（α+δ）相，枝晶偏析不明显，α 固溶体呈细小再结晶晶粒，部分晶内存在少量滑移带，（α+δ）共析组织在晶界分布，其中 α 相聚集，有的只存在 δ 相，铅呈条块状，形体较大，有少量夹杂物，夹杂物呈灰黑色；盘的两个样品基体均为铜锡 α 固溶体颗粒，枝晶偏析残留，较多细小岛屿状的（α+δ）共析体内存在 α 相聚集现象并和硫化物夹杂一起分布于晶界，局部晶内也有少量滑移带。可以推测这两件器物都曾受热，使其成分不同程度均匀化，但受热温度并不高，而局部晶内的少量滑移带或许是受热后在使用或埋藏过程中受外力而形成。瓿颈部样品显示为典型的高锡青铜铸造组织，α 相呈不同取向的条状和针状，形态粗细不均，大量多角花斑状（α+δ）共析组织互连成网络状，其中 α 相出现聚集状态，存在少量缩孔，未见铅颗粒以及夹杂物。觚口沿样品基体为 α 固溶体枝晶，枝晶细小、偏析明显，枝晶间隙均匀分布有较多（α+δ）共析组织，大部分已自然腐蚀，硫化物夹杂呈颗粒状与（α+δ）共析体伴存，铅呈球状分布于晶界，样品一侧边缘有较多滑移带，疑为取样过程中的变形所致。

10 件工具类器物样品中有 4 件为铸造组织、3 件为铸后受热组织、2 件为局部热锻组织、1 件为热锻冷加工组织。由于受器物残损部位的影响，样品多取自器物的銎口或器身部位，仅有一件（SD003）是取自刃部。其中，SD002、SD013、SD014、SD024 为典型的铸造组织；SD006、QJ001、QJ002 为铸后受热组织；ZZ007、ZZ008 的金相组织显示为铸后局部又经热锻加工；SD003 为热锻冷加工组织。由上可见，銎口及器身样品的金相组织大多显示为铸造或铸后受热或局部热锻组织，而唯一的一件刃部样品则显示为热锻冷加工组织。或可推断，铸造应是该批工具类器物的最初成形工艺，为了提高机械性能对刃部还进行了锻打加工。

3 件兵器类器物的样品中，ZZ009 和 ZZ006 为铸造组织；MZ001 为铸后受热组织。因受取样部位限制，刃部是否经过锻打加工不可确知。

2.2.2　西周青铜器样品的金相与成分

本研究共对陕北地区出土的 37 件西周青铜器进行了 pXRF 无损成分分析，并对其中的 11 件青铜器取样进行了 SEM-EDS 元素成分无标样定量分析（分析结果见表

2-6、表 2-7）。37 件青铜器中有 36 件是工具类器物，包括削刀 22 件，斧 8 件，锛 6 件；另外还有 1 件车马器马镳。结果显示，37 件铜器的材质有 5 种：红铜 3 件、锡青铜 11 件、铅锡青铜 19 件、铅青铜 1 件、砷铜 3 件。

表 2-6　陕北西周青铜器样品的金相组织及 SEM-EDS 成分分析结果

样品编号	金相组织观察结果	元素成分/wt%					材质	图示
		Cu	Sn	Pb	S	As		
SD004	α 固溶体枝晶，晶内偏析明显，（α+δ）共析体形态细小，均匀分布于枝晶间隙，部分共析体已锈蚀呈黑色，灰黑色夹杂物弥散分布，有的与共析体伴存，未见铅。整体上该样品显示出受热迹象，α 固溶体显现出再结晶晶界，部分再结晶大晶粒内有较多滑移带	88.5	11.5				Cu-Sn	图 2-23
SD007	铜锡 α 固溶体枝晶偏析不明显，有残余存在。铅较多，呈条块状分布于晶界，灰白色夹杂物与铅伴存，样品边缘区域有较多滑移带	85.5	5.7	8.8			Cu-Pb-Sn	图 2-24
SD008	α 再结晶晶粒和孪晶，晶粒大小不均，明显变形，晶界弯曲，有较多滑移带。灰白色夹杂物与铅伴存分布于晶界	83.0	8.9	8.1			Cu-Sn-Pb	图 2-25
SD009	铜锡 α 固溶体枝晶晶内偏析残存，多角条块状共析体分布在晶界，大多腐蚀严重。铅较多，呈颗粒状均匀分布在晶界和晶内，呈小颗粒状，显现其原沿枝晶分布的状态。可见较多灰白色夹杂物与铅伴存。偶见滑移带	80.3	9.5	10.2			Cu-Pb-Sn	图 2-26
SD010	α 固溶体晶粒，可见少量铅与灰白色夹杂物存在于晶界。样品一侧边缘的晶粒拉长变形，有少量滑移带，应是在取样过程中受力所致	100.0					Cu	图 2-27
SD017	晶粒呈同一方向排列。样品一端有较严重的扭曲变形，应为冷加工痕迹	97.8				2.2	Cu-As	图 2-28
SD019	铜锡 α 固溶体枝晶，偏析明显。少量铅沿枝晶偏析呈点状分布，偶见硫化物夹杂与铅伴存。样品边缘部分区域可见滑移带	94.9	5.1				Cu-Sn	图 2-29
SD023	铸造枝晶偏析不明显，灰白色夹杂物呈点状、弥散分布。有较多滑移带	93.8	6.2				Cu-Sn	图 2-30
SD025	铸造铜砷 α 枝晶偏析，有较多灰白色岛屿状相为 γ 相，黑色为氧化物，有较多硫化物夹杂，呈聚集现象	93.3			0.9	5.8	Cu-As	图 2-31
SD027	α 基体呈等轴晶、孪晶形态，枝晶偏析残存，大量（α+δ）共析体呈网状分布，部分（α+δ）共析体已锈蚀，样品边缘锈蚀尤为严重。偶见细小铅颗粒及灰黑色硫化物与共析体伴存。可见较多滑移带	86.8	13.2				Cu-Sn	图 2-32

续表

样品编号	金相组织观察结果	元素成分/wt%					材质	图示
		Cu	Sn	Pb	S	As		
SD026	基体为 α 固溶体枝晶，偏析明显；有较多（α+δ）共析体，但大多已锈蚀，仅存少量呈岛屿状分布。铅较多，呈点状或沿着（α+δ）共析体呈条状散布。样品锈蚀较重，有较多黑色球状氧化物	79.7	13.9	6.4			Cu-Sn-Pb	图 2-33

表 2-7　陕北西周青铜器样品中所含夹杂物成分分析结果

样品编号	夹杂物成分/wt%				备注
	S	Cu	Sn	Fe	
SD004	21.2	74.5	1.9	2.4	硫化铜、铁（图 2-23：右）
SD007	20.9	79.1			硫化亚铜（图 2-24：右）
SD008	22.5	77.5			硫化亚铜（图 2-25：右）
SD009	20.6	79.4			硫化亚铜（图 2-26：右）
SD010	19.2	80.8			硫化亚铜（图 2-27：右）
SD019	21.2	78.8			硫化亚铜（图 2-29：右）
SD023	19.8	76.9		3.3	硫化亚铜（含铁，图 2-30：右）
SD025	21.3	77.2		1.5	硫化亚铜（含铁，图 2-31：右）
SD027	18.1	68.0	10.8	3.1	硫化亚铜（背底、含铁，图 2-32：右）

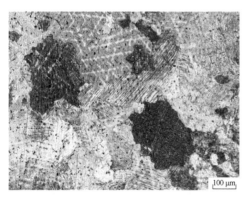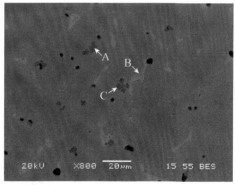

图 2-23　SD004 样品显微组织

左：金相照片　右：背散射电子图像

（EDS 微区分析 wt%：A. 硫化物 Cu77.1，Sn5.1，S15.5，Fe2.3　B. 共析体 Cu72.8，Sn27.2　C. 硫化物 Cu74.5，Sn1.9，S21.2，Fe2.4）

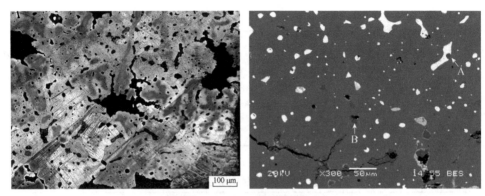

图 2-24 SD007 样品显微组织

左：金相照片　右：背散射电子图像

（EDS 微区分析 wt%：A. 硫化物 Cu79.1，S20.9　B. 硫化物 Cu76.9，S23.1　白色亮点为铅颗粒）

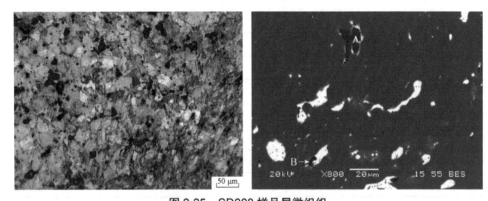

图 2-25 SD008 样品显微组织

左：金相照片　右：背散射电子图像

（EDS 微区分析 wt%：A. 硫化物 Cu76.8，S23.2　B. 硫化物 Cu77.5，S22.5　白色亮点为铅颗粒）

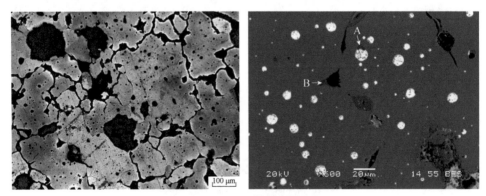

图 2-26 SD009 样品显微组织

左：金相照片　右：背散射电子图像

（EDS 微区分析 wt%：A. 硫化物 Cu79.4，S20.6　B. 硫化物 Cu78.0，S22.0　白色亮点为铅颗粒）

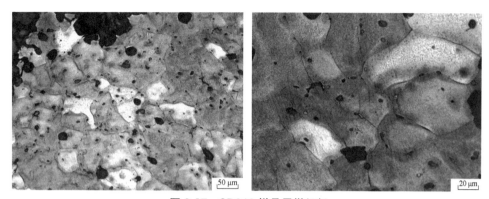

图 2-27　SD010 样品显微组织

（晶界分布有铅和灰色夹杂物，经 EDS 微区分析，夹杂物成分 wt%：Cu80.8，S19.2）

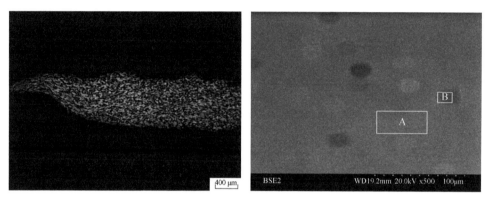

图 2-28　SD017 样品显微组织

左：金相照片　右：背散射电子图像

（EDS 微区分析 wt%：A. α 固溶体 Cu100.0　B. 砷偏析 Cu93.0，As7.0）

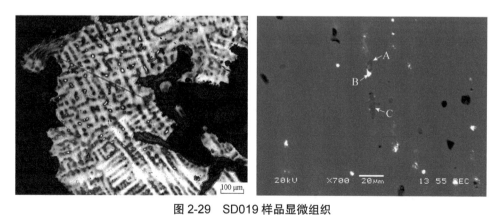

图 2-29　SD019 样品显微组织

左：金相照片　右：背散射电子图像

（EDS 微区分析 wt%：A. 硫化物 Cu78.8，S21.2　B. 铅 Cu31.7，Pb68.3　C. 硫化物 Cu80.3，S19.7）

图 2-30　SD023 样品显微组织

左：金相照片　　右：背散射电子图像

（EDS 微区分析 wt%：A. 硫化物 Cu80.3，S18.9，Fe0.8　B. 硫化物 Cu76.9，S19.8，Fe3.3　C. 铅颗粒）

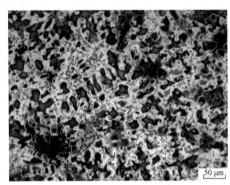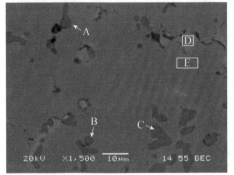

图 2-31　SD025 样品显微组织

左：金相照片　　右：背散射电子图像

（EDS 微区分析 wt%：A. 硫化物 Cu77.2，S21.3，Fe1.5　B. 硫化物 Cu79.0，S19.6，Fe1.4　C. 硫化物 Cu79.4，

S19.7，Fe0.9　D. γ 相 Cu68.4，As31.6　E. α 固溶体 Cu96.6，As3.4）

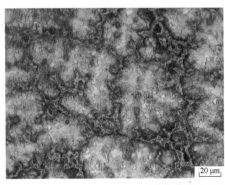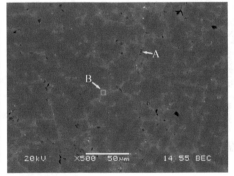

图 2-32　SD027 样品显微组织

左：金相照片　　右：背散射电子图像

（EDS 微区分析 wt%：A. 硫化物 Cu68.0，Sn10.8，S18.1，Fe3.1　B. 共析体 Cu73.4，Sn25.4，O1.2）

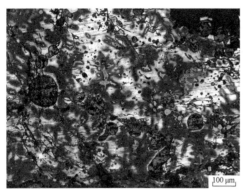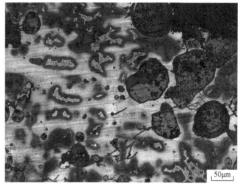

图 2-33　SD026 样品显微组织

经取样分析的 10 件工具类铜器中，有 1 件红铜，4 件锡青铜，3 件铅锡青铜，2 件砷铜。其中，SD010 为红铜，SEM-EDS 面扫基体成分显示为铜 100%，但在晶界可见有少量细小的铅和硫化物存在。SD004、SD019、SD023、SD027 为锡青铜，其中 SD027 平均含锡量较高，为 13.2%；SD004 次之，为 11.5%；SD019 与 SD023 平均含锡量较接近，在 6% 左右。SD007、SD008、SD009 为铅锡青铜，锡含量在 5.7%～9.5%，铅含量在 8.1%～10.2%，其中 SD007、SD009 样品中的铅含量高于锡含量。SD017、SD025 为铜砷二元合金，其中 SD017 的砷含量相对较低，为 2.2%，SD025 砷含量为 5.8%。除 SD017 外，其余 9 件工具类铜器样品中均可见少量的硫化物夹杂，且夹杂物硫含量均在 20% 左右。其中 SD004、SD023、SD025、SD027 的硫化物中还含有少量的铁。

车马器 SD026 马镳为铅锡青铜，平均锡含量为 13.9%，铅含量为 6.4%。未见有其他杂质元素存在。

金相组织鉴定结果显示，11 件西周时期青铜器样品中铸造组织有 4 件、铸后受热或有受热迹象的组织有 3 件、铸后受热及冷加工组织 1 件、铸后热锻冷加工组织 2 件、铸后冷加工组织 1 件。

10 件工具类铜器样品中，SD010、SD019、SD025 为典型的铸造组织，其中 SD010 边缘有少量滑移带，应是取样所致。SD007、SD009 为铸造受热组织，SD004 显示有受热迹象。SD023 为铸后受热并经冷加工组织。SD008、SD027 为铸后经热锻、冷加工组织。SD017 为铸后冷加工组织。

由上可见，该批工具类器物均为铸造成形，其中锛、斧等器物样品的铸后受热组织较多；铜刀刃部样品均为铸后经冷加工或热锻冷加工组织，说明为提高机械性能有意识地对刃部进行了锻打加工；两件铜刀刀首样品分别显示为局部受力、铸后受热又经冷加工组织，但滑移带仅在样品边缘部位存在，且加工量不大，应是器物在使用过程中局部修整或戗磨的痕迹。

车马器 SD026 马镳柄部样品为典型的铸造组织，样品锈蚀较重，（α+δ）共析体大多已锈蚀，仅存少量呈岛屿状分布，铅较多，呈点状或沿着（α+δ）共析体呈条状散布，有较多黑色球状氧化物。

2.2.3　东周青铜器样品的金相与成分

本研究共对陕北地区出土的 112 件东周青铜器进行了 pXRF 无损成分分析，其中包括削刀、斧、锛、凿等工具类器物 80 件，牌饰、坠饰、杆头饰、耳环等装饰品 22件，戈、剑、矛、镞等兵器 5 件，马衔、马镳、铃、盖弓帽等车马器 5 件。另对其中的 12 件工具类铜器取样进行了 SEM-EDS 元素成分无标样定量分析（分析结果见表2-8、表 2-9）。结果显示，这些铜器的成分构成比较复杂，有 6 种材质：红铜 6 件、锡青铜 17 件、铅锡青铜 79 件、铅青铜 1 件、砷铜 8 件以及银铜合金 1 件。

表 2-8　陕北东周青铜器样品的金相组织及 SEM-EDS 成分分析结果

样品编号	金相组织观察结果	元素成分/wt%				材质	图示
		Cu	Sn	Pb	As		
SD001	样品锈蚀严重。单相铜锡 α 固体体晶粒，偏析不明显，有受热现象，可见再结晶晶界，部分晶内有较多滑移带。铅较多，呈小颗粒状弥散分布，较多灰白色夹杂物与铅伴存	86.1	9.7	4.2		Cu-Sn-Pb	图 2-34
SD005	α 固溶体枝晶，晶内偏析明显，枝晶较细，与冷却速度快有关。（α+δ）共析体数量较多，形态较小，均匀分布于枝晶间隙。未见铅、夹杂物。由于该样品取自斧身凹陷处，样品中部区域可见细小不规则的滑移带，应为受外力所致	84.9	15.1			Cu-Sn	图 2-35
SD011	α 固溶体枝晶偏析，枝晶偏析部位锈蚀严重，细小共析体在枝晶间隙分布。铅颗粒沿枝晶间隙分布，偶见灰色夹杂物与铅伴存	87.1	7.8	5.1		Cu-Sn-Pb	图 2-36
SD012	α 再结晶晶粒和孪晶，晶粒细碎，大小不均，有较多滑移带。铅颗粒弥散分布，可见灰白色夹杂物与铅伴存	85.0	8.5	6.5		Cu-Sn-Pb	图 2-37
SD015	铜砷 α 固溶体枝晶偏析，由于冷加工使枝晶呈方向性排列，富砷的偏析部位可见灰白色夹杂物呈点状分布。晶内及样品边缘部位有较多滑移带	93.7			6.3	Cu-As	图 2-38

续表

样品编号	金相组织观察结果	元素成分/wt%				材质	图示
		Cu	Sn	Pb	As		
SD016	等轴晶、孪晶，较细碎，大小不均。铅较多，呈条块状大小不一弥散分布。有少量灰白色点状夹杂物与铅伴存。部分晶内有滑移带	83.2	10.1	6.7		Cu-Sn-Pb	图 2-39
SD018	枝晶，铅呈颗粒状沿枝晶分布，可见大的黑色孔洞，有少量灰白色夹杂物。可见较多方向不一的滑移带	85.6	5.5	8.9		Cu-Pb-Sn	图 2-40
SD020	等轴晶、孪晶，晶粒较小。铅较多，呈条状拉长变形取向分布。偶见灰白色硫化物夹杂呈细小点状分布。有较多滑移带	82.9	7.8	9.3		Cu-Pb-Sn	图 2-41
SD021	等轴晶、孪晶，晶粒较小，大小不均。铅较多，呈条状拉长变形取向分布，硫化物夹杂呈灰白色点状，弥散分布，与铅伴存。部分孪晶内可见较多滑移带	85.6	5.8	8.6		Cu-Pb-Sn	图 2-42
SD022	等轴晶、孪晶，晶粒细碎，说明加工量较大。铅呈条块状拉长变形，较多的灰白色夹杂物呈点状，弥散分布，多与铅伴存。晶粒内有大量滑移带	87.0	6.2	6.8		Cu-Pb-Sn	图 2-43
SD028	等轴晶、孪晶，晶粒大小不均，边缘部位较细碎，样品中部有大的 α 颗粒，铅较多，有较多细小的灰白色夹杂物。有滑移带	82.2	11.4	6.4		Cu-Sn-Pb	图 2-44
SD029	等轴晶，边缘部位出现少量孪晶。晶粒呈同一取向，铅呈长条状与晶粒同一方向，少量硫化物夹杂与铅伴存。有大量滑移带	85.9	5.6	8.5		Cu-Pb-Sn	图 2-45

表 2-9　陕北东周青铜器样品中所含夹杂物成分分析结果

样品编号	夹杂物成分/wt%								夹杂物名称
	S	Cu	Sn	Bi	Fe	Sb	As	O	
SD001	19.3	80.7							硫化亚铜（图 2-34：右）
	19.9	73.9	5.4		0.8				硫化亚铜（含铁、背底）
SD012	23.7	76.3							硫化亚铜（图 2-37：右）
SD015		10.1		47.1		6.7	22.6	13.5	铋、锑相（背底，图 2-38：右）
SD016	22.2	77.8							硫化亚铜（图 2-39：右）
SD018	21.6	78.4							硫化亚铜（图 2-40：右）
SD020	21.7	78.3							硫化铜（图 2-41：右）
SD021	21.6	78.4							硫化亚铜（图 2-42：右）
SD022	21.1	76.5			2.4				硫化亚铜（含铁，图 2-43：右）
SD028	21.8	78.2							硫化亚铜（图 2-44：右）
SD029	22.0	78.0							硫化亚铜（图 2-45：右）

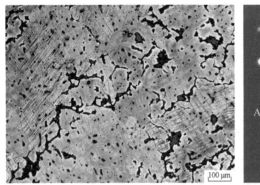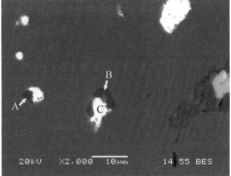

图 2-34　SD001 样品显微组织

左：金相照片　右：背散射电子图像

（EDS 微区分析 wt%：A. 硫化物 Cu80.7，S19.3　B. 硫化物 Cu73.9，Sn5.4，S19.9，Fe0.8　C. 铅颗粒）

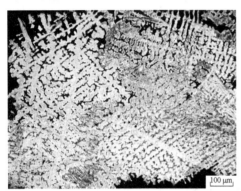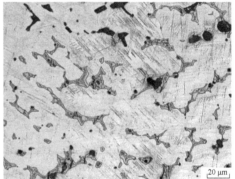

图 2-35　SD005 样品显微组织

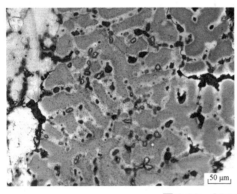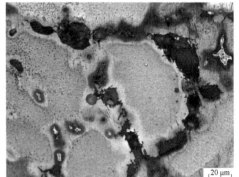

图 2-36　SD011 样品显微组织

（右图中，晶界黑色部分为共析体锈蚀）

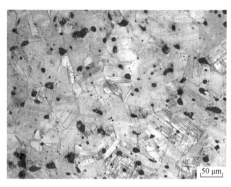 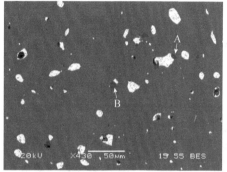

图 2-37　SD012 样品显微组织

左：金相照片　右：背散射电子图像

（EDS 微区分析 wt%：A. 硫化物 Cu76.3，S23.7　B. 硫化物 Cu76.3，S23.7　白色亮点为铅颗粒）

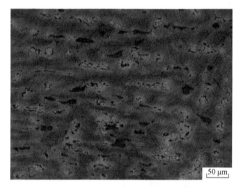 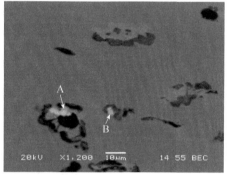

图 2-38　SD015 样品显微组织

左：金相照片　右：背散射电子图像

（EDS 微区分析 wt%：A. 含铋锑相 Cu10.1，As22.6，Sb6.7，Bi47.1，O13.5　B. 含铋锑相 Cu23.2，
As20.0，Sb6.9，Bi36.7，O13.2）

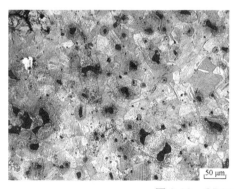 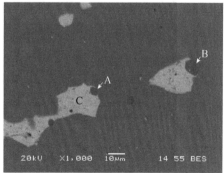

图 2-39　SD016 样品显微组织

左：金相照片　右：背散射电子图像

（EDS 微区分析 wt%：A. 硫化物 Cu75.2，S24.8　B. 硫化物 Cu77.8，S22.2　C. 铅 Cu3.1，Pb95.1，O1.8）

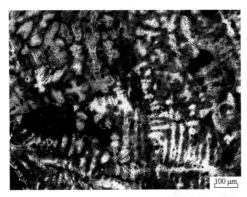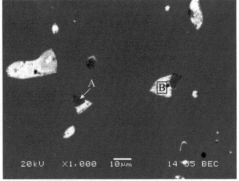

图 2-40　SD018 样品显微组织

左：金相照片　　右：背散射电子图像

（EDS 微区分析 wt%：A. 硫化物 Cu78.4，S21.6　B. 铅 Cu2.7，Pb89.8，O7.5）

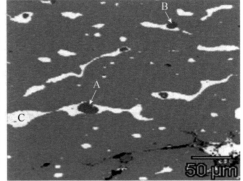

图 2-41　SD020 样品显微组织

左：金相照片　　右：背散射电子图像

（EDS 微区分析 wt%：A. 硫化物 Cu78.3，S21.7　B. 硫化物 Cu78.0，S22.0　C. 铅 Cu3.6，Pb88.6，O7.8）

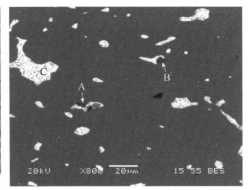

图 2-42　SD021 样品显微组织

左：金相照片　　右：背散射电子图像

（EDS 微区分析 wt%：A. 硫化物 Cu79.2，S20.2　B. 硫化物 Cu78.4，S21.6　C. 铅颗粒）

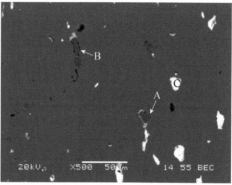

图 2-43　SD022 样品显微组织

左：金相照片　右：背散射电子图像

（EDS 微区分析 wt%：A. 硫化物 Cu76.5，S21.1，Fe2.4　B. 硫化物 Cu78.9，S21.1　C. 铅颗粒）

图 2-44　SD028 样品显微组织

左：金相照片　右：背散射电子图像

（EDS 微区分析 wt%：A. 硫化物 Cu79.1，S20.9　B. 硫化物 Cu78.2，S21.8　C. 铅颗粒）

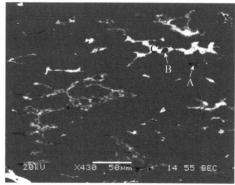

图 2-45　SD029 样品显微组织

左：金相照片　右：背散射电子图像

（EDS 微区分析 wt%：A. 硫化物 Cu78.0，S22.0　B. 硫化物 Cu78.6，S22.4　C. 铅 Cu4.8，Pb95.2）

80 件工具类器物中，有红铜 6 件，锡青铜 16 件，铅锡青铜 51 件，砷铜 7 件。经取样分析的 12 件工具类器物中，SD005 为锡青铜，锡含量为 15.1%，未见铅及夹杂物。SD015 为砷铜，砷含量为 6.3%。SD001、SD011、SD012、SD016、SD018、SD020、SD021、SD022、SD028、SD029 为铅锡青铜，锡含量在 5.5%～11.4%，铅含量在 4.2%～9.3%，铅锡总量在 15% 左右；其中 SD018、SD020、SD021、SD022、SD029 的平均含铅量要高于平均含锡量。杂质元素方面，除 SD005、SD011、SD015 外，其余 9 件样品中都普遍含有硫化物夹杂，夹杂物硫含量均在 20% 左右，其中 SD001、SD022 样品的硫化物中还含有少量的铁。而砷铜合金 SD015 在扫描电镜下可观察到含有铋、锑等重金属元素的亮白色点。

22 件装饰品中，有铅锡青铜 20 件，锡青铜 1 件，银铜合金 1 件。其中，附表中馆藏编号为神木 445-116 的鸟形带扣、环形饰件以及编号为神木 446-117 的波纹饰件、圆形牌饰、管状饰件等器物的表面锡含量较高；神木 696-193 兔形扣饰为锡青铜，神木 695-192 耳环为银铜合金。5 件兵器中，有铅锡青铜 3 件，铅青铜 1 件，砷铜 1 件。5 件车马器全部为铅锡青铜。这些铜器均未进行取样分析。

金相组织鉴定结果显示，12 件东周时期工具类铜器样品中有铸造组织 2 件、铸后受热组织 1 件、铸后经冷加工组织 2 件、热锻冷加工组织 7 件。

SD005、SD011 为典型的铸造组织，其中 SD005 中部区域可见细小不规则的滑移带，由于该样品取自斧身凹陷处，应为受外力所致。SD001 为铸造受热组织，部分晶内有较多滑移带，应是受热过程中晶粒产生应力变形所致。SD015、SD018 为铸造后经冷加工组织。SD012、SD016、SD020、SD021、SD022、SD028、SD029 为热锻、冷加工组织。

这批器物中铜刀的刃部样品全部显示为冷加工或热锻冷加工组织，表明为了实现铜刀的切削功用，提高其机械性能，在铸造成形后又有意识地对铜刀的锋刃部位进行了锻打加工。

本节对陕北出土的部分青铜器进行了元素成分分析和金相组织观察。从成分分析结果来看，经检测的 184 件陕北出土的商代晚期至战国晚期铜器的材质包括铅锡青铜（114 件，占分析铜器总数的 62.0%）、锡青铜（37 件，占分析铜器总数的 20.1%）、红铜（14 件，占分析铜器总数的 7.6%）、砷铜（11 件，占分析铜器总数的 6.0%）、铅青铜（7 件，占分析铜器总数的 3.8%）以及银铜合金（1 件，占分析铜器总数的

0.5%）等 6 种。其中以铅锡青铜和锡青铜为主要材质类型，这两种材质在不同时代的铜器中都占有主要位置。

　　金相组织观察显示，陕北出土青铜器样品的金相组织包括铸造、铸后受热、铸后受热并冷加工、铸后冷加工、铸后局部热锻、热锻冷加工等多种。其中商代晚期青铜容器皆为铸造成形，尊、盘样品显示曾受热，但受热温度不高。刀、斧、锛、凿等工具类样品的金相组织较复杂，器身部位的样品大多是铸造或铸后受热组织，其中铸后受热组织比例显著，少数样品显示在铸后经冷加工或热锻冷加工；而刃部样品都显示在铸后经过了有意的冷加工或热锻冷加工处理。商代晚期的兵器均为铸造成形，其中銎内钺的銎部样品显示有受热现象。唯一的车马器样品是典型的铸造组织。

2.3　铅同位素比值分析

　　本研究共对 40 件陕西榆林地区出土青铜器样品、11 件黄陵寨头河战国墓地青铜器样品以及 7 件横山黑水沟东周铸铜遗址炉渣样品进行了铅同位素比值分析。

2.3.1　商代晚期青铜器样品的铅同位素比值

　　本研究共对陕北地区出土的 17 件商代晚期青铜器样品进行了铅同位素比值分析。分析结果显示，17 件商代晚期青铜器的 $^{207}Pb/^{206}Pb$ 比值在 0.708～0.856，$^{208}Pb/^{206}Pb$ 比值在 1.882～2.110，$^{206}Pb/^{204}Pb$ 比值在 18.235～23.103，$^{207}Pb/^{204}Pb$ 比值在 15.543～16.365，$^{208}Pb/^{204}Pb$ 比值在 38.236～43.472（表 2-10）。

表 2-10　陕北商代晚期青铜器铅同位素比值结果

样品编号	$^{207}Pb/^{206}Pb$	$^{208}Pb/^{206}Pb$	$^{206}Pb/^{204}Pb$	$^{207}Pb/^{204}Pb$	$^{208}Pb/^{204}Pb$
ZZ001	0.732	1.929	21.959	16.075	42.357
ZZ002	0.851	2.094	18.261	15.543	38.236
ZZ003	0.726	1.910	22.085	16.035	42.177
ZZ005	0.725	1.910	22.218	16.101	42.444
QJ001	0.728	1.914	22.107	16.091	42.313
SD002	0.791	2.017	20.019	15.835	40.376

样品编号	$^{207}Pb/^{206}Pb$	$^{208}Pb/^{206}Pb$	$^{206}Pb/^{204}Pb$	$^{207}Pb/^{204}Pb$	$^{208}Pb/^{204}Pb$
SD003	0.779	1.988	20.366	15.858	40.490
ZZ007	0.835	2.062	18.762	15.669	38.691
ZZ008	0.783	2.003	20.251	15.862	40.553
QJ002	0.852	2.105	18.378	15.654	38.684
SD006	0.850	2.103	18.414	15.654	38.716
SD013	0.827	2.056	18.980	15.687	39.030
SD014	0.856	2.110	18.235	15.599	38.477
SD024	0.844	2.096	18.553	15.651	38.888
MZ001	0.708	1.882	23.103	16.365	43.472
ZZ006	0.754	1.960	21.223	15.996	41.594
ZZ009	0.815	2.039	19.295	15.724	39.340

若按 $^{207}Pb/^{206}Pb$ 比值 0.82 为界划分高放射性成因铅与普通铅，ZZ001、ZZ003、ZZ005、QJ001、SD002、SD003、ZZ008、MZ001、ZZ006、ZZ009 等 10 件青铜器样品中的铅属于高放射性成因铅，其中既有殷墟式青铜容器，也包括北方系青铜工具、兵器。从散点图（图 2-46、图 2-47）中可以看出，10 个高放射性成因铅样品的散点在图中的聚合度不一，ZZ001、ZZ003、ZZ005、QJ001、MZ001、ZZ006 等 6 个样品的散点分布较为集中，$^{207}Pb/^{206}Pb$ 比值在 0.70～0.76；SD002、SD003、ZZ008 等 3 个样品的散点分布较为集中，$^{207}Pb/^{206}Pb$ 比值在 0.77～0.80；ZZ009 的 $^{207}Pb/^{206}Pb$ 比值则接近 0.82。

其余 7 个普通铅样品的散点聚合度也不一。其中 ZZ002、QJ002、SD006、SD014、SD024 等 5 个样品的数据点在散点图中分布较为集中，$^{207}Pb/^{206}Pb$ 比值都在 0.84～0.86；ZZ007、SD013 的 $^{207}Pb/^{206}Pb$ 比值则集中在 0.82～0.84。

2.3.2 西周青铜器样品的铅同位素比值

本研究共对陕北地区出土的 11 件西周青铜器进行了铅同位素比值分析。分析结果显示，11 件西周青铜器的 $^{207}Pb/^{206}Pb$ 比值在 0.840～0.887，$^{208}Pb/^{206}Pb$ 比值在 2.070～2.166，$^{206}Pb/^{204}Pb$ 比值在 17.539～18.649，$^{207}Pb/^{204}Pb$ 比值在 15.549～15.656，$^{208}Pb/^{204}Pb$ 比值在 37.932～38.745（表 2-11）。

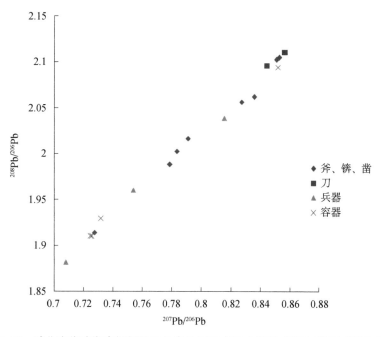

图 2-46　陕北商代晚期青铜器铅同位素比值散点图（$^{207}Pb/^{206}Pb$-$^{208}Pb/^{206}Pb$）①

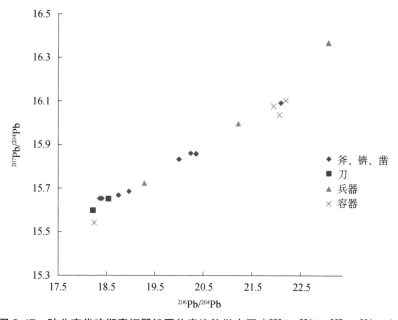

图 2-47　陕北商代晚期青铜器铅同位素比值散点图（$^{206}Pb/^{204}Pb$-$^{207}Pb/^{204}Pb$）

---

①　本书铅同位素比值散点图中的刀均指工具中的刀。

表 2-11　陕北西周青铜器铅同位素比值结果

样品编号	$^{207}Pb/^{206}Pb$	$^{208}Pb/^{206}Pb$	$^{206}Pb/^{204}Pb$	$^{207}Pb/^{204}Pb$	$^{208}Pb/^{204}Pb$
SD004	0.874	2.130	17.805	15.564	37.932
SD007	0.866	2.127	18.016	15.596	38.325
SD008	0.852	2.105	18.374	15.651	38.679
SD009	0.853	2.106	18.334	15.636	38.616
SD010	0.840	2.080	18.626	15.646	38.745
SD017	0.868	2.121	17.941	15.573	38.055
SD019	0.862	2.120	18.074	15.585	38.310
SD023	0.840	2.070	18.649	15.656	38.611
SD025	0.843	2.071	18.546	15.635	38.412
SD027	0.850	2.102	18.379	15.625	38.634
SD026	0.887	2.166	17.539	15.549	37.982

　　11 件西周青铜器样品中所含的铅全部为普通铅。从图 2-48、图 2-49 可见，斧、锛等木工工具与刀的铅同位素散点交错分布，其 $^{207}Pb/^{206}Pb$ 比值集中分布在 0.84～0.88，而 SD026 马镳样品的 $^{207}Pb/^{206}Pb$ 比值则要明显高于其他工具类器物样品。

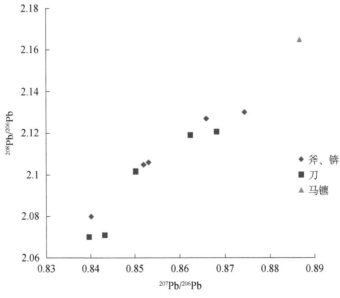

图 2-48　陕北西周青铜器铅同位素比值散点图（$^{207}Pb/^{206}Pb$-$^{208}Pb/^{206}Pb$）

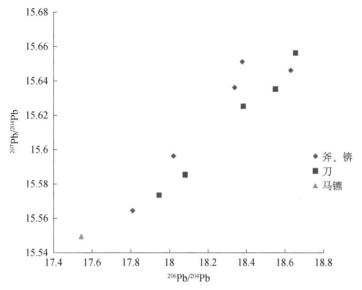

图 2-49　陕北西周青铜器铅同位素比值散点图（^{206}Pb/^{204}Pb-^{207}Pb/^{204}Pb）

2.3.3　东周青铜器和冶铸遗物样品的铅同位素比值

本研究共对陕北地区出土的 30 件东周青铜器和冶铸遗物样品进行了铅同位素比值分析。其中包括 12 件榆林地区的馆藏青铜器样品，11 件黄陵寨头河战国墓地出土的青铜器样品，以及 7 件横山黑水沟铸铜遗址出土的炉渣样品。分析结果显示，东周青铜器和冶铸遗物样品的 ^{207}Pb/^{206}Pb 比值在 0.843～0.888，^{208}Pb/^{206}Pb 比值在 2.092～2.188，^{206}Pb/^{204}Pb 比值在 17.336～18.500，^{207}Pb/^{204}Pb 比值在 15.345～15.761，^{208}Pb/^{204}Pb 比值在 37.795～38.756（表 2-12）。

表 2-12　陕北东周青铜器和冶铸遗物铅同位素比值结果

样品编号	^{207}Pb/^{206}Pb	^{208}Pb/^{206}Pb	^{206}Pb/^{204}Pb	^{207}Pb/^{204}Pb	^{208}Pb/^{204}Pb
SD001	0.861	2.121	18.146	15.625	38.487
SD005	0.865	2.127	18.09	15.655	38.47
SD011	0.868	2.131	17.937	15.575	38.23
SD012	0.881	2.154	17.663	15.566	38.046
SD015	0.870	2.126	18.12	15.761	38.522
SD016	0.879	2.151	17.721	15.568	38.121
SD018	0.873	2.139	17.87	15.593	38.231

续表

样品编号	$^{207}Pb/^{206}Pb$	$^{208}Pb/^{206}Pb$	$^{206}Pb/^{204}Pb$	$^{207}Pb/^{204}Pb$	$^{208}Pb/^{204}Pb$
SD020	0.884	2.164	17.6	15.56	38.084
SD021	0.866	2.127	18.024	15.601	38.345
SD022	0.856	2.113	18.262	15.636	38.585
SD028	0.885	2.162	17.577	15.559	38.004
SD029	0.882	2.155	17.614	15.544	37.956
ZTH002	0.888	2.188	17.336	15.397	37.934
ZTH006	0.843	2.092	18.475	15.580	38.645
ZTH011	0.876	2.168	17.555	15.382	38.058
ZTH012	0.876	2.157	17.525	15.345	37.795
ZTH016	0.880	2.167	17.595	15.475	38.135
ZTH017	0.879	2.165	17.582	15.454	38.067
ZTH026	0.865	2.134	17.961	15.539	38.319
ZTH031	0.875	2.161	17.553	15.361	37.937
ZTH032	0.877	2.161	17.551	15.395	37.918
ZTH034	0.875	2.161	17.590	15.386	38.016
ZTH036	0.859	2.116	18.098	15.538	38.286
HS19	0.853	2.107	18.179	15.513	38.311
HS20	0.854	2.108	18.241	15.579	38.454
HS25	0.845	2.095	18.500	15.635	38.756
HS26	0.851	2.104	18.350	15.617	38.601
HS27	0.851	2.105	18.295	15.570	38.519
HS28	0.851	2.105	18.308	15.583	38.534
HS41	0.852	2.105	18.295	15.582	38.510

　　30 件东周青铜器和冶铸遗物样品中的铅全部为普通铅。其中，12 件榆林地区馆藏青铜器全部为刀、斧、凿等小件的北方系青铜器，$^{207}Pb/^{206}Pb$ 比值在 0.856～0.885，$^{208}Pb/^{206}Pb$ 比值在 2.113～2.164，$^{206}Pb/^{204}Pb$ 比值在 17.577～18.262，$^{207}Pb/^{204}Pb$ 比值在 15.544～15.761，$^{208}Pb/^{204}Pb$ 比值在 37.956～38.585。从图 2-50 来看，除材质为砷铜的 SD015 外，其余 11 件青铜器样品的数据几乎都集中分布于一个狭窄的带状区域内。

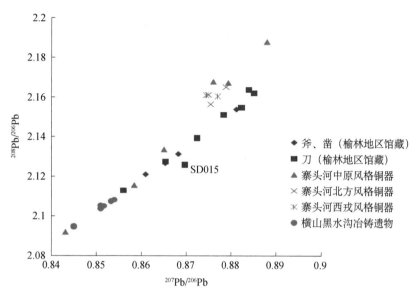

图 2-50　陕北东周青铜器及冶铸遗物铅同位素比值散点图（$^{207}Pb/^{206}Pb$-$^{208}Pb/^{206}Pb$）

11 件黄陵寨头河战国墓地出土青铜器样品的 $^{207}Pb/^{206}Pb$ 比值在 0.843～0.888，$^{208}Pb/^{206}Pb$ 比值在 2.092～2.188，$^{206}Pb/^{204}Pb$ 比值在 17.336～18.475，$^{207}Pb/^{204}Pb$ 比值在 15.345～15.580，$^{208}Pb/^{204}Pb$ 比值在 37.795～38.645。这 11 件青铜器中包含三种不同文化因素的器物，其中有中原风格的鼎、矛、马衔、铃、环等器物，也有具有北方特征的牌饰、马衔，还有与戎人文化中常见陶器器型相似的杯形器、单耳罐。从铅同位素比值散点图（图 2-50）来看，北方风格和戎人文化因素铜器的分布相对集中，甚至有重叠，其 $^{207}Pb/^{206}Pb$ 比值集中分布在 0.87～0.88 较小的范围内。而中原风格器物的铅同位素比值分布较为分散，其 $^{207}Pb/^{206}Pb$ 比值最小为 0.843，最大则达 0.888。

7 件横山黑水沟铸铜遗址出土炉渣样品的 $^{207}Pb/^{206}Pb$ 比值在 0.845～0.854，$^{208}Pb/^{206}Pb$ 比值在 2.095～2.108，$^{206}Pb/^{204}Pb$ 比值在 18.179～18.500，$^{207}Pb/^{204}Pb$ 比值在 15.513～15.635，$^{208}Pb/^{204}Pb$ 比值在 38.311～38.756。这 7 件炉渣样品的铅同位素比值接近，图 2-50 中炉渣样品的散点主要集中分布于图的左下角区域，表明其使用的矿料来源相同或相近。

总体上来看，榆林地区馆藏青铜器、黑水沟遗址炉渣以及寨头河战国墓地青铜器，这三组数据在散点图（图 2-50、图 2-51）中的分布区域基本可以区分开来。其中寨头河战国墓地中出土的北方风格和西戎风格铜器的数值散点分布相对集中，甚至

有重叠，而中原风格器物的铅同位素比值分布较为分散。

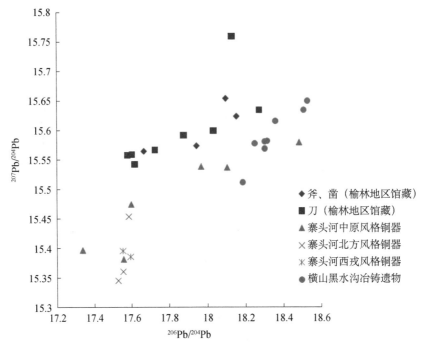

图 2-51　陕北东周青铜器及冶铸遗物铅同位素比值散点图（^{206}Pb/^{204}Pb-^{207}Pb/^{204}Pb）

以上所分析的 51 件陕北青铜器及 7 件冶铸遗物样品的 ^{207}Pb/^{206}Pb 比值在 0.708～0.888，^{208}Pb/^{206}Pb 比值在 1.882～2.188，^{206}Pb/^{204}Pb 比值在 17.336～23.103，^{207}Pb/^{204}Pb 比值在 15.345～16.365，^{208}Pb/^{204}Pb 比值在 37.795～43.472。

其中，17 件商代晚期青铜器样品中有 10 件样品中的铅为高放射性成因铅，西周及东周时期的青铜器和冶铸遗物样品中则没有发现高放射性成因铅。将全部铅同位素比值数据绘于二元散点图（图 2-52、图 2-53）中，可见商代晚期青铜器的铅同位素比值散点分布范围较广，其中高放射性成因铅的散点以 ^{207}Pb/^{206}Pb 比值 0.76 为界大致可分为两个集中分布的区域；而普通铅的散点较为集中，其分布区域与半数西周青铜器及个别东周青铜器的散点分布区域重合。西周青铜器与东周青铜器所含铅均为普通铅。西周青铜器中斧、锛、刀等工具类器物的散点交错分布，马镳的数值散点则在工具类器物散点分布区域之外。东周青铜器中，榆林地区馆藏青铜器、寨头河墓地青铜器以及横山黑水沟冶铸遗物等三组样品的铅同位素比值散点分布范围不同，表明这三处不同来源的器物，其矿料来源也应有不同。

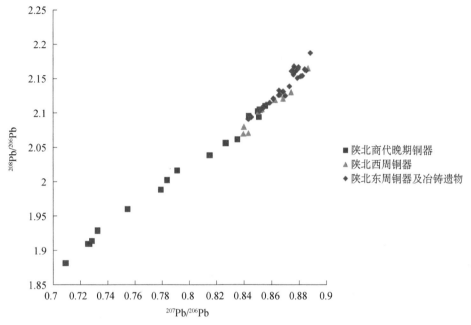

图 2-52　陕北青铜器及冶铸遗物铅同位素比值散点图（ $^{207}Pb/^{206}Pb$-$^{208}Pb/^{206}Pb$ ）

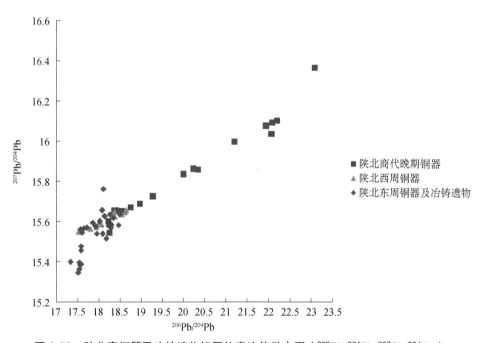

图 2-53　陕北青铜器及冶铸遗物铅同位素比值散点图（ $^{206}Pb/^{204}Pb$-$^{207}Pb/^{204}Pb$ ）

2.4　微量元素分析

目前青铜器的矿料来源研究中，将铅同位素分析与微量元素分析相结合是一种趋势。但是微量元素分析还在方法的探索阶段，铜矿石的种类、冶炼技术、其他合金引入的微量元素的加权值等因素都会影响微量元素的数据。[1]本研究使用 ICP-AES 共对 40 件陕西榆林地区出土青铜器样品以及 11 件黄陵寨头河战国墓地青铜器样品的 Cu、Sn、Pb、Fe、Co、Ni、As、Zn、Se、Ag、Sb、Te、Au、Bi 等 14 种元素的含量进行了分析。由于 ICP-AES 对于大部分元素的检测限为 1～10 ppb，对于含量较高的元素的测量准确度较差，因此检测结果中 Cu 含量的数据与实际值有较大偏差。本研究仅对 Au、Ag、Se、Te、As、Sb、Bi 等亲铜元素以及 Ni、Co 既亲铜又亲铁元素的测量数据进行对比分析。因为本书所分析样品的年代分属三个不同的时期，具体到每一期的数据量较小，所以在统计分析上有一定的困难。以下仅对一些数据现象进行简单分析。

2.4.1　商代晚期青铜器样品的微量元素

17 件商代晚期青铜器样品的微量元素分析显示，Co 元素的含量范围为 0～264.303 μg/g，均值为 23.024 μg/g，标准差为 63.690 μg/g；Ni 元素的含量范围为 0～712.291 μg/g，均值为 173.462 μg/g，标准差为 208.246 μg/g；As 元素的含量范围为 0～11 410.071 μg/g，均值为 2503.738 μg/g，标准差为 2932.270 μg/g；Sb 元素的含量范围为 42.664～8134.622 μg/g，均值为 2411.288 μg/g，标准差为 2221.548 μg/g；Se 元素的含量范围为 0～334.087 μg/g，均值为 113.350 μg/g，标准差为 105.131 μg/g；Te 元素的含量范围为 23.750～1158.859 μg/g，均值为 455.962 μg/g，标准差为 287.319 μg/g；Ag 元素的含量范围为 0～733.002 μg/g，均值为 303.995 μg/g，标准差为 294.136 μg/g；Au 元素的含量范围为 0～42.725 μg/g，均值为 14.270 μg/g，标准差为 16.169 μg/g；Bi 元素的含量范围为 0～1126.502 μg/g，均值为 324.685 μg/g，标准差为 335.014 μg/g。

---

[1] 崔剑锋. 古代青铜器矿料产源的微量元素示踪研究评述. 古代文明研究通讯, 2006, 29: 31-41.

由图 2-54 可以看出，商代晚期青铜器样品的微量元素中，As、Sb 元素的含量较高，数值的离散度较大；而 Co、Ni、Se、Ag、Te、Au、Bi 元素的含量较低，变化范围较小，Co、Au 元素的数值离散度最小。异常数据方面，SD014 的 Sb、Co、Ni 含量，SD002 的 Sb、Te 含量，SD024 的 Co、Ni 含量，SD006 的 Co 含量以及 ZZ009 的 As 含量，要显著高于其他青铜器相应微量元素的含量，在各元素的箱式变化图中属于异常数据点。

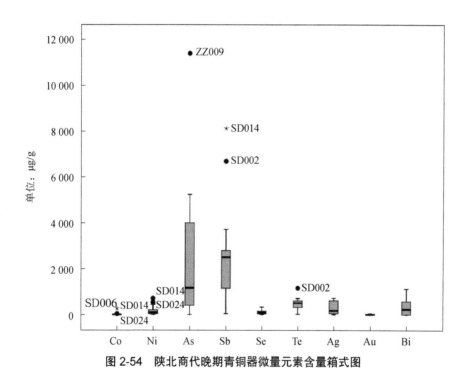

图 2-54　陕北商代晚期青铜器微量元素含量箱式图

由于 As-Sb、Co-Ni、Se-Te、Au-Ag 等几对元素，在粗铜中留存比例情况几乎是完全相同的，这些"元素对"的相对比值基本保持了还是矿石时的相对比值，可以用来指征矿源，因此本研究也使用这几组彼此密切相关的元素，分别绘制散点图。其中 As、Sb、Se、Te、Co 是几种与矿料产源、技术都有关联的元素，而 Au、Ag、Ni 是只与产源有关的元素。[1]从 As-Sb 散点图中可以看出，4 件容器的散点集中分布在同一区域，而其余大部分工具、兵器的散点则交错分布在另一区域，容器与工具、兵器的散点分布区域可以明显分开（图 2-55）。同样，在 Se-Te 散点图中，大部分容器与

---

① 崔剑锋. 古代青铜器矿料产源的微量元素示踪研究评述. 古代文明研究通讯，2006，29：31-41.

工具、兵器的散点分别分布在不同区域（图 2-56）。Co-Ni 散点图中，两件铜刀的散点集中分布在一起，容器中 ZZ003 和 ZZ005 的散点的聚合度较好，而 ZZ001、ZZ002 的散点则分散分布于别处，其余样品由于 Co 含量低于检测下限，大部分斧、锛、凿工具和兵器样品的散点散布在 Ni 元素纵轴之上（图 2-57）。Au-Ag 散点图中，由于部分样品中 Au、Ag 含量低于检测下限，所以整体上散点分布比较分散，其中容器除了 ZZ002 之外，其余皆与工具、兵器的散点交错分布在一起（图 2-58）。总体来看，在只与产源有关的 Au、Ag 元素散点图中，除了 ZZ002 瓿之外，其他容器与大部分北方系青铜器的铜矿来源是相同或相似的，根据铅同位素的分析结果来看，瓿所含的铅是普通铅，其他 3 件容器都是高放射性成因铅，而微量元素的数据也显示瓿的铜矿来源与其他 3 件容器不同。As、Sb 是两种与产源和技术都有关联的元素，这两种元素比铜要活泼，经过反复的熔炼会有较大的损耗。在 As-Sb 二元散点图中，4 件殷墟式青铜容器与北方系青铜器的散点分别集中在不同的区域，这反映了容器与北方系青铜器在技术上的差异，从数值来看，容器的 As、Sb 含量要低于北方系青铜器，这或许表明铸造容器的矿料经过了反复精炼从而使得矿料中的 As、Sb 等元素产生了较大损耗。

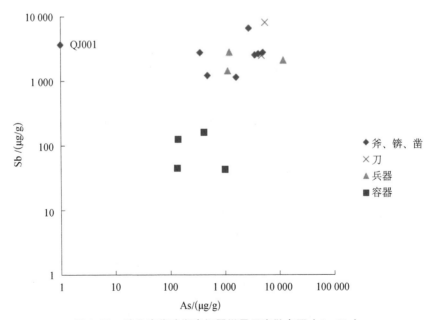

图 2-55　陕北商代晚期青铜器微量元素散点图（As-Sb）

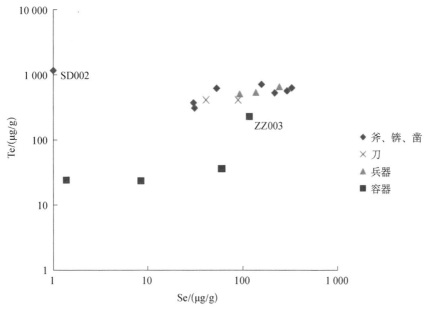

图 2-56　陕北商代晚期青铜器微量元素散点图（Se-Te）

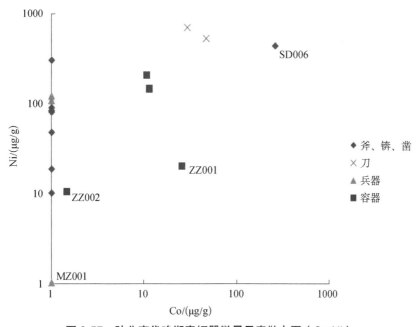

图 2-57　陕北商代晚期青铜器微量元素散点图（Co-Ni）

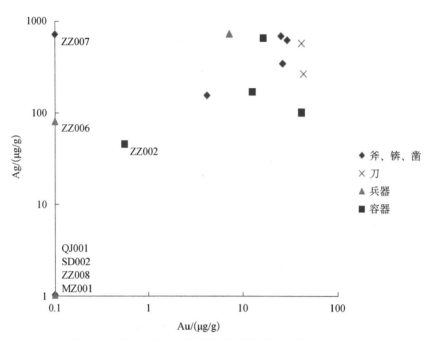

图 2-58　陕北商代晚期青铜器微量元素散点图（Au-Ag）

2.4.2　西周青铜器样品的微量元素

11 件西周青铜器样品的微量元素分析显示，Co 元素的含量范围为 0～293.176 μg/g，均值为 32.090 μg/g，标准差为 87.474 μg/g；Ni 元素的含量范围为 59.973～745.275 μg/g，均值为 398.758 μg/g，标准差为 204.548 μg/g；由于 SD017 环首刀、SD025 蕈首刀的材质为砷铜，As 元素含量分别为 31 361.907 μg/g、55 142.914 μg/g，其他青铜器的 As 元素含量范围为 1333.481～17 230.086 μg/g，均值为 5370.069 μg/g，标准差为 4949.729 μg/g；Sb 元素的含量范围为 1011.821～6512.069 μg/g，均值为 2666.397 μg/g，标准差为 1732.551 μg/g；Se 元素的含量范围为 3.564～455.437 μg/g，均值为 132.543 μg/g，标准差为 128.850 μg/g；Te 元素的含量范围为 366.924～885.027 μg/g，均值为 489.426 μg/g，标准差为 149.017 μg/g；Ag 元素的含量范围为 0～1077.567 μg/g，均值为 424.073 μg/g，标准差为 422.164 μg/g；Au 元素的含量范围为 0～48.905 μg/g，均值为 12.732 μg/g，标准差为 18.000 μg/g；Bi 元素的含量范围为 0～695.204 μg/g，均值为 391.312 μg/g，标准差为 236.303 μg/g。

　　由图 2-59 可以看出，西周青铜器样品的微量元素中，As、Sb 依然是含量较高而且离散程度较大的元素，Co、Ni、Se、Ag、Te、Au、Bi 元素的含量相对较低，变化范围较小，Co、Au 元素的数值离散度最小。异常数据方面，除去 SD017、SD025 两件砷铜刀中的 As 元素外，SD008 锛、SD010 锛的 Se、Te 含量，SD026 马镳的 Ni、Sb 含量，SD023 环首刀的 Co 含量等，在各元素的箱式变化图中属于异常数据点。

　　分别绘制微量元素 As-Sb、Co-Ni、Se-Te、Au-Ag 散点图。从 As-Sb、Se-Te 散点图中来看，11 件西周青铜器样品的微量元素数据点分布相对比较集中，其中铜刀的散点和斧、锛等木工工具的散点呈现出不同斜率的线性分布（图 2-60、图 2-61）。由于部分样品中 Co、Au、Ag 等元素的含量低于检测下限，因此在 Co-Ni、Au-Ag 散点图中，数据点的分布比较错乱分散（图 2-62、图 2-63）。总体来说，关于西周青铜器的矿料产源与冶炼技术的分析还需要有更多的数据积累。

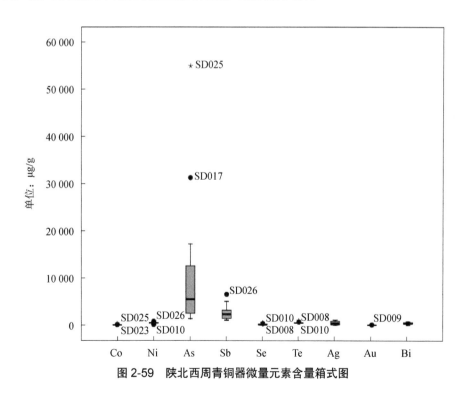

图 2-59　陕北西周青铜器微量元素含量箱式图

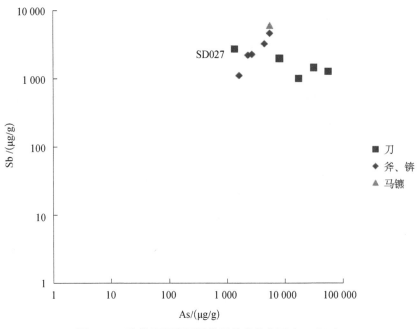

图 2-60　陕北西周青铜器微量元素散点图（As-Sb）

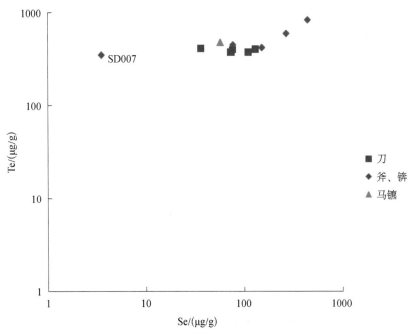

图 2-61　陕北西周青铜器微量元素散点图（Se-Te）

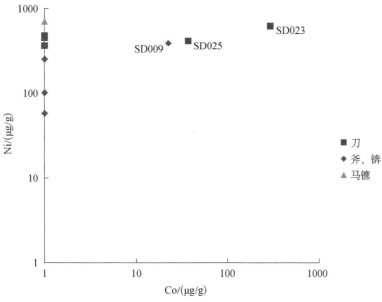

图 2-62　陕北西周青铜器微量元素散点图（Co-Ni）

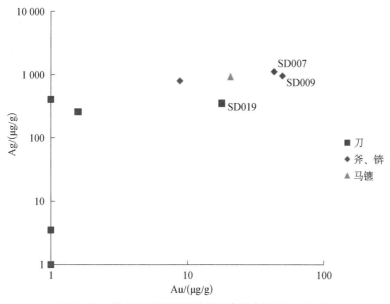

图 2-63　陕北西周青铜器微量元素散点图（Au-Ag）

2.4.3　东周青铜器样品的微量元素

23 件东周青铜器样品的微量元素分析显示，Co 元素的含量范围为 0～1420.664 μg/g，均值为 153.387 μg/g，标准差为 313.841 μg/g；Ni 元素的含量范围为 207.830～1435.638 μg/g，均值为 742.846 μg/g，标准差为 385.869 μg/g；由于 SD015 为砷铜器物，As 元素含量为 59580.37 μg/g，除此之外其余 22 件东周青铜器的 As 元素含量范围为 27.868～6090.325 μg/g，均值为 1863.916 μg/g，标准差为 1583.225 μg/g；Sb 元素的含量范围为 71.544～5976.780 μg/g，均值为 2508.921 μg/g，标准差为 1489.712 μg/g；Se 元素的含量范围为 0～419.860 μg/g，均值为 108.091 μg/g，标准差为 105.264 μg/g；Te 元素的含量范围为 0～725.310 μg/g，均值为 301.927 μg/g，标准差为 209.675 μg/g；Ag 元素的含量范围为 0～1789.464 μg/g，均值为 501.700 μg/g，标准差为 408.816 μg/g；Au 元素的含量范围为 0～54.367 μg/g，均值为 16.822 μg/g，标准差为 16.917 μg/g；Bi 元素的含量范围为 0～1134.847 μg/g，均值为 390.384 μg/g，标准差为 288.166 μg/g。

由图 2-64 可以看出，东周青铜器样品的微量元素中，仍然以 As、Sb 为含量较高而且离散程度较大的元素，Co、Ni、Se、Ag、Te、Au、Bi 元素的含量相对较低，变化范围较小，Se、Au 元素的数值离散度最小。异常数据方面，除去 SD015 砷铜刀的 As 元素外，SD020 简化兽首刀的 As、Sb 含量，SD001 斧的 Ag 含量，SD022 环首刀、ZTH032 杯形器、ZTH034 单耳罐的 Se 含量，ZTH002 矛的 Sb 含量，ZTH006 镞、ZTH011 铃的 Co 含量，在各元素的箱式变化图中属于异常数据点。

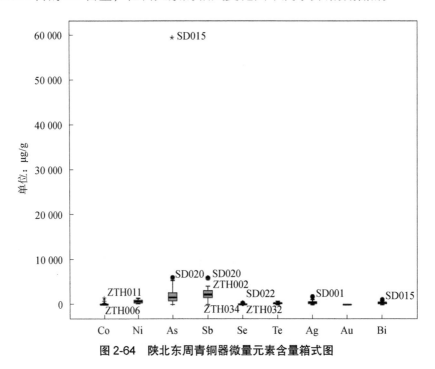

图 2-64　陕北东周青铜器微量元素含量箱式图

分别绘制微量元素 As-Sb、Co-Ni、Se-Te、Au-Ag 散点图（图 2-65～图 2-68）。从各散点图中可以看出，整体上 12 件榆林地区馆藏的铜刀、斧、凿等工具的大部分数据点之间相关度较好，其中多数铜刀的散点分布较为集中；而寨头河战国墓地的 11 件青铜器中，不同风格器物数据点的聚类分布特点不同，6 件中原风格的青铜器的散点分布相对较为分散，而 3 件北方风格器物以及 2 件西戎风格器物的散点则分别都有相对集中的分布。

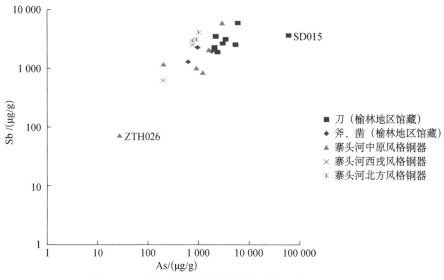

图 2-65　陕北东周青铜器微量元素散点图（As-Sb）

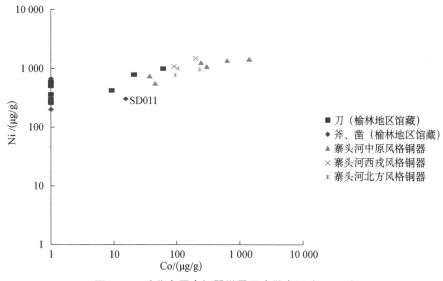

图 2-66　陕北东周青铜器微量元素散点图（Co-Ni）

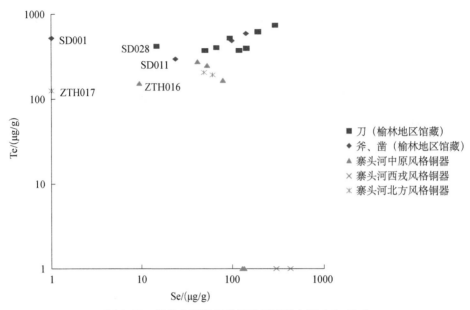

图 2-67　陕北东周青铜器微量元素散点图（Se-Te）

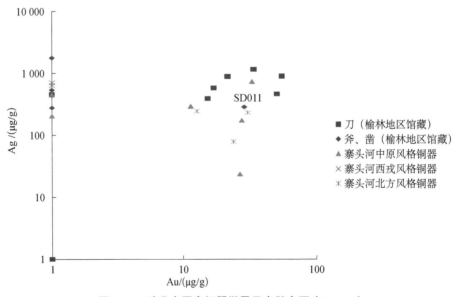

图 2-68　陕北东周青铜器微量元素散点图（Au-Ag）

综上分析所示，商代晚期、西周以及东周时期 51 件青铜器样品的微量元素中，以砷、锑元素的含量较高而且离散程度较大；其中商代晚期和西周时期青铜器中钴、金元素的离散程度最小，而东周时期青铜器中的硒、金元素的离散程度最小。

从散点图来看，17 件商代晚期青铜器样品中大部分殷墟式青铜容器与北方系青铜工具、兵器的矿料来源相同或相似，但二者在冶炼技术上似乎存在差异，与铸造北方系青铜器的铜料相比，铸造容器所用的铜料或许经过了反复精炼。11 件西周青铜器样品的微量元素数据点总体上分布比较散乱，还需要进行更多的数据积累以进行更加深入的分析。23 件东周青铜器样品中，12 件榆林地区馆藏的刀、斧、凿等工具的大部分微量元素数据点之间相关度较好，其中多数铜刀的散点分布较为集中；而寨头河战国墓地的 11 件青铜器中，不同风格器物数据点的聚类分布特点不同，6 件中原风格青铜器的散点分布相对较为分散，而 3 件北方风格器物以及 2 件西戎风格器物的散点则分别都有相对集中的分布。

2.5　铸造工艺考察[①]

本研究对子洲关王岔出土的 6 件商代晚期青铜容器的铸造工艺细节进行了初步考察。通过对青铜器上遗留的工艺痕迹进行肉眼观察，对该批青铜器的铸型设计、芯撑情况、浇注位置等铸造工艺环节以及铸后加工的细节进行了初步的判断和复原。

2.5.1　三足器的铸造工艺

子洲关王岔出土的商代青铜器中仅有一件三足圆鼎（子洲 1113）。该圆鼎的铸型工艺是三足器中最具代表性的。商代圆鼎的形制大致可分为底部范线呈"Y"形的鼎、底部范线呈三角形的鼎以及分档鼎三类。关于各类鼎的铸造工艺，李济、万家保[②]、郭宝钧[③]等先生均有著述研究。近年来刘煜结合殷墟的考古新发现，指出圆鼎的分范形式不仅有沿着扉棱和范线的垂直分范，更有沿着器物颈部或腹部的水平分范，而且自殷墟二期开始，腹足之间使用水平分范的铸型组合已成为主流。[④]

---

① 本小节中插图的彩色原版可见《陕西子洲出土商代青铜容器铸造工艺观察分析》(《南方文物》2015 年第 1 期）一文。
② 李济，万家保. 古器物研究专刊第四本：殷墟出土青铜鼎形器之研究. 台北："中研院"历史语言研究所，1970.
③ 郭宝钧. 商周铜器群综合研究. 北京：文物出版社，1981.
④ 刘煜. 殷墟出土青铜礼器铸造工艺研究. 广州：广东人民出版社，2018.

子洲铜鼎为浑铸而成，两立耳均有补铸痕迹（图 2-69：1、2），其中一立耳外侧面可见 2 枚金属芯撑（图 2-69：3）。口沿下呈带状突起，饰兽面纹三组，三组兽面位置对应于两足之间。三组兽面纹之间可见三条垂直范线，位置与三足对应；每组兽面双眼正中位置各有一条细窄扉棱。腹部及底部经打磨，未见范线。底部近三足根部及三足间隙处共可见 6 枚金属芯撑（图 2-69：4）。

图 2-69　子洲铜鼎铸造工艺细节

1. 耳部外侧补铸痕迹　2. 耳部内侧补铸痕迹　3. 耳部金属芯撑　4. 底部金属芯撑

该鼎体形不大，纹饰仅在口沿下分布一周，没有水平分范的痕迹，垂直分型位置在三组兽面纹间隔，并与三足中线相对应，采用了 3 块腹足范和 1 块三角形底范的简单铸型形式，即 3fz+1（△）的形式，鼎耳与鼎身浑铸，双耳型腔带于腹芯之上。该类铸型组合形式始见于中商晚期，殷墟一期开始较多出现，并逐渐成为晚商时期圆鼎范型的基本结构。[①] 另外，三足底有浇冒口被打磨的痕迹，双耳补铸以及口沿上可见一些气孔、砂眼等铸造缺陷，这些现象表明该鼎应采用了倒浇的浇注方式，且有浇不足的现象。

---

① 刘煜，张昌平，胡东波，等. 技术选择和技术风格的形成：以鼎为例考察二里头时期到晚商青铜器的技术演进//陈光祖. 金玉交辉：商周考古、艺术与文化论文集. 台北："中研院"历史语言研究所，2013.

2.5.2 圈足器的铸造工艺

子洲出土的 6 件青铜容器中，除鼎之外，尊、觚、瓿、盘、卣均属于圈足器。本研究从器身纹饰带纹样单元的数目及残留的范线痕迹，对它们的铸型组合形式进行了初步推断。

子洲铜尊体形较大，肩部有相间的三条扉棱和三个兽首，对应的腹部与圈足各有六条垂直的宽厚扉棱，扉棱中线有明显的范线痕迹，六条扉棱分别位于三组兽面纹的间隔部位以及每组兽面纹的中线位置（图 2-70：1、2）。肩部兽首和腹足扉棱中线大概便是分型面的位置，由此推断尊的铸型由垂直的六分外范或六分三组外范以及一个腹芯和一个圈足芯组成。

另外，由于该尊外形曲率变化较大，纹饰细密且富有层次，在铸型设计与制作上应该会采用水平分范的技术。从殷墟出土的敞口折肩尊陶范来看，水平分范的部位通常在颈肩、肩腹、腹足之间。[①] 通过肉眼观察，在子洲尊器身上没有发现明显的水平分范范线痕迹，但肩部、腹部及圈足部位置相对应的扉棱之间在垂直方向上有较明显的错位，这或许是在铸型组合或浇注过程中水平范块上下段之间产生位移所致，由此推测至少在肩腹部之间和腹足之间存在水平分范的可能。

尊肩部三只兽首对应的器身内壁平滑，未见榫卯结构（图 2-70：3），可以排除榫卯式后铸法的铸造方式；有一侧兽首与器身结合处，兽首似乎有被铜液包裹的痕迹，但并不很明显（图 2-70：4），其他兽首根部与器身连接处较光滑，推测兽首与器身分二次铸成的可能性较大，即将先铸好的兽首镶于器身外范内，铸器身时使其连接在一起。

由于铸型较大，该器物使用了较多金属芯撑，其中在尊口沿下可见 5 枚芯撑，分别位于两组蕉叶纹之间的纹饰空白区域，根据蕉叶纹的数量推测应该还有 4 枚芯撑；另外，在肩颈相接处可见 2 枚芯撑，腹足相接处纹饰空白带可见 2 枚芯撑，器底可见 4 枚芯撑。腹足相接处的三个透空镂孔是泥芯撑浇注后的遗痕，这些孔洞的内侧边沿较大，而外侧开口较小，说明泥芯撑是制作在圈足芯上的。另外，从口沿断面看，几乎没有气孔，通体没有明显铸造缺陷。其浇注情况不明。

---

① 岳占伟，岳洪彬，刘煜. 殷墟青铜器的铸型分范技术研究//陈建立，刘煜. 商周青铜器的陶范铸造技术研究. 北京：文物出版社，2011.

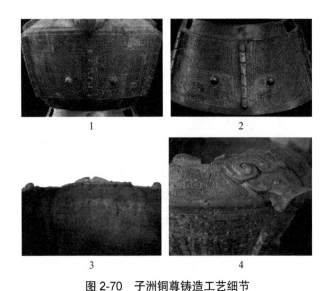

图 2-70　子洲铜尊铸造工艺细节
1. 腹部兽面纹　2. 圈足兽面纹　3. 肩部兽首处器壁内侧　4. 兽首铸接痕迹

　　子洲铜觚的颈腹交接部位有两道凸弦纹，弦纹以上的口颈部为素面，器表未见垂直范线痕迹；弦纹与腹部纹饰带之间可见一条水平分范范线。水平范线以下的腹部装饰两组兽面纹，两组兽面纹之间可见两条垂直范线，垂直范线顶端与水平范线相接处可见明显错位；每组兽面双眼正中各有一条凸起的扉棱，扉棱顶端与水平范线相接处，水平范线平直。腹部与圈足交接部位也有两道凸弦纹，弦纹以下圈足部位也装饰两组兽面纹，两组兽面纹之间以及每组兽面双眼正中位置共清晰可见四条垂直范线。腹部与圈足的两组兽面纹之间的范线与腹足间的两个镂孔相对应，而腹部兽面的扉棱与圈足兽面双眼正中的范线位置相对应但不贯通（图 2-71）。根据以上明显的范线痕迹，可以推测该觚在颈腹之间的弦纹以下进行了水平分范，口颈部位器表虽未见有垂直范线痕迹，但从水平范线与腹部垂直范线及扉棱交接处的情况来看，口颈部位可能采用了垂直二分外范的形式，范线位置与腹部兽面纹之间的范线相对应；而腹部和圈足则采用了垂直四分外范的分范形式，分范位置与纹饰单元相对应。

　　觚也属于形体曲线变化较大的器物，且大多纹饰细密复杂，通常也会采用水平分范技术。从孝民屯出土的陶范来看，殷墟铜觚中素面觚多采用无水平分范、整体垂直两分的方式，少数素面觚也采用了在颈上部水平两分、整体垂直两分的分范方式；而花纹觚多采用在颈腹部之间水平两分、整体垂直四分的方式，也有少数花纹觚采用在腹足之间水平两分、整体垂直四分的方式；此外，颈部以上素面觚则多采用在颈腹部

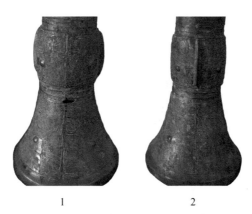

1　　　　　　2

图 2-71　子洲铜瓿铸造工艺细节

1. 腹足兽面纹间垂直范线　2. 腹部兽面纹扉棱

水平两分、口颈部位垂直两分、腹足部位垂直四分的方式，与子洲铜瓿形同的花园庄东地 60 号墓出土的两件铜瓿（M60：2、3）即采用此法。[①]与子洲铜瓿相比，花园庄东地 60 号墓的两件铜瓿表面范线比较明显，两组兽面纹之间的范线由器口贯穿至器底，而另外两条纵向范线自颈部弦纹以下的水平分范处开始，顺兽面纹正中扉棱处延伸至圈足。[②]子洲铜瓿颈部弦纹之下可见水平分范范线，腹部与圈足部位为了纹饰的制作设置垂直四等分的分范形式也比较明显，但素面的口颈部并未见垂直范线痕迹，而通过其腹部两组兽面纹之间的垂直范线与水平范线相交且有向上延伸的迹象来看，口颈部位可能也是采用了垂直两分的分范形式，这与目前对于颈部以上素面瓿铸型工艺的研究认识是一致的。

另外，该瓿口沿残损部位的断口处未见气孔，通体无铸造缺陷。其浇注方式及芯撑情况不明。

子洲铜瓿的器表可见三条垂直范线将腹部三组兽面纹间隔，与圈足上的三个镂孔对应。三个镂孔有一个未透空，透空镂孔外侧开口不规则，而内侧边沿为较规整的方形，表明泥芯撑是设置在圈足芯上的方块状凸起，而未透空的镂孔可能是泥芯撑未接触到外范所致（图 2-72：1）；口沿下未见芯撑，肩部纹饰空白带内可见 4 枚金属芯撑，腹底可见 6 枚金属芯撑；内壁有明显的打磨痕迹（图 2-72：2）；从断面来看，气孔极小。推测该瓿为三分型范，由三腹范、一腹芯及一圈足芯组成，三块腹范之间纹

① 岳占伟，岳洪彬，刘煜. 殷墟青铜器的铸型分范技术研究//陈建立，刘煜. 商周青铜器的陶范铸造技术研究. 北京：文物出版社，2011.

② 张昌平，刘煜，岳占伟，等. 二里冈文化至殷墟文化时期青铜器范型技术的发展. 考古，2010（08）：79-86.

饰对称性较差；浇注情况不明。

1   2

图 2-72　子洲铜瓿铸造工艺细节

1. 圈足内侧　2. 内壁打磨痕迹

　　子洲提梁卣包括的附饰较多，且卣盖、提梁以及卣身之间均相互连接，因此其铸造工艺十分复杂。华觉明先生等曾对器型相似的殷墟妇好墓龙头提梁卣（M5：765）进行铸型工艺的分析，他们认为 M5：765 提梁卣卣体铸型为垂直对分，而套环、盖钮、提梁则采用分铸法进行多次铸接成形，在铸接成形的过程中，应该是先铸好带套环的桥，然后将桥的大环端放入盖、钮之间，再将盖钮铸接；然后将桥的小环端再穿以铸好的半圆形铜环，在浇注提梁时与梁铸接；而后再将提梁放入卣身的铸型中铸接成形。①子洲铜卣在形制上与 M5：765 铜卣颇为相似，不同的是盖钮的形制以及盖与提梁之间桥的连接方式。子洲铜卣卣身通体光亮，未见范线痕迹，上腹部两侧各有一套环，与提梁套接；圈足的云雷纹纹饰带内可见两条垂直范线，与腹部两侧套环对应，而颈部两组兽面纹的间隔也与腹部套环对应，下腹部一周可见 7 枚金属芯撑均匀分布，由此推测卣身两侧套环位置应为外范垂直对分的位置；另外，卣下腹部外鼓部位曲线变化较大，有可能采用了水平分范的技术，但器表未观察到明显的水平分范痕迹。卣盖表面纹饰空白带可见 2 枚金属芯撑（图 2-73：1），盖内侧可见 3 枚金属芯撑，未观察到明显的分范痕迹；盖正中顶端有一菌形盖钮，盖钮与提梁之间有桥相接，桥两端呈环形，一端套于盖钮，另一端应套于提梁内侧的环钮与梁相连，但梁上环钮已缺失，只残留有一块铜片贴附于提梁内侧（图 2-73：2），该铜片或是环钮与提梁的铸接部位，或是环钮缺失后进行补铸而又再次残损的遗留痕迹，同样的情况在小屯 18 号墓出土的蛇头提梁卣上亦可见。子洲提梁卣整体铸造精良，腹部可见皲裂纹路，可能是浇注时外范开裂所致的铸造缺陷（图 2-73：3）。

---

　　① 华觉明，冯富根，王振江，等. 妇好墓青铜器群铸造技术的研究. 考古学集刊，1981，1：244-272.

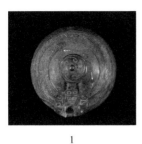  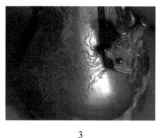

1   2   3

图2-73 子洲铜卣铸造工艺细节

1. 盖表面金属芯撑　2. 提梁内侧环钮铸接处　3. 腹部铸造缺陷

子洲铜盘因残损严重，未观察到明显的铸造工艺细节，残片通体未见芯撑。

综上所述，子洲出土的6件青铜容器的铸造工艺与安阳出土的殷墟早期同类器物基本相同。从器物现状来观察，鼎口沿部位可见气孔、砂眼等铸造缺陷且立耳经过补铸，卣腹部有在浇注过程中因外范开裂所致的皲裂纹路，其余尊、瓿、觚则均无明显铸造缺陷。整体来说，该批青铜器铸造水平较高，在工艺技术方面不亚于殷墟出土的同类青铜礼器。另外，从前文合金成分分析结果来看，这6件青铜容器都具有锡含量普遍较高的特点，与安阳出土的同时期青铜容器的合金配比特征一致。种种证据表明该批青铜容器很可能是直接从中原商文化核心区域输入陕北地区的。

第3章
殷墟出土青铜器
及冶铸遗物的科学分析

陕北地区出土的青铜器中常见有典型的殷墟式青铜器，而安阳殷墟出土的青铜器中也有数量较多的北方系青铜器，由此可见陕北与殷墟之间存在着密切的双向物质文化交流。这种以青铜器的流通与交换为外在表现形式的物质文化交流，背后或许包含着更深层次的物与人的交流。其中物的交流方面，既包括通过战争、赏赐、交易等方式形成的青铜器整器的流通，也可能存在制作青铜器所需原料的流通。而人的流动则会带动冶金技术的交流以及不同文化观念之间的互动。

目前关于中原地区青铜冶金技术的研究开展较多，其中关于殷墟青铜器矿料来源的研究由来已久，但经分析的青铜器绝大多数是礼容器，而对包括北方系青铜器在内的小件的工具、武器、车马器的关注不够。因此，本研究对殷墟出土的部分北方系青铜器进行了铅同位素比值分析，将其与陕北地区出土的北方系青铜器的分析数据相比较，期望能有助于探讨商代晚期中原与北方之间物质文化的交流与互动问题。

3.1 殷墟出土青铜器锈蚀样品的科学分析

3.1.1 样品采集与分类

本研究对安阳殷墟 13 座墓葬出土的 45 件青铜器进行了初步的考察并采集了样品。由于这些青铜器大多经过保护修复或整体保存较为完整，为了避免破坏青铜器的整体形貌，仅对青铜器表面附着的锈蚀层采取机械方法进行了刮取采集，共获得粉末锈蚀样品 45 份（表 3-1）。

表 3-1　殷墟出土的部分青铜器锈蚀样品取样统计表

出土单位	器物名称	器物编号	取样部位	样品编号	文化属性
1990 小屯北地丁组基址 1 号房基址南部 M10	环首刀	M10：1	刀身表面	YX001	混合
	环首刀	M10：2	刀身表面	YX002	混合
	管銎斧	M10：3	管銎两侧	YX003	北方
	管銎斧	M10：4	斧身表面	YX004	北方
	残铜斧	M10：7	残断表面	YX005	北方
	管銎斧	M10：9	斧身表面	YX006	北方

出土单位	器物名称	器物编号	取样部位	样品编号	文化属性
1980 大司空 M539	管銎斧	M539：4	刃部	YX007	北方
	小铜锛	M539：12	銎口及锛身	YX008	中原
	小铜锛（斧？）	M539：15	銎口	YX009	中原
	小铜锛	M539：19	刃部	YX010	中原
	双耳铜斧	M539：29	銎口内侧	YX011	北方
	三凸钮环首刀	M539：37	刃部	YX012	北方
2001 花园庄东地 M54	弓形器	M54：203	弓身内侧面	YX013	混合
	弓形器	M54：280	弓身内侧表面	YX014	混合
	铃首锥状器	M54：295	器身表面	YX015	北方
	椭圆形环首刀	M54：301	刀身表面	YX016	北方
	弓形器	M54：303	弓身内侧面	YX017	混合
	鹿首刀	M54：374（373？）	刀身表面	YX018	混合
2009 王裕口村南地 M103	直内戈	M103：4	尖锋部	YX019	中原
	曲内戈	M103：8	戈身表面	YX020	中原
	镞	M103：12	尖锋部	YX021	中原
	镜形器	M103：23	散落碎渣	YX022	北方
	镦	M103：24	器身近刃部	YX023	中原
	锛	M103：25	散落残块	YX024	中原
	戕	M103：28	器身表面	YX025	中原
	三凸钮环首刀	M103：33	刀身表面	YX026	北方
1997 水利局 M59	马首弓形器	M59：4	弓身内侧	YX027	混合
2009 王裕口村南地 M94	铃	M94：3	铃顶端断碴	YX028	中原
	凿	M94：9	銎顶端边缘	YX029	中原
	矛	M94：30	刃部残渣	YX030	中原
	矛	M94：32	銎口外侧	YX031	中原
	斧（啄戈）	M94：49	戈身表面	YX032	北方
	銎内戈	M94：50	銎表面锈点	YX033	混合
	钺	M94：51	钺身表面	YX034	中原
	策	M94：53	器表面锈层	YX035	中原
	弓形器	M94：54	弓臂残块	YX036	混合
	弓形器	M94：55	弓臂表面锈	YX037	混合
1989 郭家庄 M147	弓形器	M147：9	弓臂裂缝及铃首表面	YX038	混合

续表

出土单位	器物名称	器物编号	取样部位	样品编号	文化属性
1995 武官 M157	弓形器	M157：25	弓身内侧近臂弯处	YX039	混合
1995 武官兽药厂 M170	弓形器	M170：10	弓身表面及铃首表面	YX040	混合
殷墟西区 M1713	马首刀	M1713：8	刀身表面	YX041	混合
	卷刃三銮刀	M1713：94	刀身表面	YX042	混合
1999 刘家庄北 M1046	弓形器	M1046：75	弓身内侧表面	YX043	混合
1991 后冈 M9	弓形器	M9：3	弓臂断口	YX044	混合
1990 供电局 M71	弓形器	M71：5	弓身表面锈皮	YX045	混合

这 13 座墓葬的年代基本上可涵盖武丁早期至帝乙帝辛时期，即殷墟一期偏晚阶段至殷墟四期。小屯北地丁组基址 1 号房基址南 10 号祭祀坑的年代为武丁早期，属于殷墟一期晚段。[①]而属于殷墟二期的有四座墓葬，分别是大司空 539号墓[②]、水利局 59 号墓[③]、花园庄东地 54 号墓[④]以及王裕口村南地 103 号墓[⑤]，其中水利局 M59 因资料未公布，墓葬等级不详，其余三座均为中型贵族墓葬，花园庄东地 M54 的墓葬形制较大，等级较高。属于殷墟三期的有王裕口村南地94 号墓[⑥]、郭家庄 147 号墓[⑦]以及武官村 157 号墓[⑧]等三座墓葬，其中王裕口村南地 M94 为甲字形墓，等级较高；郭家庄 M147 为车马坑；武官 M157 的墓葬等级不详。属于殷墟四期的有武官兽药厂 170 号墓[⑨]、殷墟西区 1713 号墓[⑩]、刘家庄

① 中国社会科学院考古研究所. 安阳殷墟小屯建筑遗存. 北京：文物出版社，2010.

② 中国社会科学院考古研究所安阳工作队. 1980 年河南安阳大司空村 M539 发掘简报. 考古，1992（06）：509-517+579-581.

③ 岳占伟，孙玲. 也论商周时期弓形器的用途//中国社会科学院考古研究所夏商周考古研究室. 三代考古.5. 北京：科学出版社，2013.

④ 中国社会科学院考古研究所安阳工作队. 河南安阳市花园庄 54 号商代墓葬. 考古，2004（01）：7-19+97-98+100-101+104+2.

⑤ 中国社会科学院考古研究所安阳工作队. 河南安阳市殷墟王裕口村南地 2009 年发掘简报. 考古，2012（12）：3-25+1+97-105.

⑥ 中国社会科学院考古研究所安阳工作队. 河南安阳市殷墟王裕口村南地 2009 年发掘简报. 考古，2012（12）：3-25+1+97-105.

⑦ 中国社会科学院考古研究所. 安阳殷墟郭家庄商代墓葬. 北京：中国大百科全书出版社，1998.

⑧ 岳占伟，孙玲. 也论商周时期弓形器的用途//中国社会科学院考古研究所夏商周考古研究室. 三代考古. 5. 北京：科学出版社，2013.

⑨ 岳占伟，孙玲. 也论商周时期弓形器的用途//中国社会科学院考古研究所夏商周考古研究室. 三代考古.5. 北京：科学出版社，2013.

⑩ 中国社会科学院考古研究所安阳工作队. 安阳殷墟西区一七一三号墓的发掘. 考古，1986（08）：703-712+725+ 771-772.

北 1046 号墓[①]以及后冈 9 号墓[②]等四座墓葬，其中 M1713、M1046 以及后冈 M9 都属于殷墟四期偏晚阶段具有代表性的大墓。另外，供电局 71 号墓[③]因资料尚未公布，其年代及墓葬等级不详。

本研究有针对性地选取了这些墓葬出土的工具、兵器、车马器等共 45 件器物进行了取样分析。按照所包含的文化因素来区分，这些器物大致可分为中原系青铜器、北方系青铜器以及混合式青铜器三类。

中原系青铜器主要包括钺、戈、矛、戣、镞、斧、锛、凿、铃、策等几类器物（图 3-1）。其中，王裕口村南地 M103 出土的直内戈、曲内戈、镞、镦、锛、戣，以及王裕口村南地 M94 出土的铃、凿、矛、钺、策等器物，其形制和纹饰都是典型的中原风格。而需要说明的是，大司空 M539 出土的饰有十字目纹的 2 件铜锛（图 3-1：1、3）以及饰有十字纹的 1 件铜斧（考古发掘报告中称之为锛，但从其双面开刃的形制看，称其为斧应更为合适；图 3-1：2），这 3 件器物的形制属于方孔直銎无耳空首斧[④]，这种形制的空首斧在二里岗时期即已存在，虽然十字目纹及十字纹的装饰风格在内蒙古中南部、晋陕高原以及西伯利亚地区出土的空首斧上也有发现，但其出现的年代要晚于中原地区的同类器物，应该是二里岗-殷墟式空首斧的派生物。[⑤]

北方系青铜器主要包括管銎斧、三凸钮环首刀、双耳铜斧、啄戈、铃首锥状器、镜形器等（图 3-2）。本书所分析的管銎斧包括两种类型，其中小屯北地丁组基址 10 号祭祀坑出土的 4 件管銎斧，其管銎长度均短于斧身，管銎顶部有柱状凸起，有两件斧身表面饰有直线纹（图 3-2：1、2、3、4）；而大司空 M539 出土的管銎斧的管銎长度则长于斧身，管銎顶部也有柱状凸起，斧身中部有一圆形穿孔，孔周至銎部的条带区域内饰以凸点纹。管銎斧不是中原文化因素的器物类型，该类器物最早见于西亚地区，年代为公元前 2 千纪初期，在我国北方地区及欧亚草原地区都有较多分布。同样，双耳铜斧、三凸钮环首刀、啄戈、镜形器都是外来文化因素器物类型，花园庄东地 M54 出土的铃首锥状器与保德林遮峪出土的觿形器形制几乎相同。

① 中国社会科学院考古研究所安阳工作队. 安阳殷墟刘家庄北 1046 号墓. 考古学集刊, 2004, 15: 359-390.
② 中国社会科学院考古研究所安阳队. 1991 年安阳后冈殷墓的发掘. 考古, 1993（10）: 880-903+961-964.
③ 岳占伟, 孙玲. 也论商周时期弓形器的用途//中国社会科学院考古研究所夏商周考古研究室. 三代考古. 5. 北京: 科学出版社, 2013.
④ 邵会秋, 杨建华. 塞伊玛—图尔宾诺遗存与空首斧的传布. 边疆考古研究, 2011（00）: 73-92.
⑤ 林沄. 商文化青铜器与北方地区青铜器关系之再研究//苏秉琦. 考古学文化论集（一）. 北京: 文物出版社, 1987.

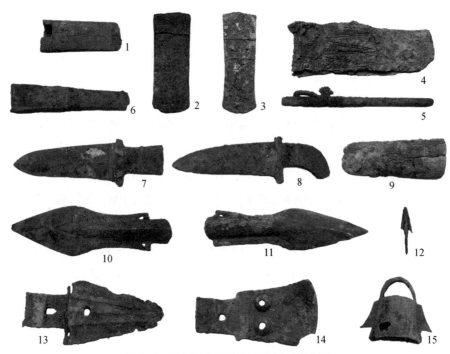

图 3-1　经取样的殷墟出土中原系青铜器

（1. M539：19　2. M539：15　3. M539：12　4. M103：25　5. M94：53　6. M94：9　7. M103：4　8. M103：8
9. M103：24　10. M94：30　11. M94：32　12. M103：12　13. M103：28　14. M94：51　15. M94：3）

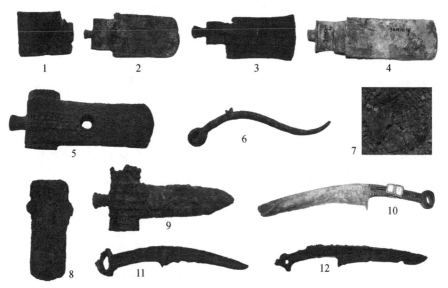

图 3-2　经取样的殷墟出土北方系青铜器

（1. M10：7　2. M10：3　3. M10：9　4. M10：4　5. M539：4　6. M54：295　7. M103：23　8. M539：29
9. M94：49　10. M54：301　11. M539：37　12. M103：33）

混合式青铜器主要包括弓形器、卷刃三銎刀、銎内戈以及部分环首刀和兽首刀（图3-3）。弓形器是典型的起源于北方地区而在殷墟有较快发展的混合式器物。卷刃三銎刀是中原固有的直内长体卷头刀的形制与北方系青铜器中的管銎风格相结合的产物，銎内戈亦然。环首刀、兽首刀本是北方系文化因素器物，但小屯北地丁组基址10号祭祀坑出土的2件环首刀以及殷墟西区M1713出土的马首刀刀身都保留了中原地区传统扁茎刀直背翘尖的特点，而且殷墟西区M1713马首刀与花东M54鹿首刀，在兽首的表现方式上与典型的北方系兽首刀有别，应该是殷墟工匠模仿北方系兽首刀所制作的器物。

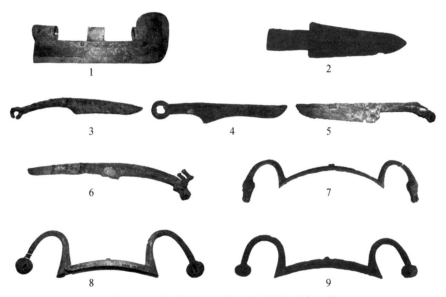

图3-3　经取样的部分殷墟出土混合式青铜器
（1. M1713：94　2. M94：50　3. M10：2　4. M10：1　5. M1713：8　6. M54：374　7. M59：4
8. M147：9　9. M1046：75）

3.1.2　实验的可行性

青铜器的锈蚀是铜器中的铜、锡、铅等合金元素与环境中的水、氧、二氧化碳、含硫和含氯的化合物长期作用的结果。在青铜的合金元素中，铅的化学性质活泼，容易被腐蚀，在被腐蚀以后，部分铅离子会与铜离子一起迁移到青铜器的表面，以氧化铅或碳酸铅的形式富集于青铜器表面。

但是，青铜器表面锈蚀中所含的铅毕竟是腐蚀产物，价态和物相都已发生了明显变化，其铅同位素是否也会发生变化呢？针对这一问题，魏国峰等学者对 6 件商周时期青铜器的基体和锈蚀分别取样进行了铅同位素比值测定，在对检测数据对比分析后发现，锈蚀产物和基体的铅同位素比值数据虽有差异，但大部分样品的两种数据之间的差在质谱仪±0.4%的标准误差范围内；而差异明显的数据，其变化特征与铅同位素分馏的结果并不相符，引起这种差异的原因可能是破损青铜器回炉铸造时不同来源铅料混合使用。另外，该文还对安徽何郢遗址青铜器所在墓葬的土壤样品进行了铅含量测定，排除了埋藏环境中的铅对锈蚀产生污染的可能性。因此，该文的结论认为青铜器在锈蚀过程中，铅同位素的分馏效应或埋藏环境中铅的污染对锈蚀产物的铅同位素组成影响甚小，基本可以忽略不计。[①]目前未见关于殷墟地区土壤中微量元素的分析数据发表，从中国科学院南京土壤研究所发布的土壤重金属及微量元素数据库中可见，全国 38 个台站的检测数据显示土壤中的铅含量大多在 20 mg/kg 左右，最高为 40.74 mg/kg（数据来源于国家地球系统科学数据中心土壤分中心），本书中检测的锈蚀样品中铅含量大多远高于这一水平，因此其铅同位素组成受土壤影响的可能性较小，但也有部分锈蚀中铅含量很低（<20 mg/kg），其铅同位素组成是否受到埋藏环境中铅的污染，还需进一步深入研究。

从目前的研究来看，用青铜器的锈蚀产物来替代金属基体进行铅同位素比值分析，不失为一种好的方法，这样既可以不对青铜器金属基体产生破坏，又能够达到矿料来源分析的研究目的。但是，在未来的研究中，铅同位素组成受外界干扰而变化的因素还应继续关注和分析。

3.1.3　元素成分分析

本研究分别采用能量色散 X 射线荧光（EDXRF）光谱仪和电感耦合等离子体原子发射光谱仪（ICP-AES）对殷墟出土青铜器的锈蚀样品进行了元素成分分析。成分分析主要是为了检测锈蚀样品中的铅含量，根据铅含量的多寡初步推测铅是人为有意添加铅矿料参与合金化过程而存在于金属基体中的，还是来自其他矿料中的杂质或外界的污染。这关系到判断铅同位素比值数据所指示的是哪种矿料（表 3-2）。

---

① 魏国峰，秦颍，王昌燧，等. 古代青铜器基体与其锈蚀产物铅同位素对比研究. 中国科学技术大学学报，2006（07）：771-774+792.

表 3-2　殷墟出土的部分青铜器材质类型鉴定表

样品编号	主量元素	检测方法
YX001	铜铅	ICP-AES
YX002	铜铅	ICP-AES
YX003	铜铅	ICP-AES
YX004	铜铅	ICP-AES
YX005	铜铅	ICP-AES
YX006	铜铅	ICP-AES
YX007	铜锡铅	EDXRF
YX008	铜锡铅	EDXRF
YX009	铜铅	EDXRF
YX010	铜锡铅	ICP-AES
YX011	铜铅	EDXRF
YX012	铜锡（铅）	EDXRF
YX013	铜锡（铅）	EDXRF
YX014	铜锡铅	EDXRF
YX015	铜锡	ICP-AES
YX016	铜铅	EDXRF
YX017	铜	EDXRF
YX018	铜锡铅	ICP-AES
YX019	铜	EDXRF
YX020	铜	EDXRF
YX021	铜	EDXRF
YX022	铜锡	ICP-AES
YX023	铜铅	EDXRF
YX024	铜锡（铅）	EDXRF
YX025	铜	EDXRF
YX026	铜铅	EDXRF
YX027	铜锡铅	EDXRF
YX028	铜铅	ICP-AES
YX029	铜锡铅	ICP-AES
YX030	铜铅	EDXRF
YX031	铜锡铅	EDXRF

样品编号	主量元素	检测方法
YX032	铜锡	EDXRF
YX033	铜锡铅	ICP-AES
YX034	铜锡铅	EDXRF
YX035	铜	EDXRF
YX036	铜锡	EDXRF
YX037	铜锡铅	EDXRF
YX038	铜锡铅	EDXRF
YX039	铜锡铅	ICP-AES
YX040	铜锡	EDXRF
YX041	铜铅	EDXRF
YX042	铜锡铅	ICP-AES
YX043	铜铅	EDXRF
YX044	铜锡铅	EDXRF
YX045	铜	EDXRF

3.1.4　铅同位素比值分析

从表 3-3 可以看出，45 件殷墟青铜器锈蚀样品的 $^{207}Pb/^{206}Pb$ 比值在 0.705～0.897，$^{208}Pb/^{206}Pb$ 比值在 1.867～2.175，$^{206}Pb/^{204}Pb$ 比值在 16.758～23.114，$^{207}Pb/^{204}Pb$ 比值在 14.189～16.302，$^{208}Pb/^{204}Pb$ 比值在 36.341～43.472。

表 3-3　殷墟青铜器铅同位素比值结果

样品编号	$^{207}Pb/^{206}Pb$	$^{208}Pb/^{206}Pb$	$^{206}Pb/^{204}Pb$	$^{207}Pb/^{204}Pb$	$^{208}Pb/^{204}Pb$
YX001	0.717	1.916	22.693	16.260	43.472
YX002	0.762	1.981	21.023	16.008	41.643
YX003	0.736	1.939	21.766	16.020	42.209
YX004	0.705	1.867	23.114	16.302	43.153
YX005	0.718	1.917	22.457	16.120	43.057
YX006	0.750	1.952	20.951	15.706	40.901
YX007	0.795	2.036	19.842	15.774	40.394
YX008	0.745	1.945	21.456	15.979	41.730

续表

样品编号	$^{207}Pb/^{206}Pb$	$^{208}Pb/^{206}Pb$	$^{206}Pb/^{204}Pb$	$^{207}Pb/^{204}Pb$	$^{208}Pb/^{204}Pb$
YX009	0.742	1.938	21.525	15.980	41.715
YX010	0.730	1.918	21.925	16.004	42.045
YX011	0.724	1.907	22.092	15.998	42.125
YX012	0.778	1.992	20.350	15.825	40.540
YX013	0.767	1.981	20.611	15.806	40.825
YX014	0.822	2.069	18.248	15.000	37.751
YX015	0.775	1.980	20.289	15.716	40.172
YX016	0.728	1.911	21.989	16.006	42.010
YX017	0.770	1.984	19.942	15.349	39.572
YX018	0.729	1.911	21.831	15.919	41.729
YX019	0.767	1.974	20.555	15.764	40.569
YX020	0.781	1.997	19.836	15.488	39.609
YX021	0.776	1.986	18.296	14.189	36.341
YX022	0.851	2.097	—①	—	—
YX023	0.720	1.906	22.420	16.150	42.720
YX024	0.751	1.955	21.283	15.975	41.609
YX025	0.798	2.023	19.178	15.308	38.791
YX026	0.733	1.926	21.881	16.036	42.146
YX027	0.737	1.930	21.710	16.000	41.909
YX028	0.824	2.054	18.986	15.642	38.989
YX029	0.728	1.924	22.204	16.163	42.719
YX030	0.847	2.087	18.420	15.601	38.449
YX031	0.844	2.086	18.385	15.508	38.343
YX032	0.812	2.039	18.929	15.373	38.597
YX033	0.837	2.074	18.642	15.598	38.665
YX034	0.746	1.941	21.412	15.968	41.552
YX035	0.727	1.924	21.765	15.826	41.871
YX036	0.794	2.014	19.853	15.763	39.975
YX037	0.741	1.934	21.662	16.040	41.902

① 由于该样品中铅含量较少，而 ^{204}Pb 在普通铅中的丰度很低，因此经检测该样品的 ^{204}Pb 信号较弱，使得比值数据产生较大误差。所以以 ^{204}Pb 为分母的三个比值数据不具参考意义，故未列出。

样品编号	$^{207}Pb/^{206}Pb$	$^{208}Pb/^{206}Pb$	$^{206}Pb/^{204}Pb$	$^{207}Pb/^{204}Pb$	$^{208}Pb/^{204}Pb$
YX038	0.897	2.175	16.758	15.037	36.449
YX039	0.746	1.942	21.329	15.921	41.411
YX040	0.718	1.889	22.423	16.104	42.360
YX041	0.864	2.128	18.034	15.583	38.373
YX042	0.888	2.162	17.384	15.430	37.576
YX043	0.882	2.155	17.452	15.398	37.601
YX044	0.831	2.069	18.799	15.624	38.892
YX045	0.853	2.115	18.228	15.553	38.554

其中，6 件殷墟一期青铜器的 $^{207}Pb/^{206}Pb$ 比值在 0.705～0.762，$^{208}Pb/^{206}Pb$ 比值在 1.867～1.981，$^{206}Pb/^{204}Pb$ 比值在 20.951～23.114，$^{207}Pb/^{204}Pb$ 比值在 15.706～16.302，$^{208}Pb/^{204}Pb$ 比值在 40.901～43.472，全部为高放射性成因铅。

21 件殷墟二期青铜器的 $^{207}Pb/^{206}Pb$ 比值在 0.720～0.851，$^{208}Pb/^{206}Pb$ 比值在 1.906～2.097，$^{206}Pb/^{204}Pb$ 比值在 18.248～22.420，$^{207}Pb/^{204}Pb$ 比值在 14.189～16.150，$^{208}Pb/^{204}Pb$ 比值在 36.341～42.720。其中除 M54：280、M103：23 外，其余 19 件青铜器样品中的铅为高放射性成因铅。

12 件殷墟三期青铜器的 $^{207}Pb/^{206}Pb$ 比值在 0.727～0.897，$^{208}Pb/^{206}Pb$ 比值在 1.924～2.175，$^{206}Pb/^{204}Pb$ 比值在 16.758～22.204，$^{207}Pb/^{204}Pb$ 比值在 15.037～16.163，$^{208}Pb/^{204}Pb$ 比值在 36.449～42.719。其中 M94：9、M94：49、M94：51、M94：53、M94：54、M94：55 以及 M157：25 等 7 件青铜器中的铅为高放射性成因铅，其余为普通铅。

5 件殷墟四期青铜器的 $^{207}Pb/^{206}Pb$ 比值在 0.718～0.888，$^{208}Pb/^{206}Pb$ 比值在 1.889～2.162，$^{206}Pb/^{204}Pb$ 比值在 17.384～22.423，$^{207}Pb/^{204}Pb$ 比值在 15.398～16.104，$^{208}Pb/^{204}Pb$ 比值在 37.576～42.360。除 M170：10 为高放射性成因铅外，其余为普通铅。

另 M71：5 时代不明，其所含铅为普通铅。

图 3-4、图 3-5 为铅同位素比值散点图。相比较而言，殷墟二期青铜器的矿料来源比较复杂。殷墟二、四期普通铅数据的分布基本保持在同一斜率上，表明它们所使用的矿料成矿年代较为接近，而殷墟二期的普通铅数据则比较分散，且偏向不同的方向，说明与殷墟三、四期所用矿料的成矿年代不同。

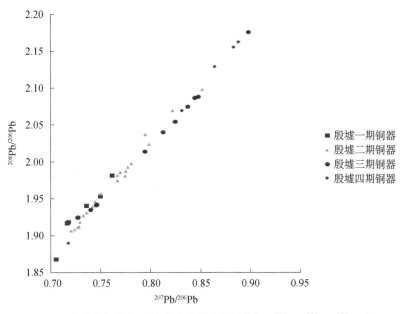

图 3-4　殷墟青铜器铅同位素比值散点图（$^{207}Pb/^{206}Pb$-$^{208}Pb/^{206}Pb$）

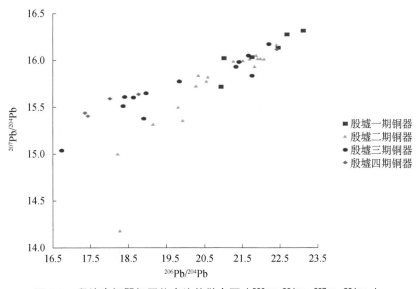

图 3-5　殷墟青铜器铅同位素比值散点图（$^{206}Pb/^{204}Pb$-$^{207}Pb/^{204}Pb$）

　　以上对殷墟出土的 45 件小件的工具、兵器、车马器等青铜器进行了铅同位素比值分析。其中，6 件殷墟一期青铜器全部为高放射性成因铅器物；21 件殷墟二期青铜器中，有 19 件为高放射性成因铅器物，仅有 2 件为普通铅器物；12 件殷墟三期青铜器中，有 7 件为高放射性成因铅器物，5 件为普通铅器物；5 件殷墟四期青铜器中包括 4 件普通铅器物和 1 件高放射性成因铅器物；另有一件分期不明的弓形器为普通铅器物。总体来看，殷墟一、二期青铜器中高放射性成因铅器物比例很高，殷墟三期的高放射性成因铅器物比例开始下降，到殷墟四期，高放射性成因铅器物比例进一步降低。

3.2 殷墟出土冶铸遗物样品的科学分析

3.2.1 样品情况

本研究还对安阳殷墟孝民屯东南地铸铜遗址[①]出土的 7 件冶铸遗物样品进行了检测分析。孝民屯铸铜作坊遗址，是殷墟迄今发现的最大的一处殷代铸铜遗址，面积超过 5 万平方米。该遗址使用年代较长，出现于殷墟二期，发展于殷墟三期，繁荣于殷墟四期，消亡于商周更替之际。经分析的 7 件冶铸遗物，分别于 2000 年和 2001 年在孝民屯东南地发掘出土，其中 1 件样品出自 2001 年发掘的 H19 灰坑，其年代为殷墟三期，其余 6 件样品的年代则都属于殷墟四期。样品信息详见表 3-4、图 3-6。

表 3-4　殷墟孝民屯东南地铸铜遗址出土冶铸遗物取样统计表

出土单位及编号	器物名称	样品编号	时代
2000AGT14③：453	外范/浇包	YXZ001	殷墟四期
2000AGT14③：454	熔炉	YXZ002	殷墟四期
2000AGT14③：455	外范/浇包	YXZ003	殷墟四期
2000AGT15H31：924	熔炉	YXZ004	殷墟四期
2000AGT15H31：925	熔炉/浇包	YXZ005	殷墟四期
2001AGT6H19：1	炉/浇包	YXZ006	殷墟三期
2001AGT7H23：2	熔炉/浇包	YXZ007	殷墟四期

---

① 中国社会科学院考古研究所安阳工作队. 2000～2001 年安阳孝民屯东南地殷代铸铜遗址发掘报告. 考古学报，2006（03）：351-384+427-434.

图 3-6　殷墟孝民屯东南地铸铜遗址出土冶铸遗物

（1. YXZ001　2. YXZ002　3. YXZ003　4. YXZ004　5. YXZ005　6. YXZ006　7. YXZ007）

3.2.2　形貌观察

经分析的 7 件冶铸遗物样品均为非均匀结构的烧结物，具有明显的分层现象，不同区域的形貌结构与组织成分差异明显，观察、分析结果见表 3-5。所有样品都可以观察到较为明显的分层现象，外侧为低温烧结区，内侧为炉渣区，其中 YXZ001、YXZ003、YXZ007 等三个样品在炉渣区另一侧还可见一层低温烧结区，疑为二次修补痕迹。这些样品的炉渣区玻璃化程度较高，铜、锡、铅等金属元素含量显著，可见有铜颗粒、氧化亚铜、铜锡共析体、二氧化锡晶体、铅颗粒、铅硅酸盐、橄榄石存在；外侧疏松多孔，主要成分为硅、铝、钾、钠、铁等，系较为典型的硅酸盐耐火材料，基本可以推断为冶金反应器皿（炼炉/坩埚）器壁。

表 3-5　殷墟孝民屯东南地铸铜遗址出土冶铸遗物形貌观察结果

样品编号	性状描述/显微观察	性质推测
YXZ001	原标本呈不规则块状，表面可见灰绿色、红褐色两层不同烧结。于一侧纵剖镶样，显微镜下观察可见分三层，其中中间红褐色夹层的玻璃化程度较高，外层灰绿色次之，推测该坩埚使用后经过二次修补。红褐色夹层中可见有纯铜颗粒，局部可见黑色针状锡石晶体以及灰色长条状橄榄石	坩埚/炉壁残块、挂渣
YXZ002	原标本分层明显，一侧玻璃化程度较高，表面可见红褐色烧结。于一侧纵剖镶样，显微镜下观察可见样品主体疏松、多孔，玻璃化区域多见铜氧化物颗粒（正交偏光视场下呈红色）	坩埚/炉壁残块、挂渣

续表

样品编号	性状描述/显微观察	性质推测
YXZ003	该标本肉眼可见有三层分层，中间夹层中有绿色锈蚀，推测是使用后经二次修补的坩埚或炉壁。于一侧纵剖镶样，显微镜下可见中间层玻璃化较为明显，可见有较多金属颗粒，并有较多铜、铁氧化物，在边缘部位可见细小的针状锡石	坩埚/炉壁残块、挂渣
YXZ004	原标本呈不规则块状，一侧表面可见红褐色、灰绿色烧结。于一侧纵剖镶样，显微镜下观察可见有三层分层，两个低温区中间夹着一层玻璃化区，但是玻璃化区非常薄，可能是在修补的过程中将附着的渣进行了剥离清理。玻璃化区内可见有少量纯铜颗粒	坩埚/炉壁残块、挂渣
YXZ005	原标本为不规则块状，表面有灰绿色烧结。沿一侧纵剖后可见有较大的铜颗粒，显微镜下可观察到分层现象，玻璃化区包裹有较多金属颗粒，样品两侧各有一个大的铜颗粒，其中一个铜颗粒中可见有偏析，（α+δ）共析体锈蚀，另一个铜颗粒为红铜亚共晶组织，纯铜颗粒旁有针状锡石，还可见有δ相，铜的氧化物呈簇状，可见铅颗粒	坩埚/炉壁残块、挂渣
YXZ006	原标本为不规则块状，有明显分层，一侧低温烧结区呈红色，另一侧为灰绿色烧结。于一侧纵剖镶样，显微镜下观察玻璃化区中可见有铜颗粒及铜的氧化物，有白色的金属相，可能是铜锡合金，锡含量应较高，另可见有黑色条状橄榄石	坩埚/炉壁残块、挂渣
YXZ007	原标本为不规则块状，基体烧结，含砂量较高。于一侧纵剖镶样，显微镜可观察到有两层低温烧结区，中间夹层为玻璃化区，应该是经修补二次使用的坩埚后炉壁残片，可见有δ相	坩埚/炉壁残块、挂渣

3.2.3 铅同位素比值分析

从表 3-6 可以看出，殷墟孝民屯东南地铸铜遗址出土的 7 件炉渣样品，$^{207}Pb/^{206}Pb$ 比值在 0.870～0.891，$^{208}Pb/^{206}Pb$ 比值在 2.154～2.168，$^{206}Pb/^{204}Pb$ 比值在 17.413～17.826，$^{207}Pb/^{204}Pb$ 比值在 15.503～15.532，$^{208}Pb/^{204}Pb$ 比值在 37.736～38.393。

表 3-6　殷墟孝民屯东南地铸铜遗址出土冶铸遗物铅同位素比值结果

样品编号	$^{207}Pb/^{206}Pb$	$^{208}Pb/^{206}Pb$	$^{206}Pb/^{204}Pb$	$^{207}Pb/^{204}Pb$	$^{208}Pb/^{204}Pb$
YXZ001	0.890	2.168	17.431	15.517	37.781
YXZ002	0.889	2.166	17.465	15.532	37.835
YXZ003	0.890	2.167	17.439	15.520	37.793
YXZ004	0.889	2.165	17.470	15.527	37.828
YXZ005	0.891	2.168	17.418	15.512	37.762
YXZ006	0.870	2.154	17.826	15.505	38.393
YXZ007	0.890	2.167	17.413	15.503	37.736

　　形貌观察和成分分析显示，孝民屯东南地铸铜遗址出土的 7 件炉渣有明显的分层，通常一侧为玻璃化区，另外一侧则保留了较为良好的低温烧结形态，其中 YXZ001、YXZ003、YXZ007 等三个样品在玻璃化区的两侧都可见一层低温烧结区，疑为使用后经二次修补。低温烧结区基体成分以硅、铝、钾、钙等为主，玻璃化区成分分析显示其铜、锡、铅等元素的含量很高。其中，铜主要以金属颗粒的形式存在，部分区域由于氧化性气氛较强，可观察到铜以氧化物的形式存在于玻璃相之中；锡主要以二氧化锡晶体的形式存在，部分与铜形成合金颗粒；铅大多以铅硅酸盐的形式存在于玻璃相之中。据此判断，这 7 件炉渣均属于较为典型的熔炼渣，其铸铜产品多为铅锡青铜。

　　铅同位素比值分析显示，孝民屯东南地铸铜遗址出土的 7 件炉渣样品所含的铅均为普通铅，其中属于殷墟四期的 6 件炉渣样品的铅同位素比值数据非常接近，而殷墟三期的 1 件炉渣（YX006）的铅同位素比值数据则分布较远，或许可表明孝民屯东南地铸铜遗址在殷墟三、四期使用了不同来源的金属矿料。

第4章
陕北青铜器的
技术特征

4.1 陕北青铜器的材质特征

元素成分分析显示，经检测的 184 件陕北出土的商代晚期至战国晚期铜器的材质包括铅锡青铜（114 件，占分析铜器总数的 62.0%）、锡青铜（37 件，占分析铜器总数的 20.1%）、红铜（14 件，占分析铜器总数的 7.6%）、砷铜（11 件，占分析铜器总数的 6.0%）、铅青铜（7 件，占分析铜器总数的 3.8%）以及银铜合金（1 件，占分析铜器总数的 0.5%）等 6 种。陕北青铜器的材质类型分布情况见图 4-1。

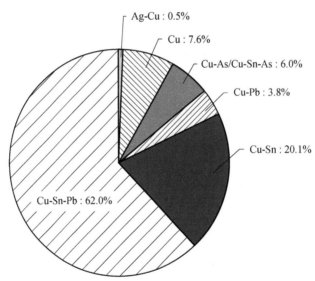

图 4-1 陕北青铜器材质类型分布图

4.1.1 材质与器物类型

本次分析的 184 件陕北出土青铜器中，有容器 6 件，刀、斧、锛、凿等工具类器物 137 件，兵器 13 件，车马器 6 件，装饰品 22 件。

经分析的容器类器物数量较少，且全部是典型的殷墟式青铜礼容器，材质类型也与殷墟青铜器常见的材质类型相符，包括锡青铜和铅锡青铜两种，以锡青铜为主，而且锡含量较高，其中锡青铜 4 件，铅锡青铜 2 件。

小件的工具、兵器、装饰品是陕北地区出土青铜器的大宗，也是本研究所分析青铜器中最主要的器物类型，其中尤以刀、斧、锛、凿等工具类器物数量最多，这些工具类器物在陕北各县市博物馆的收藏量较大。经分析的 137 件工具类器物，材质类型较为丰富，其中半数以上为铅锡青铜，各类材质的数量分别是铅锡青铜 78 件，锡青铜 30 件，红铜 14 件，砷铜 10 件，铅青铜 5 件。工具类器物在材质的选择和使用上显示出一定的随意性，材质的不同或许反映的是青铜器来源的不同以及青铜冶金技术水平的参差不齐。

经分析的 22 件装饰品大多为动物纹的牌饰、杆头饰以及小件的坠饰、带扣、带钩等，材质绝大多数是铅锡青铜，其中共有铅锡青铜 20 件，锡青铜 1 件，还有 1 件耳环为银铜合金。

经分析的 13 件兵器中，有铅锡青铜 8 件，锡青铜 2 件，铅青铜 2 件以及砷铜 1 件，仍以铅锡青铜为主要材质类型。

另外，经分析的 6 件车马器则全部为铅锡青铜。

4.1.2　材质与时代

本次分析的 184 件陕北出土青铜器中，有商代晚期青铜器 35 件，西周青铜器 37 件，东周青铜器 112 件。其中商代晚期铜器的材质主要是以锡、铅为主要合金元素的青铜合金和红铜，包括 16 件铅锡青铜、9 件锡青铜、5 件铅青铜和 5 件红铜。西周铜器中除了以锡、铅为主要合金元素的青铜合金以及红铜外，还有少量砷铜，其中包括 19 件铅锡青铜、11 件锡青铜、3 件红铜、3 件砷铜、1 件铅青铜。东周铜器的材质类型较丰富，其中铅锡青铜的比例最大，有 79 件，占 70.5%；锡青铜次之，有 17 件，占 15.2%；砷铜 8 件，占 7.1%；红铜 6 件，占 5.4%；另还有铅青铜和银铜合金各 1 件。

总体来看，铅锡青铜的材质在不同时代中均占有最大的比例，尤其在东周时期，铅锡青铜的比例最为显著。其次，锡青铜的材质在各个时代也占有重要的位置，仅次于铅锡青铜。此外，红铜和铅青铜在各个时代均有少量的发现，西周和东周青铜器中还有少量的砷铜。

4.1.3 合金成分与器物功用

青铜器的各项性能是由合金成分组成、成形及加工工艺等诸多因素共同决定的。其中合金元素的构成和比例直接影响着青铜合金的工艺性能，从而对青铜器的使用功能产生着重要影响。

从前文关于材质类型的总结来看，陕北青铜器中的合金元素主要是锡和铅，其中铜锡铅三元合金占大多数，铜锡二元合金次之，另有少量的铜铅二元合金。此外，陕北青铜器中的另一种重要合金元素是砷，经分析的西周和东周时期青铜器中均发现有铜砷二元合金或铜锡砷三元合金。

合金含量方面，本书分析的 6 件商代晚期青铜容器中有 4 件锡青铜和 2 件铅锡青铜，这些容器中的锡含量都比较高。其中经取样分析的尊、瓿、盘、觚等 4 件容器的锡含量在 9.6%～23.5%，铅含量在 0.4%～9.5%（图 4-2）。形制上，这 6 件青铜容器都是典型的殷墟式青铜器，年代大多集中在殷墟二期。目前，殷墟妇好墓[1]、殷墟西区[2]、郭家庄 160 号墓[3]、花园庄东地 54 号墓及 60 号墓[4]、刘家庄北 1046 号墓[5]等墓葬出土的青铜器均有元素成分数据发表。分析数据显示，安阳出土的殷墟二期铜容器材质主要有铜锡二元合金和铜锡铅三元合金两类，锡含量普遍较高，大多数器物的锡含量介于 15%～20%，甚至有"过度用锡"的现象，而铅含量多在 10%以下且变化幅度相对较大。由此可见，这 6 件陕北青铜容器与安阳出土的殷墟二期铜容器在合金成分比例上表现出较大的一致性，或许可以表明该批青铜器就是直接来自安阳。

本研究共对 32 件工具类器物进行了取样分析。属于商代晚期的有 10 件，这些器物的合金元素含量总体不高，与同时期青铜容器的高锡含量形成鲜明对比（图 4-3）。西周时期的工具类器物有 10 件，该批青铜器的合金元素含量与商代晚期同类器物相比有明显增加（图 4-4）。东周时期的工具类器物有 12 件，该批青铜器的合金元素总

① 中国社会科学院考古研究所实验室. 殷墟金属器物成分的测定报告（一）：妇好墓铜器测定. 考古学集刊，1982，2：181-193.

② 李敏生，黄素英，季连琪. 殷墟金属器物成分的测定报告（二）：殷墟西区铜器和铅器测定. 考古学集刊，1984，4：328-333；赵燕. 安阳殷墟出土青铜器的化学成分分析与研究. 考古学集刊，2004，15：243-268.

③ 季连琪. 河南安阳郭家庄 160 号墓出土铜器的成分分析研究. 考古，1997（02）：80-84+92.

④ 刘煜，何毓灵，徐广德. M54 及 M60 出土铜器的成分分析//中国社会科学院考古研究所. 安阳殷墟花园庄东地商代墓葬. 北京：科学出版社，2007.

⑤ 赵春燕，岳占伟，徐广德. 安阳殷墟刘家庄北 1046 号墓出土铜器的化学组成分析. 文物，2008（01）：92-94.

量比西周同类器物有所增加（图 4-5）。另外，西周和东周铜刀中共有 3 件铜砷二元合金，砷含量不高，在 2.2%～6.3%。

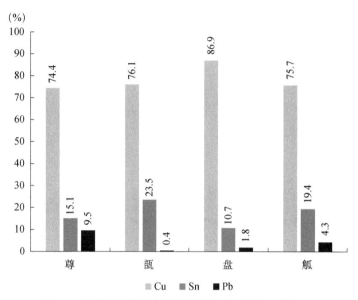

图 4-2　陕北出土殷墟式青铜容器合金元素含量直方图

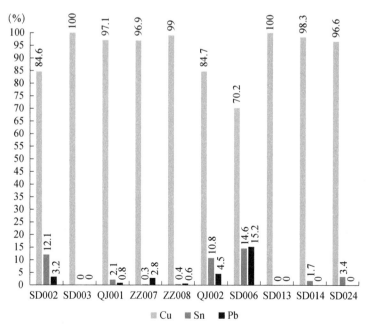

图 4-3　陕北出土商代晚期工具类器物样品合金元素含量直方图

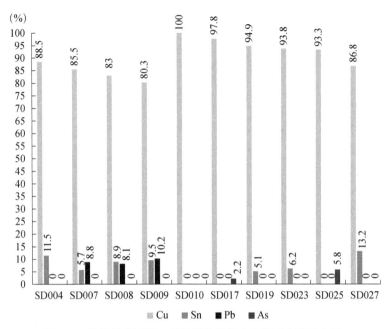

图 4-4　陕北出土西周工具类器物样品合金元素含量直方图

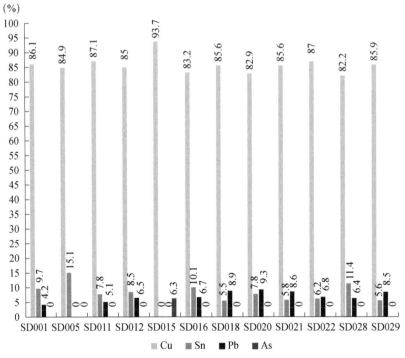

图 4-5　陕北出土东周工具类器物样品合金元素含量直方图

经取样分析的 3 件商代晚期兵器中，ZZ006 为锡青铜，含锡量仅为 3.4%；MZ001 和 ZZ009 为铅锡青铜，锡含量均在 5% 左右，ZZ009 含铅 4.7%，而 MZ001 的铅含量较高，达 18.9%。这三件兵器的锡含量均较低，其抗拉强度、硬度等机械性能应较差；MZ001 中高达 18.9% 的铅含量，不但使铸造时铜液的满流率下降，而且铅呈大尺寸的条块分布在晶界，对金属基体的割裂作用增大，从而造成青铜器的抗拉强度和抗冲击值下降。从合金配比来看，这几件兵器类器物作为实用器物的可能性不大。

从器型特征上看，MZ001 銎内钺是混合式青铜器。钺是典型的中原系青铜器类型，是殷墟中较为常见的砍杀兵器，但殷墟铜钺的内大多是平直的，且肩部有穿，需要将木柄绑缚于内上才能使用。而器物首端带銎孔是北方系青铜器的风格，可以将木柄穿插于銎中，比直接绑缚在直内上应该更加牢固。殷墟出土的钺不仅是一种用于砍杀的兵器，还是象征着军事统帅权与政治地位的仪仗器[①]，一般出土于贵族墓葬中，而且随葬铜钺的多少与大小往往是成正比的[②]。MZ001 的体形不大，但从合金成分上看该钺的强度和硬度都不宜用于砍杀，其被当作仪仗器的可能性较大。

ZZ009 卷刃三銎刀也是混合式青铜器。刀锋钩卷的卷头刀最早发现于盘龙城杨家湾 11 号墓，时代为二里岗上层晚段[③]，此后在西安老牛坡[④]，新干大洋洲[⑤]，淳化黑豆嘴[⑥]，殷墟侯家庄[⑦]、郭家庄[⑧]、戚家庄[⑨]都有出土，但这些卷头刀都是平直的长条形内，内上有穿，需将木柄绑缚于内上使用。刀背为管銎的卷头刀在殷墟则只见于西区的 M1713[⑩]，而在殷墟以外的石楼、绥德、子洲等地却都有发现。晋陕高原出土的这些卷刃三銎刀年代大体为殷墟三期，而西区 M1713 的时代为殷墟四期，所以有学者认为卷刃三銎刀是殷墟吸收北方风格青铜器的长处并加以改进的结果。总体上看，卷刃三銎刀是中原系青铜器中固有的直内长体卷头刀的形制与北方系青铜器中的管銎风格相结合的产物。这类铜刀在殷墟中的出土情况与钺相似，并不是一般的兵器，也

---

①　杨宝成. 殷墟文化研究. 武汉：武汉大学出版社，2002.

②　刘一曼. 论安阳殷墟墓葬青铜武器的组合. 考古，2002（03）：63-75+2.

③　湖北省文物考古研究所. 盘龙城：1963～1994 年考古发掘报告. 北京：文物出版社，2001.

④　保全. 西安老牛坡出土商代早期文物. 考古与文物，1981（02）：17-20.

⑤　江西省博物馆，江西省文物考古研究所，新干县博物馆. 新干商代大墓. 北京：文物出版社，1997.

⑥　姚生民. 陕西淳化县出土的商周青铜器. 考古与文物，1986（05）：12-22.

⑦　郭宝钧. 殷周的青铜武器. 考古，1961（02）：111-118.

⑧　杨锡璋，刘一曼. 安阳郭家庄 160 号墓. 考古，1991（05）：390-391+481.

⑨　安阳市文物工作队. 殷墟戚家庄东 269 号墓. 考古学报，1991（03）：325-352+395-404.

⑩　中国社会科学院考古研究所安阳工作队. 安阳殷墟西区一七一三号墓的发掘. 考古，1986（08）：703-712+725+ 771-772.

是一种"明贵贱，辨等列"的礼兵器。①本书分析的 ZZ009 的锡、铅元素含量均在 5%左右，作为实用兵器其强度和硬度都稍显不够，因此，它更应该是一件礼兵器。

铃首剑则是典型的北方系青铜器，在我国境内主要出土于晋陕高原地区，年代为商代晚期。同类型的短剑也见于米努辛斯克盆地。本书分析的 ZZ006 铃首剑，其剑首部位已残，但从残断痕迹可辨认首部应是一个镂空的铃首，铃首下有一半环形系，扁平剑柄饰斜方格纹，剑格呈一字形，三角形剑身，菱形脊。从 ZZ006 的合金成分上来看，其材质虽是锡青铜，但锡含量仅 3.4%，其合金配比与其功能并不匹配，或许该铃首剑的制作者获取锡料的难度较大，从而限制了锡金属的使用。目前，笔者没有其他铃首剑的元素成分数据可对比，也没有其他商代晚期北方系青铜兵器的元素成分数据可对比，因此不能确认这件铃首剑的低锡合金配比是孤例，还是北方系青铜兵器中的普遍现象。

总体来看，陕北地区出土的工具、兵器、车马器等小件的北方系青铜器在合金配比上与中原系的容器形成了鲜明的对比，北方系青铜器的材质类型多样，在合金元素的使用上似乎受到了较多的制约，合金元素含量总体不高，而且参差不齐。其中，工具类器物中锡铅元素总量似乎表现出随时代的演变而上升的趋势。

4.1.4 少量和微量元素

本研究使用 pXRF 对 184 件陕北青铜器进行成分分析，分析数据中显示有种类较多的少量或微量元素。主要包括砷、铁、铋、锑、锌、镍、金、银、钴等，其中砷、铁最为普遍，铋、锑、锌、镍次之，而其余微量元素大多是偶尔可见。pXRF 的检测下限可达 0.01 wt%，但由于被分析面易受到器物表面锈蚀或其他外界污染的影响，因此，这些微量元素是否是矿石中的组成部分而在冶炼过程中进入金属基体，应谨慎对待。

而经取样分析的 40 件青铜器的 SEM-EDS 数据显示，较为常见的杂质元素为硫元素。硫元素以硫化亚铜的形式存在，其在样品基体中的总含量大多低于 SEM-EDS 的检测下限，因此大多数青铜器样品的整体面扫中都未检测出硫元素。而在大倍数的视场下观察，经检测的 40 件青铜器中，普遍都含有硫化物夹杂，表明这些青铜器的原料普遍是含硫的矿物。这些硫化物在青铜器样品中有多种存在方式，或以小颗粒状弥散分布于晶界；或与铅颗粒伴存，有的会包裹于铅颗粒外围；或与共析体伴存；有

---

① 刘一曼. 殷墟青铜刀. 考古, 1993（02）: 150-166.

的硫化物还会呈簇状聚集。

另一种较常见的杂质元素是铁元素。青铜器中铁的来源包括铜矿、锡矿、铅矿、造渣助熔剂乃至坩埚等多种可能。[①]本书分析的青铜器中，铁元素大多存在于硫化物中，含量大多在 3%以下。但是部分商代晚期青铜器中的铁含量较高。其中，尊和瓿的样品基体都检测到有少量的铁，而尊的硫化物中铁元素含量很高，达 34.8%，而且 α 固溶体中也检测到含有少量铁。另外，SD003 样品中还可见灰黑色高铁相。铁含量较高，或许是因为其原料是富铁的低品位矿，抑或是在冶炼过程中添加铁矿石进行造渣而导致的。[②]

另外，在 QJ001 的硫化物中还发现有硒，而 ZZ009 的硫化物中也检测到少量的硒和砷，SD015 中则可见有含铋、锑的白色金属颗粒，这些都是来自矿石中的杂质元素。SD015 的材质为砷铜，其中铋、锑与含砷的矿物有关。

4.1.5　关于砷铜

本研究采用 pXRF 方法测得的数据中有普遍含砷的现象。将同一器物的 pXRF 数据和 SEM-EDS 数据进行比较，发现两种方法测得的砷含量数据绝对偏差大多在 2%以内。因此，谨慎起见，本研究在使用 pXRF 数据判定青铜器材质时，将 4%为砷合金元素的下限。按此标准，本研究中分析的 184 件陕北出土青铜器，应有 11 件铜器的材质属于砷铜。这 11 件砷铜器物的时代为西周至东周时期，包括 10 件工具类器物和 1 件兵器。其中属于西周时期的铜器为 3 件铜刀；属于东周时期的 8 件铜器中，包括 3 件斧、3 件凿、1 件刀以及 1 件镞。此外，另有 9 件铜器经 pXRF 检测砷含量超过 2%而低于 4%，虽因 pXRF 检测数据中合金元素含量存在偏高于实际值的误差而未将这些铜器材质定性为砷铜，但也应引起注意。

经 pXRF 检测，材质定性为砷铜的 11 件器物中的砷含量都低于 10%，大多在 4%～8%，若考虑到 pXRF 方法所存在的误差，这些器物的砷含量或许还应稍低。经 SEM-EDS 分析的 3 件铜刀中，SD017 刃部样品为铜砷二元合金，砷含量为 2.2%，未见其他杂质元素和夹杂物；金相组织显示该铜刀刃部经过了锻打加工。有研究认为，砷铜经过热锻加工，砷含量会有所下降[③]，由此推断该铜刀未加工前砷含量或许应高

① Gettens R J. The Freer Chinese Bronzes. Volume Ⅱ: Technical Studies. Washington: Smithsonian Institution, 1969.
② Craddock P T, Meeks N D. Iron in ancient copper. Archaeometry, 1987, 29（2）: 187-204.
③ McKerrell H, Tylecote R F. The working of copper-arsenic alloys in the Early Bronze Age and the effect on the determination of provenance. Proceedings of the Prehistoric Society, 1972, 38: 209-218.

于目前的测量值。SD025 柄身交接处样品为铜砷二元合金，含砷 5.8%，整体面扫还可见有 0.9%的硫；金相组织显示为典型的铸造组织，可见有较多灰白色的高砷 γ 相（含铜 68.4%，含砷 31.6%），含铁的硫化亚铜夹杂物较多，且呈簇状聚集。SD015 刃部样品为铜砷二元合金，砷含量为 6.3%；金相组织显示为铸后经过冷加工处理，枝晶偏析仍可见，枝晶呈方向性排列变形，晶内有较多滑移带，在析出相中可见有灰白色富铋含锑颗粒。

砷铜具有良好的加工性能，加工硬化是砷铜的特性之一，其机械性能并不逊色于锡青铜，这或许是在一定的矿料条件下选择砷铜来制作锋刃器物的原因之一。砷在铜中的最大固溶度约为 8%，而且砷在铜中的固溶度不会随着温度的变化而显著变化，如此砷含量≤8%的砷铜铸件便能够保持一个稳定的 α 相并且具有良好的韧性和延展性，可以在一个较大的温度范围内进行反复加工[1]，而 2%～6%的砷含量对于加工性能来说是最理想的成分范围[2]。本书中所检测的砷铜器物的元素成分大多在这一范围内，而 3 件经取样分析砷铜刀，除 SD025 柄身交接处的样品为典型铸造组织外，其余 2 件铜刀刃部样品都显示经过了冷加工。由此表明，这些砷铜器物的制作者或许对砷铜加工性能的特点有一定的了解。

11 件砷铜器物经 pXRF 检测普遍含有铁、锑、铋、锌、镍等杂质元素；其中经 SEM-EDS 分析的 3 件铜刀中，SD017 样品中未见有夹杂物和杂质元素存在；SD025 样品中夹杂有较多含铁硫化物，且硫化物呈聚集状态；SD015 样品中则有铋、锑等杂质元素存在。普遍含有杂质元素以及硫化物的存在，说明这些砷铜器物可能是使用了含砷的硫化铜矿进行冶炼而得。

砷铜是人类历史上使用的第一种铜合金[3]，在早期冶金技术的发展中占据着非常重要的地位。由最开始冶炼含砷矿物无意识炼得砷铜[4]，到对砷铜的性能有所了解从而开始进行有意识的合金化生产，最后被锡青铜取代，这一历史过程持续了 2000 多年的时间。迄今发现最早的砷铜器物出土于伊朗，年代为公元前 5 千纪后期至公元前

① Charles J A. Early arsenical bronzes: a metallurgical view. American Journal of Archaeology, 1967, 71（1）: 21-26.

② Budd P, Ottaway B S. The properties of arsenical copper alloys: implications for the development of eneolithic metallurgy//Budd P, et al. Archaeological Sciences 1989. Oxford: Oxbow Books, 1991.

③ 潜伟，孙淑云，韩汝玢. 古代砷铜研究综述. 文物保护与考古科学，2000（02）: 43-50.

④ Charles J A. The coming of copper and copper-base alloys and iron: a metallurgic sequence//Wertime T A, Muhly J D. The Coming of the Age of Iron. New Haven: Yale University Press, 1980.

4 千纪早期。[①]至公元前 4 千纪中叶，在安纳托利亚、高加索地区都已开始使用砷铜。[②]随着欧亚大陆西部地区的冶金文化区不断向北向东扩张，在公元前 3 千纪的欧亚大陆上，砷铜制品占据着主导地位，虽然在这一时期已经出现了锡青铜，但直至公元前 2 千纪晚期南西伯利亚地区的卡拉苏克文化中还在大量使用砷铜制品。[③]

我国的砷铜器物主要出土于新疆东部地区和甘青地区。新疆东部哈密地区的五堡、天山北路、南湾、焉不拉克及黑沟梁等遗址[④]，河西走廊地区的民乐东灰山、酒泉干骨崖、玉门火烧沟等四坝文化遗址[⑤]，青海同德宗日、贵南尕马台以及甘肃临潭磨沟等齐家文化遗址[⑥]中均发现有砷铜器物。这些遗址的年代可从公元前 2 千纪初期持续至公元前 1 千纪中叶，在我国早期冶金发展中占据着重要地位，因此有学者认为这一地区确实存在一个砷铜使用的阶段。[⑦]

与青铜时代早期的新疆东部及甘青地区大量使用砷铜的现象形成鲜明对比的是，我国其他地区则鲜有砷铜器物发现。随着研究的深入，虽然在陶寺遗址、新砦遗址、二里头遗址、朱开沟遗址、垣曲商城、汉中城洋地区、内蒙古赤峰大山前和三座店夏家店下层文化遗址、内蒙古林西井沟子西区墓地等遗址[⑧]中也有零星的砷铜器物发

① Muhly J D. The beginning of metallurgy in the Old World//Maddin R. The Beginning of the Use of Metals and Alloys. Cambridge：The MIT Press，1988.

② Thornton C P. The rise of arsenical copper in southeastern Iran. Iranica Antiqua，2010，45：31-50.

③ Chernykh E N. Ancient Metallurgy in the USSR：The Early Metal Age. Wright S（trans）. Cambridge：Cambridge University Press，1992.

④ Mei J. Copper and Bronze Metallurgy in Late Prehistoric Xinjiang：Its Cultural Context and Relationship with Neighbouring Regions. Oxford：Archaeopress，2000；潜伟，孙淑云，韩汝玢，等. 新疆哈密天山北路墓地出土铜器的初步研究. 文物，2001（06）：79-89+1；潜伟. 新疆哈密及其邻近地区史前时期铜器的检验与分析. 广西民族学院学报（自然科学版），2004（02）：21-27.

⑤ 孙淑云. 东灰山遗址四坝文化铜器的鉴定及研究//甘肃省文物考古研究所，吉林大学北方考古研究室. 民乐东灰山考古：四坝文化墓地的揭示与研究. 北京：科学出版社，1998；孙淑云，韩汝玢. 甘肃早期铜器的发现与冶炼、制造技术的研究. 文物，1997（07）：75-84；孙淑云，潜伟，王辉. 火烧沟四坝文化铜器成分分析及制作技术的研究. 文物，2003（08）：86-96+1.

⑥ 徐建炜，梅建军，格桑本，等. 青海同德宗日遗址出土铜器的初步科学分析. 西域研究，2010（02）：31-37+122；徐建炜，梅建军，孙淑云，等. 青海贵南尕马台墓地出土铜器的初步科学分析. 文物科技研究，2010，7：1-8；徐建炜. 甘青地区新获早期铜器及冶铜遗物的分析研究. 北京：北京科技大学，2010.

⑦ 潜伟. 新疆哈密地区史前时期铜器及其与邻近地区文化的关系. 北京：知识产权出版社，2006.

⑧ 梅建军. 中国早期冶金术研究的新进展. 科技考古，2011，3：135-154；刘煜，刘建宇，赵春青. 河南新密新砦遗址出土铜器分析. 南方文物，2016（04）：108-114；金正耀. 二里头青铜器的自然科学研究与夏文明探索. 文物，2000（01）：56-64+69；李秀辉，韩汝玢. 朱开沟遗址早商铜器的成分及金相分析. 文物，1996（08）：84-93；李秀辉，韩汝玢. 朱开沟遗址出土铜器的金相学研究//内蒙古自治区文物考古研究所. 朱开沟：青铜时代早期遗址发掘报告. 北京：文物出版社，2000；崔剑锋，吴小红，佟伟华，等. 山西垣曲商城出土部分铜器的科学研究. 考古与文物，2009（06）：86-90；陈坤龙. 陕西汉中出土商代铜器的科学分析与制作技术研究. 北京：北京科技大学，2009；贾海新. 夏家店下层文化药王庙类型的铜器初步研究. 北京：北京科技大学，2001；王永乐. 夏家店下层文化铜器的科学研究. 北京：北京科技大学，2012；李延祥，李丽辉. 井沟子西区墓地青铜器初步研究//内蒙古自治区文物考古研究所，吉林大学边疆考古研究中心. 林西井沟子：晚期青铜时代墓地的发掘与综合研究. 北京：科学出版社，2010.

现，而且在东下冯遗址、垣曲商城、林西大井铜矿等遗址①中还发现有冶炼砷铜的活动存在，但是这些零星的发现还不能构成我国中原及北方地区存在明确的砷铜使用阶段的认识。

从本书的分析及前人的研究成果来看，包括晋陕高原、内蒙古中南部、冀北以及辽西在内的我国北方地区，出土铜器的材质基本上仍是以铅锡青铜和锡青铜为主，与我国中原地区的青铜合金配制体系是一致的。而早期欧亚草原青铜文明则曾经历了一个时间较长的使用砷铜的阶段②，与我国北方相邻的蒙古和南西伯利亚地区出土的青铜器也多为砷铜或含砷的铅锡青铜③，可见砷铜是欧亚草原及南西伯利亚地区青铜时代的一个明确可识别的区域性技术特征。实际上，在以晋陕高原和内蒙古中南部地区为核心的我国北方地区也有砷铜器物出土。除了本研究发现的 11 件西周和东周时期的刀、斧、凿、镞等砷铜器物以外，在日本东京国立博物馆收藏的我国北方系青铜器中也发现有部分春秋战国至西汉时期的铜刀、马衔、动物纹牌饰、铜鍑等器物为砷铜，砷含量在 2%～6%④；另外，晋西北的石楼、柳林等地出土的商代晚期北方系青铜器中也见有 3 件砷铜器物，分别是石楼出土的双翼有铤镞（砷含量为 6.01%）、柳林高红出土的头盔（砷含量为 4.27%）以及离石公安局收缴的一件三銎刀（砷含量为 2.19%）。这些砷铜器物几乎全部都是工具、武器、装饰品等小件的北方系青铜器，与南西伯利亚及欧亚草原地区的青铜器在文化因素方面有较多共性，甚至在类型特征上还有与之相似或相同的器物。如此看来，似乎可以为我国北方地区出土的这些砷铜器物的来源提出一种可能的判断，即这些砷铜器物可能不仅在形制、装饰风格等方面吸纳了欧亚草原青铜文明的文化因素，而且在冶金技术上也受到了欧亚草原地区砷铜冶金技术传统的强烈影响，有些器物甚至可能直接来自北方的南西伯利亚及欧亚草原地区。

然而，对于器物的具体来源问题仍然要谨慎对待。虽然我们并不能排除有些与欧亚草原地区青铜器风格相同的砷铜器物确实是从南西伯利亚地区传入的，但是我们也

---

① 李建西. 晋南早期铜矿冶遗址考察研究. 北京：北京科技大学，2011；梁宏刚，李延祥，孙淑云，等. 垣曲商城出土含砷渣块研究. 有色金属，2005（04）：127-130；李延祥，朱延平，贾海新，等. 辽西地区早期冶铜技术. 广西民族学院学报（自然科学版），2004（02）：11-20.

② 切尔内赫，库兹明内赫. 欧亚人陆北部的古代冶金：塞伊玛一图尔宾诺现象. 王博，李明华，译. 北京：中华书局，2010.

③ Chase W T，Douglas J G. Technical studies and metal compositional analyses of bronzes of the eastern Eurasian steppes from the Arthur M. Sackler collections//Bunker E C. Ancient Bronzes of the Eastern Eurasian Steppes: from the Arthur M. Sackler Collections. New York：The Arthur M. Sackler Foundation，1997.

④ 平尾良光. 古代东アジア青铜の流通. 东京：鹤山堂，2001.

可以确认有些砷铜器物一定是在我国北方本地制作的。比如晋陕高原所特有的铜器三銎刀，目前经检测的有 5 件，其中 4 件为铅锡青铜，1 件为砷铜，像这类未见于欧亚草原地区的砷铜器物则应该是在我国北方本地铸造的。目前虽然还没有直接的证据可以证明晋陕高原地区存在冶炼和制作砷铜的活动，但也不能排除这种可能性。从晋陕高原周边地区的矿冶遗迹遗物研究来看，山西省南部的中条山地区、内蒙古林西大井铜矿都可证实有冶炼砷铜的生产活动。此前有学者认为我国中原地区有冶炼砷铜的活动存在，但却没有大量砷铜器物的发现，或许是由于合金化技术与西方存在差异，我国青铜时代可能存在冶炼砷铜原料的阶段，但砷铜作为配制锡青铜的原料在重熔过程中使得砷氧化挥发，以致器物中砷含量变得很低而无法观察到大量砷铜制品的存在。[①]但有研究发现，在大井古铜矿周邻地区出土的夏家店上层文化铜器中有数量较多的砷铜或以砷作为合金元素之一的多元青铜合金制品，这些砷铜器物全部是铜刀和铜扣等小件的北方系青铜器，而且铅同位素比值分析显示，矿料来源主要是大井古铜矿区。[②]这一研究表明，在我国北方地区存在有意识地冶炼砷铜和制作砷铜器物的冶金生产活动。如果本地可以冶炼和制作砷铜，那么需要进一步探讨的是其砷铜矿料来源于何处，因为在陕北及内蒙古中南部地区始终未发现有可资利用的古铜矿。

　　本书中的砷铜器物基本是小件的工具、兵器类器物。子洲出土的 6 件殷墟式青铜容器的检测数据中几乎没有砷，即便是在表面锈蚀较重的觚和盘的分析数据中也未见有砷。同样的数据现象，在曹大志以晋西北地区出土商代晚期青铜器为主要研究对象的博士论文中也有提及。曹文对 87 件殷墟式青铜器和 97 件北方系青铜器进行了元素成分分析，其中绝大多数殷墟式青铜器不含砷，即便检测到砷元素，也大多含量不足 0.1%；相比而言，北方系青铜器中则普遍含有砷，且含量大多高于 0.5%。[③]这是一个非常值得重视的数据现象。这个数据现象或许代表了部分商代晚期的北方系青铜器可能使用了与殷墟式青铜器不同的含砷的金属矿料。然而，北方系青铜器的矿料来源是复杂的。从铅同位素比值的分析来看，有很多商代晚期的北方系青铜器所含的铅为高放射性成因铅，与殷墟出土青铜器的铅同位素比值特征十分相似。而前文中提到的晋西北出土的一件三銎刀和一件镞，材质均为砷铜，但所含铅却都是高放射性成因铅。由此看来，晋陕高原地区在商代晚期受到了中原和欧亚草原地区的双重而深刻的影

①　崔剑锋，吴小红，佟伟华，等. 山西垣曲商城出土部分铜器的科学研究. 考古与文物，2009（06）：86-90.
②　杨菊. 赤峰地区青铜时代晚期铜器的科学分析研究. 北京：北京科技大学，2015.
③　Cao D . The Loess Highland in a Trading Network（1300-1050 BC）. Princeton：Princeton University，2014.

响，这种影响不仅体现在青铜器成品的流通与交换上，也体现在晋陕高原地区在有青铜冶铸的需求和能力但却资源匮乏的情况下，与南北双方在矿料资源上的交流。而在这样的交流机制中，不同的文化因素相互碰撞融合，新的区域性文化特征逐渐生成。

从目前的发现来看，晋陕高原出土的砷铜器物主要集中于春秋战国时期，商代晚期及西周时期的砷铜器物都较少。而欧亚草原地区在公元前 3 千纪至公元前 2 千纪的长时间里都在大量使用砷铜，晋陕高原砷铜器物集中出现的时间相比欧亚草原的砷铜时代有明显的滞后。因此，青铜时代早期我国北方地区与欧亚草原地区的文化交流方式与机制是一个令人费解的问题。而目前的一些现象是在思考这个问题时所不容忽视的，在陶寺、二里头等中原地区青铜时代遗址中都曾有少量的砷铜器物发现，在陕北地区的石峁遗址中也曾出土砷铜器物①，这些中原及北方遗址的考古学文化年代与我国西北地区大量使用砷铜的齐家文化、四坝文化的年代相当。其中是否存在砷铜冶炼技术的传播，还需进行更加深入细致的研究。

4.2 陕北青铜器的工艺特征

4.2.1 成形及加工工艺

本研究共对陕北地区出土的 32 件商代晚期至战国晚期的青铜工具进行金相组织观察，其中包括 8 件斧、6 件锛、3 件凿、15 件刀。斧、锛、凿是木工工具②，刀都是日常生产生活中所使用的小削刀。从外观上观察，这些器物的刃口都有使用痕迹，应该都属于实用器物。由于受器物保存状况影响，本研究在取样过程中无法做到每一件工具类器物的器身和刃部都分别取样。

斧、锛、凿等工具的样品大多取自銎口或器身穿孔处，仅有一件刃部样品。金相组织观察显示，銎口与器身穿孔处的样品大多为铸造或铸后受热组织，部分为局部热锻或热锻冷加工组织，唯一的一件刃部样品为热锻冷加工组织（表4-1）。值得注意的是，銎口和器身穿孔处的铸后受热组织比例显著。这是因为，斧、锛、凿在使用时需

---

① 陈坤龙，杨帆，梅建军，等. 陕西神木市石峁遗址出土铜器的科学分析及相关问题. 考古，2022（07）：58-70+2.

② 白云翔. 殷代西周是否大量使用青铜农具的考古学观察. 农业考古，1985（01）：70-82.

要将木柄安装于銎口之中，古代工匠利用热胀冷缩的原理对銎部进行一定程度的加热后再将木柄装入，从而使得冷却后的金属器身与木柄能够牢固结合，所以这些工具銎口部位的金相组织会呈现出铸后受热而且受热温度不高的现象。在对銎部加热后进行装柄的过程中，一些锻打修整的行为则会使得銎口部位的金相组织呈现出局部热锻后冷加工的现象。另外，本书分析的 17 件木工工具的合金含量普遍不高，其中有 4 件为红铜，1 件含锡为 2.1% 的锡青铜以及 1 件含铅 2.8% 的铅青铜。这样的材质硬度较低，势必会影响其使用性能。从 SD003 刃部样品的金相观察来看，该器物刃部在铸后经过了热锻、冷加工处理，这种有意识的加工行为不但使得该器物的刃部最终成形，同时也对刃部产生了加工硬化的效果，从而弥补了其材质在硬度上的不足。

表 4-1　斧锛凿等工具类器物的取样部位与金相组织　　　　　（单位：件）

取样部位	铸造	铸后受热	局部热锻	热锻冷加工
銎口	5	5	2	1
器身穿孔处		2		1
刃部				1
合计	5	7	2	3

铜刀的金相组织也比较复杂，包括铸造、铸后冷加工、铸后受热并冷加工以及铸后热锻并冷加工等多种。不同的显微组织形态与取样部位的不同表现出较高的关联性（表 4-2）。15 件铜刀样品中，3 件取自刀首，1 件取自刀柄，2 件取自柄身交接处，9 件取自刃部。显微组织形态显示为典型铸造组织的有 3 件，分别为刀首、刀柄以及柄身交接处样品；也有部分刀首和柄身交接处样品显示为在铸造成形后经过冷加工处理以及铸后受热又经冷加工的组织，但滑移带仅在样品边缘部位存在，且加工量不大，应是器物在使用过程中局部修整或戗磨的痕迹。而取自刃部或尖锋部的 9 件样品均显示为在铸后经过了冷加工或热锻冷加工处理。由此可见，该批铜刀在铸造成形后，锋刃部位普遍进行了锻打加工。

表 4-2　绥德县博物馆馆藏铜刀的取样部位与金相组织　　　　　（单位：件）

取样部位	铸造	铸后受热及冷加工	铸后冷加工	铸后热锻冷加工
刀首	1	1	1	
刀柄	1			
柄身交接处	1		1	

续表

取样部位	铸造	铸后受热及冷加工	铸后冷加工	铸后热锻冷加工
刀刃			2	7
合计	3	1	4	7

4.2.2 镀锡工艺

镀锡是古代青铜器重要的表面装饰工艺之一，镀锡后的青铜器因表面富锡而呈现出银白色光泽，既满足了审美需求，又能起到一定的防腐蚀作用。从目前的考古发现来看，我国的镀锡青铜器大量出现于春秋至西汉时期，主要集中分布在北方草原地区、巴蜀地区以及古滇地区等三大区域。其中尤以北方草原地区发现的最多，在内蒙古凉城，甘肃庆阳、天水，宁夏固原等地区的墓葬遗址中均有出土[1]，是我国北方系青铜器中的一种重要特征器物。

目前，关于青铜器表面镀锡工艺的科学研究已开展较多。自20世纪60年代始，国外学者便开始关注古代青铜器表面的富锡现象。米克斯（Meeks）曾对镀锡工艺做了较为全面的综合研究[2]，金尼斯（Kinnes）[3]、泰勒科特（Tylecote）[4]等学者都发表了关于古代镀锡青铜器的文章。近年来，国内学者也发表了较多有关镀锡青铜器的研究成果。其中，对内蒙古、宁夏、甘肃等地出土的镀锡青铜的科学分析发现[5]，北方草原地区的青铜器表面镀锡全部采用了热镀锡工艺。巴蜀地区[6]和古滇地区[7]出土的

① 田广金，郭素新. 鄂尔多斯式青铜器. 北京：文物出版社，1986；刘得祯，许俊臣. 甘肃庆阳春秋战国墓葬的清理. 考古，1988（05）：413-424+484；早期秦文化联合考古队，张家川回族自治县博物馆. 张家川马家塬战国墓地2008～2009年发掘简报. 文物，2010（10）：4-26+1；罗丰，韩孔乐. 宁夏固原近年发现的北方系青铜器. 考古，1990（05）：403-418+484-486.

② Meeks N D. Tin-rich surfaces on bronze-some experimental and archaeological considerations. Archaeometry，1986，28（2）：133-162.

③ Kinnes I A，Craddock P T，Needham S，et al. Tin-plating in the Early Bronze Age: the Barton Stacey Axe. Antiquity，1979，53（208）：141-143.

④ Tylecote R F. The apparent tinning of bronze axes and other artifacts. Journal of the Historical Metallurgy Society，1985，19（2）：169-175.

⑤ 韩汝玢，邦克. 表面富锡的鄂尔多斯青铜饰品的研究. 文物，1993（09）：80-96；孙淑云. 宁夏固原春秋战国时期两件青铜饰物表面镀锡层的SEM-EDS分析与研究. 文物科技研究，2007，5：11-17；马清林，苏伯民，胡之德，等. 春秋时期镀锡青铜器镀层结构和耐腐蚀机理研究. 兰州大学学报（自然科学版），1999（04）：67-72；邵安定，梅建军，陈坤龙，等. 张家川马家塬战国墓地出土金属饰件的初步分析. 文物，2010（10）：88-96+1.

⑥ 姚智辉. 晚期巴蜀青铜器技术研究及兵器斑纹工艺探讨. 北京：科学出版社，2006.

⑦ 李晓岑，韩汝玢，蒋志龙. 云南晋宁石寨山出土金属器的分析和研究. 文物，2004（11）：75-85；崔剑锋，吴小红，李昆声，等. 古滇国青铜器表面镀锡和鎏金银技术的分析. 古代文明，2005，4：339-352.

镀锡青铜器的科学分析发现，这些青铜器的镀锡方法也是热镀锡。有学者曾对这三个区域的镀锡青铜器进行了综合对比研究，发现三个地区的镀锡工艺虽均为热镀锡，但在器物类型和操作工艺方面仍具有一定差异。北方草原地区的镀锡青铜器采用了整体镀锡的工艺，而古代巴蜀地区的青铜兵器上的斑纹则是局部镀锡而成。北方草原地区和巴蜀地区的镀锡青铜器在热镀锡后都经过一定温度下的退火处理，古滇地区则未进行镀锡后的热处理或处理时间、温度未达到退火的要求。另外，研究者还根据镀锡青铜器出现及兴盛的时间顺序提出镀锡技术很可能是从北方向西南传播的。[①]该研究对于从科学分析的角度探讨我国青铜器表面镀锡技术的发展与传播具有重要的指导意义。另外，有学者认为我国战国时期即采用了锡汞齐的镀锡方法[②]，进而引起了争论[③]。马清林等认为锡汞齐实际上与一般概念的热镀锡一样，使用锡汞齐镀锡使得锡更容易涂抹和扩散，但比一般热镀锡需要更高的加热温度和更长的时间，经过加热后锡汞齐中的汞含量已降得很低，加之埋藏过程中汞的流失，因此在对镀锡青铜器检测时不易测出汞元素，另外，我国春秋晚期已出现金汞齐鎏金技术，而锡汞齐的制作较金汞齐要简单，因此马清林等认为不能排除古代青铜器曾经使用锡汞齐镀锡的可能性。[④]

陕北地区是北方系青铜器的主要出土区域，但在历年来的青铜器出土简报中较少见到有镀锡青铜器的报道。目前，关于陕北地区出土的镀锡青铜器，仅见黄陵寨头河战国墓地出土的1件铜镯经分析是表面经过了热镀锡处理。[⑤]本研究在对陕北各县市博物馆收藏青铜器进行无损成分分析过程中，发现神木市博物馆的部分青铜带扣、管状饰、牌饰等小件装饰品的表面颜色亮白，经pXRF检测其表面锡含量大多在30%左右，有的甚至超过了40%。然而，青铜器表面富锡层的形成有人为镀锡、锡汗、高锡青铜在埋藏过程中的选择性腐蚀等三个来源[⑥]，因此，不能单凭肉眼观察青铜器表面的颜色是否亮白或检测其表面是否富锡，来确认是否经过了镀锡加工。本书所检测的

① 孙淑云，李晓岑，姚智辉，等. 中国青铜器表面镀锡技术研究. 文物保护与考古科学，2008, 20（S1）: 41-52.

② Kossolapov A, Twilley J. A decorated Chinese dagger: evidence for ancient amalgam tinning. Studies in Conservation, 1994, 39（4）: 257-264.

③ Anheuser K. Amalgam Tinning of Chinese Bronze Antiquities. Archaeometry, 2000, 42（1）: 189-200.

④ 马清林，斯科特. 甘肃灵台白草坡西周早期青铜戈镀锡技术研究. 文物，2014（04）: 85-96.

⑤ 郭美玲. 陕西黄陵寨头河战国墓地出土金属器的科学分析与制作技术研究. 北京: 北京科技大学，2013.

⑥ Meeks N D. Tin-rich surfaces on bronze-some experimental and archaeological considerations. Archaeometry, 1986, 28（2）: 133-162.

子洲出土的尊、瓺、卣表面即呈现亮白色光泽，但这是由于这些容器基体中锡含量整体较高。如果是经过镀锡处理的话，镀层与器物基体间会有明显分层，在颜色上会有从暗淡、无光泽、深灰色至银白色金属光泽的过渡，而且镀层与基体间会有 ε 相或 η 相等金属间化合物存在。本研究并未对神木市博物馆收藏的这些小件装饰品进行取样，虽没有直接证据证明这些装饰品表面经过了镀锡加工，但与其形制相同的表面经镀锡处理的小件装饰品在内蒙古毛庆沟遗址和宁夏固原均有出土，因此，不能排除神木市博物馆收藏的这些表面颜色发白且富锡的装饰品经过了镀锡加工的可能性。

　　如前所述，由目前的考古发现来看，镀锡青铜器主要出土于内蒙古中南部、宁夏、甘肃、四川、云南等地；而且在流行的年代上，内蒙古中南部、宁夏、甘肃地区出土镀锡青铜器的时代主要集中在公元前 7～前 4 世纪的春秋早期至战国中期，四川盆地及峡江流域镀锡青铜器的年代则集中于公元前 4～前 3 世纪的战国中晚期，而云南地区镀锡青铜器的年代集中在公元前 3～前 1 世纪的战国晚期至西汉时期。[1]这种地域分布的特点以及在流行年代上由北往南所存在的递进关系，并不是偶然的，而是与区域内及区域之间的文化交流与互动有着内在的联系。童恩正先生曾指出在我国东北至西南一线，传统中原地区的外围边缘存在一个"边地半月形文化传播带"。这一半月形地带东起大兴安岭南段，北以长城为界，西抵河湟地区再折向南方，沿青藏高原东部直达云南西北部，在这个范围内不仅生态环境上呈现出很多相似之处，而且自新石器时代晚期至青铜时代的文化面貌上也有较多共性因素。[2]而镀锡青铜器的出现与传播范围与半月形文化传播带的范围是相契合的。半月形文化传播带内的游牧民族或半农半牧民族与中原地区的农业民族之间在经济类型、生活习俗以及宗教信仰等方面的差异和矛盾，造就了二者之间在文化上的相对独立性。而在文化的交流过程中，中原文化始终处在一个相对强势的地位。虽然在二里头晚期北方系青铜器即已对二里头文化的青铜器产生了影响，而且这种影响在殷墟时期达到了一个高峰，并且二者之间的交流与融合在后世也一直延续，但是文化的独立性决定了这种融合是有限的。青铜器表面镀锡工艺或许便是在这种文化交流和融合中没有被中原文化大规模接纳和吸收的文化因素。

---

① 孙淑云，李晓岑，姚智辉，等. 中国青铜器表面镀锡技术研究. 文物保护与考古科学，2008，20（S1）：41-52.

② 童恩正. 试论我国从东北至西南的边地半月形文化传播带//文物出版社编辑部. 文物与考古论集. 北京：文物出版社，1986.

　　从对陕北榆林地区各县市博物馆馆藏青铜器的调查来看，仅在与鄂尔多斯接壤的神木市博物馆中发现有部分春秋战国时期的北方系青铜饰品表面进行了镀锡装饰，而在其南面的绥德、清涧、米脂、子洲等地的博物馆中则未见有镀锡青铜器。神木境内的纳林高兔、李家畔等春秋战国时期的遗存在整体面貌上与鄂尔多斯地区北方系青铜文化是一致的，而地理位置靠南的横山、清涧等地的东周遗存则显示出更多地受到了中原晋文化的影响。近年来在延安黄陵寨头河发掘的战国墓地中曾出土有一件镀锡青铜手镯，该墓地虽在地理位置上更靠近中原文化的分布范围，并受到了三晋文化的强烈影响，但其文化的主体面貌属于西戎文化，其中铲足鬲和各种形式的陶罐与甘肃毛家坪 B 组遗存、马家塬战国戎人墓地出土的同类器物非常接近，而马家塬战国墓地中曾出土有较多镀锡青铜车饰，可见寨头河的镀锡铜器应是受到了西戎文化的影响。从中似乎可以看出，镀锡青铜器作为我国北方及西北地区青铜文化的一个鲜明的地域性特征，其在北方地区的分布范围并未超出其主体文化的分布区域。由于种种原因，镀锡工艺在中原地区没有被大量应用于青铜器表面的装饰，而是绕过了中原地区沿着边地半月形文化带向西南地区传播。

第5章
殷墟与陕北青铜器的
铅同位素组成特征

5.1　殷墟青铜器的铅同位素组成特征

安阳殷墟作为我国商代青铜文明的核心区域，该地区出土青铜器的矿料来源问题是我国商代晚期青铜器矿料来源研究的中心论题。研究陕北地区商代晚期青铜器的矿料来源问题是无法绕开殷墟的，本研究采集了部分殷墟出土的青铜器和冶铸遗物样品，试图通过铅同位素比值的分析，探索陕北地区与殷墟在矿料来源上的联系。

先前，金正耀等学者曾分析过 178 件殷墟出土青铜器的铅同位素比值，其中包括殷墟一期铜器 18 件，殷墟二期铜器 64 件，殷墟三期铜器 60 件，殷墟四期铜器 34 件，另有 2 件分期不明的铜卣。[①]这些铜器中绝大部分是容器，仅有少量的兵器、工具、车马器。该文以 $^{207}Pb/^{206}Pb$ 的比值 0.82 为界来区分高放射性成因铅和普通铅。但是该文并未发表具体数据，仅有初步的数量统计和各期铜器的 $^{207}Pb/^{206}Pb$ 比值在全部已测铜器数据中的数量分布直方图。从直方图中可以看出，殷墟一期铜器的 $^{207}Pb/^{206}Pb$ 比值大部分在 0.68～0.84，另有 3 件器物的 $^{207}Pb/^{206}Pb$ 比值大于 0.9，其中出自 80ASJM4 的一件矛的 $^{207}Pb/^{206}Pb$ 比值高达 0.9641；殷墟一期铜器中高放射性成因铅器物有 14 件，占该期已测器物的 78%。殷墟二期铜器的 $^{207}Pb/^{206}Pb$ 比值在 0.66～0.88，其中高放射性成因铅有 52 件，占该期已测器物的 81%，规格较高的小屯 5 号墓（妇好墓/76AXTM5）和 18 号墓（77AXTM18）以及较小的中型墓大司空 539 号墓中都有少量的容器为普通铅器物。殷墟三期铜器的 $^{207}Pb/^{206}Pb$ 比值在 0.72～0.92，其中高放射性成因铅 23 件，占 38%，经检测的代表性大墓郭家庄 160 号墓（90AGNM160）中高放射性成因铅器物仅占 1/4，普通铅器物要占大多数，而多数的小型墓中大多还是高放射性成因铅器物。殷墟四期铜器中仅有大司空 679 号墓（83ASM679）出土的瓿和爵为高放射性成因铅器物，其余全部为普通铅器物，普通铅器物的 $^{207}Pb/^{206}Pb$ 比值在 0.84～0.90，而且绝大多数集中在 0.88～0.90 的狭小范围内，其中代表性的大墓殷墟西区 1713 号墓中的 13 件经检测器物全部是普通铅器物。

① 金正耀，平尾良光，杨锡璋，等. 中国两河流域青铜文明之间的联系：以出土商青铜器的铅同位素比值研究结果为考察中心//中国社会科学院考古研究所. 中国商文化国际学术讨论会论文集. 北京：中国大百科全书出版社，1998.

高放射性成因铅器物在郑州商城、偃师商城以及盘龙城中都有发现[①]，而有研究表明，含高放射性成因铅的金属矿料在二里岗下层时期开始出现，到二里岗上层时期已开始大量使用[②]。在西周时期的天马-曲村晋国墓地[③]、绛县横水墓地[④]、河北易县燕下都遗址[⑤]以及叶家山墓地也有零星的高放射性成因铅器物发现，但总体来看，所占比例都很小。由此可见，大量使用含有高放射性成因铅的金属矿料是殷墟时期青铜冶金技术发展中的一个显著特征。按照金正耀等的分析来看，殷墟一期和二期是含高放射性成因铅的金属矿料的大量使用期，第三期是衰减期，而第四期则是停止使用期。[⑥]

　　由于本研究关注北方系青铜器的矿料来源及产地问题，因此有针对性地选取了 45 件殷墟出土的工具、兵器、车马器等小件青铜器的样品进行了铅同位素比值分析。这些经取样的青铜器中既有三凸钮环首刀、管銎斧、啄戈等北方系青铜器，也有钺、戈、矛等中原系青铜兵器，还有像卷刃三銎刀、銎内戈、弓形器这样的混合式青铜器，在器物类型上，与已有的研究恰可形成互补。另外本研究还对孝民屯东南地铸铜遗址出土的 7 件冶铸遗物样品进行了铅同位素比值分析，其中有 1 件炉渣出土于殷墟三期的灰坑中，其余 6 件的时代均为殷墟四期。将青铜器和冶铸遗物的分析相结合，对于殷墟青铜器的矿料来源问题可以有更全面的认识。为便于分析数据的统一解读，本研究亦同样采用以 $^{207}Pb/^{206}Pb$ 的比值 0.82 作为区分高放射性成因铅和普通铅的标准。

5.1.1　矿料选择与器物年代

　　本研究共分析了 6 件殷墟一期铜器，全部为高放射性成因铅器物；21 件殷墟二期铜器中，有 19 件为高放射性成因铅器物，比例达 90%；属于殷墟三期的样品包括 12 件铜器和 1 件冶铸遗物，其中 12 件铜器中有 7 件为高放射性成因铅器物，占 58%，而孝民屯铸铜遗址出土的冶铸遗物中所含铅为普通铅；属于殷墟四期的样品包

　　① 金正耀. 中国铅同位素考古. 中国青铜文明探索：以铅同位素研究为中心. 合肥：中国科学技术大学出版社，2008.
　　② 田建花. 郑州地区出土二里岗期铜器研究. 合肥：中国科学技术大学，2013.
　　③ 金正耀，Chase W T，平尾良光，等. 天马-曲村遗址西周墓地青铜器的铅同位素比值研究//北京大学考古学系商周组，山西省考古研究所. 天马-曲村（1980—1989）. 北京：科学出版社，2000.
　　④ 山西省考古研究所. 绛县横水西周墓地青铜器科技研究. 北京：科学出版社，2012.
　　⑤ 金正耀，Chase W T，马渊久夫，等. 战国古币的铅同位素比值研究：兼说同时期广东岭南之铅. 文物，1993（08）：80-89.
　　⑥ 金正耀，平尾良光，杨锡璋，等. 中国两河流域青铜文明之间的联系：以出土商青铜器的铅同位素比值研究结果为考察中心//中国社会科学院考古研究所. 中国商文化国际学术讨论会论文集. 北京：中国大百科全书出版社，1998.

括 5 件铜器和 6 件冶铸遗物，5 件铜器中仅有 1 件高放射性成因铅器物，而 6 件冶铸遗物中所含铅全部为普通铅；另有一件分期不明的弓形器为普通铅器物。总体来看，殷墟一、二期铜器中高放射性成因铅器物比例很高，殷墟三期的高放射性成因铅器物比例开始下降，到殷墟四期，高放射性成因铅器物仅有零星发现，而且在殷墟三、四期的冶铸遗物中没发现有高放射性成因铅（图 5-1）。本研究的分析结果与金正耀等所总结的高放射性成因铅矿料在殷墟的使用规律是相符的。

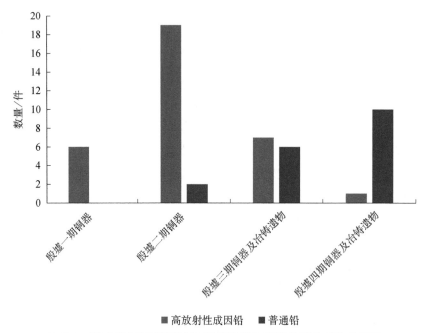

图 5-1　殷墟部分青铜器的铅同位素比值与时代分期的对应关系图

　　金正耀等分析的 178 件殷墟青铜器的 $^{207}Pb/^{206}Pb$-$^{208}Pb/^{206}Pb$ 散点图发表于《古代东アジア青铜の流通》一书，但其具体的分析数据尚未完整发表，目前在其多篇文章中共可见 38 件殷墟二期至四期青铜器的铅同位素比值的具体分析数据。[①]所以本书根据其发表的殷墟各期青铜器样品的 $^{207}Pb/^{206}Pb$ 比值的数量分布直方图，将 $^{207}Pb/^{206}Pb$ 比值的大致分布区间绘于 $^{207}Pb/^{206}Pb$-$^{208}Pb/^{206}Pb$ 比值散点图中（图 5-2），将本书所分析铅同位素比值数据与之进行对比，可以看出本书所分析的殷墟各期青铜工具、车马

　　① 金正耀. 晚商中原青铜的锡料问题. 自然辩证法通讯，1987（04）：47-55+80；金正耀，赵丛苍，陈福坤，等. 宝山遗址和城洋部分铜器的铅同位素组成与相关问题//西北大学文博学院，陕西省文物局. 城洋青铜器. 北京：科学出版社，2006.

器、兵器的铅同位素比值数据，基本全部落在了现有的殷墟各期青铜器的铅同位素比值分布区间内。

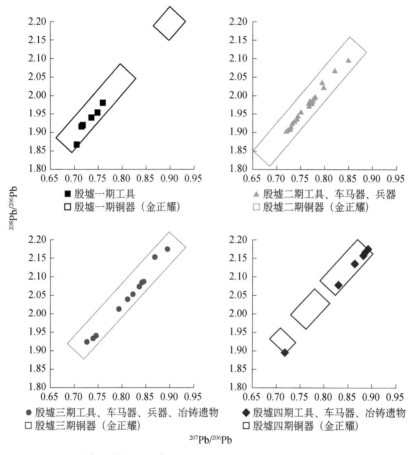

图 5-2　殷墟青铜器铅同位素比值散点图区间（$^{207}Pb/^{206}Pb$-$^{208}Pb/^{206}Pb$）

5.1.2　矿料选择与器物类型

从器物类型上来看，金正耀等分析的 178 件殷墟青铜器中，有 150 件是各类容器，其次是戈、矛、钺、镞等兵器共 19 件，另有箕形器 2 件，铃铙 3 件，以及锛、刀、弓形器、方形器各 1 件。从金正耀等的分析结果来看，殷墟出土的青铜容器中高放射性成因铅器物与普通铅器物并存，但其余非容器类器物的铅同位素比值特征则未提及，从其发表的图表中也无法看出非容器类器物中是否也是高放射性成因铅与普通铅并存，文中只提到出自 80ASJM4 的两件殷墟一期兵器是普通铅，其中一件矛的

^{207}Pb/^{206}Pb 比值高达 0.964，是殷墟目前已测器物中该比值最高的器物。而从本书的分析结果来看，殷墟出土的工具、兵器、车马器与容器一样，也是高放射性成因铅器物与普通铅器物并存。这或许可以说明，殷墟制作青铜器时，在高放射性成因铅矿料和普通铅矿料的选择和使用上没有因器物类型的不同而有明显的区分（图 5-3～图 5-5）。以同一墓葬出土的不同类型青铜器的分析数据为例，如殷墟二期墓葬大司空 539 号墓，金正耀等分析了该墓出土的 10 件容器、1 件铖以及 1 件箕形器，其中有 2 件觚为普通铅器物，其余皆为高放射性成因铅器物；本书分析了该墓出土的 5 件工具和 1 件兵器，全部为高放射性成因铅器物。再如殷墟四期墓葬殷墟西区 1713 号墓，金正耀等分析了该墓出土的 12 件容器和 1 件锛，全部为普通铅器物；本书分析了该墓出土的 1 件马首刀和 1 件卷刃三銎刀，也全部是普通铅器物。可见，同一墓葬中出土的青铜器也并未因器物类型的不同而有意选择不同的矿料。至于在图 5-3 所示的数据统计中，不同类型器物中高放射性成因铅器物与普通铅器物所占比例的差别问题，应是由取样的局限性导致的，并不能全面反映真实情况。比如图 5-3 中显示工具类器物中高放射性成因铅器物比例较大，是因为经取样的工具类器物主要是殷墟二期铜器，其实反映的是时代的特征。从现有的分析数据来看，殷墟青铜器的生产过程中，对于不同来源矿料的选择，未见因所制造的器物种类的不同而有所区别。

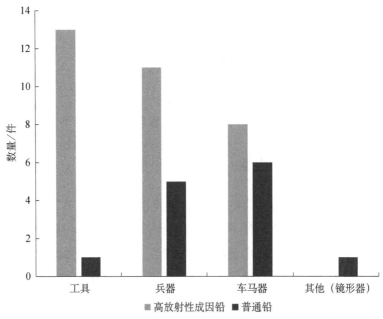

图 5-3 殷墟部分青铜器的铅同位素比值与器物类型的对应关系图

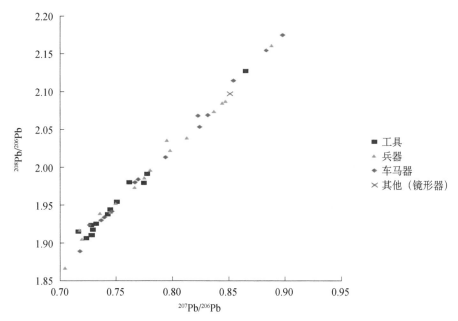

图 5-4　不同类型的殷墟青铜器的铅同位素比值散点图（$^{207}Pb/^{206}Pb$-$^{208}Pb/^{206}Pb$）

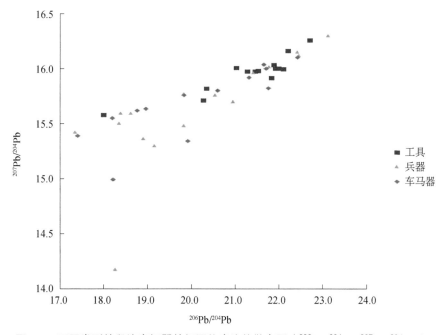

图 5-5　不同类型的殷墟青铜器的铅同位素比值散点图（$^{206}Pb/^{204}Pb$-$^{207}Pb/^{204}Pb$）

5.1.3 矿料选择与器物风格

按照器物的风格和文化因素来划分，本书经取样分析的殷墟青铜器可分为北方系青铜器、中原系青铜器和混合式青铜器。其中北方系青铜器包括三凸钮环首刀、管銎斧、双耳铜斧、啄戈、铃首锥状器、镜形器等；中原系青铜器主要是钺、直内戈、曲内戈、矛、戣、镦、方銎空首斧等；混合式青铜器包括弓形器、銎内戈、卷刃三銎刀以及部分环首刀和兽首刀。

从本书分析结果统计来看，北方系、中原系、混合式三组不同风格特征的器物中，高放射性成因铅器物与普通铅器物并存（图 5-6）。而使用不同矿料的器物在各类铜器中的比例高低，实际上反映的还是时代的特征，比如经取样的北方系青铜器的时代大多为殷墟一、二期，因此其中高放射性成因铅器物比例相应较高，而以弓形器为主的混合式器物的年代主要集中于殷墟三、四期，所以其中高放射性成因铅与普通铅的比例相当。从散点图（图 5-7、图 5-8）来看，不同风格的殷墟青铜器的铅同位素比值散点混杂在一起，并无明显区别；$^{207}Pb/^{206}Pb$ 比值大多在 0.7～0.87，只有 3 件混合式青铜器的 $^{207}Pb/^{206}Pb$ 比值较高，在 0.88～0.9。

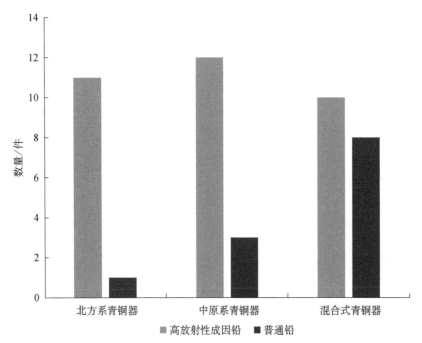

图 5-6 殷墟部分青铜器的铅同位素比值与器物风格的对应关系图

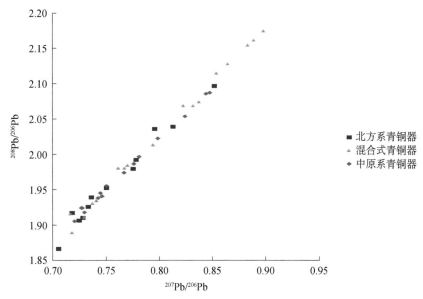

图 5-7 不同风格的殷墟青铜器的铅同位素比值散点图（$^{207}Pb/^{206}Pb$-$^{208}Pb/^{206}Pb$）

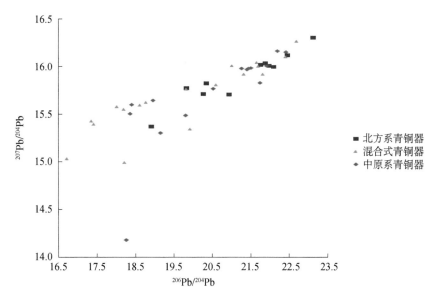

图 5-8 不同风格的殷墟青铜器的铅同位素比值散点图（$^{206}Pb/^{204}Pb$-$^{207}Pb/^{204}Pb$）

5.1.4 矿料选择与墓葬等级

从殷墟青铜器的发现与研究来看，殷商时期在青铜器的用度上有着森严的等级观念和礼仪规制。不同等级的墓葬中随葬的青铜器数量种类都有差别。因此，不同等级的墓葬中随葬的青铜器在矿料的选择上是否有区别，也是应考虑的一个问题。由于受取样条件的限制，本研究无法按照墓葬等级大范围采集青铜器样品，只能从现有材料出发对这一问题进行初步推测。

本书分析的 45 件殷墟青铜器，大部分出土于中型贵族墓，但其中也不乏像花园庄东地 54 号墓、后冈 9 号墓这样较大的中型墓或"中"字形大墓，此外，也有祭祀坑、车马坑出土的青铜器。首先，从这些中型墓或大型墓的出土青铜器来看，中原系的青铜礼容器与北方系青铜器是共存伴出的。其次，从分析数据来看，高放射性成因铅器物和普通铅器物在不同等级的墓葬中都有出现，选择什么样的矿料来制作青铜器似乎与等级、规制没有必然的联系。金正耀等分析的殷墟青铜器中也有墓葬等级的差别。其中属于殷墟二期的青铜器，既有出自妇好墓、小屯 18 号墓等规格较高墓葬的，也有出自武官村北地祭祀坑（76AWBM229）[1]的，这些不同等级的墓葬中出土的青铜器全部是高放射性成因铅铜器与普通铅铜器并存。殷墟四期的青铜器中，代表性大墓殷墟西区 1713 号墓和后冈圆形葬坑[2]59HGH10[3]中出土的青铜器皆为普通铅器物。金正耀等在文中提到殷墟三期多数小墓所出器物大多是高放射性成因铅器物，而代表性的大墓郭家庄 160 号墓所出器物中则普通铅器物占大多数，但也有例外，如58ANSM101 所出青铜器全部为普通铅器物。

总之，从目前的分析数据来看，殷墟青铜器的矿料选择与墓葬等级之间并没有表现出必然的关联。换言之，不同地位的人所使用的青铜器，在矿料的选择上或许并没有特意区分。

5.1.5　矿料选择与器物材质

本研究采用 EDXRF 和 ICP-AES 两种方法对 45 件殷墟青铜器的锈蚀样品进行了成分分析，目的是检测样品中的铅含量，以推断其金属基体中的铅是否人为有意添加的，从而确定铅同位素比值数据所指示的矿料类型。假设锈蚀中的铅是金属基体腐蚀后富集于表面锈蚀中的，那么锈蚀中铅含量较高者或许代表其金属基体中应含有一定量的铅，而这一定量的铅或许便是来自冶铸过程中人为添加的铅矿；如果锈蚀中铅含

① 安阳亦工亦农文物考古短训班，中国科学院考古研究所安阳发掘队. 安阳殷墟奴隶祭祀坑的发掘. 考古，1977（01）：20-36+73-77.
② 关于后冈圆形葬坑的性质有殉葬坑、祭祀坑、特殊的墓葬等三种不同意见。
③ 郭沫若. 安阳圆坑墓中鼎铭考释. 考古学报，1960（01）：1-5.

量较低，那相应地金属基体中的铅含量应更低，或许表明在冶铸过程中并没有人为添加铅矿料，基体或锈蚀中的铅可能是来自铜矿料或锡矿料中的杂质，亦可能是来自铸造环境中的污染。[①]

　　从成分检测结果来看，所分析的 45 件青铜器锈蚀样品中，有 30 件的铅含量较高，大致可推断其金属基体中应含有人为添加的铅矿料，为方便表述，本书称之为含铅铜器；另外 15 件样品中的铅含量较低，本书称之为不含铅铜器，暂认为铅是来自其他矿料中的杂质。其中 30 件含铅铜器中属于殷墟一期的有 6 件，殷墟二期 11 件，殷墟三期 9 件，殷墟四期 4 件；15 件不含铅铜器中有 10 件殷墟二期铜器，3 件殷墟三期铜器，1 件殷墟四期铜器，另有 1 一件时代不明。经统计，30 件含铅铜器中有高放射性成因铅器物 20 件，年代为殷墟一期至三期；普通铅器物 10 件，主要是殷墟三期和四期铜器。15 件不含铅铜器中除了殷墟二期的 M103：23 镜形器以及时代不明的 M71：5 弓形器为普通铅器物外，其余 13 件皆为高放射性成因器物，时代可涵盖殷墟二、三、四期（图 5-9）。

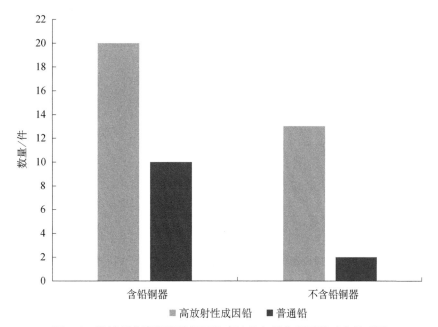

图 5-9　殷墟部分青铜器的铅同位素比值与器物材质的对应关系图

---

①　金正耀. 论商代青铜器中的高放射成因铅. 考古学集刊，2004，15：269-278.

从铅同位素比值散点图（图 5-10、图 5-11）来看，含铅铜器中，20 件高放射性成因铅器物中有 18 件的 $^{207}Pb/^{206}Pb$ 比值分布在 0.70～0.75，另 2 件在 0.76～0.80；不含铅铜器中，13 件高放射性成因铅器物中有 11 件的 $^{207}Pb/^{206}Pb$ 比值分布在 0.76～0.82，另 2 件在 0.71～0.73。由此可见，含高放射性成因铅的铅矿料与含高放射性成因铅的其他矿料，在铅同位素比值数据的分布区间上似乎存在明显差异。这种数据上的细微差异在金正耀等的分析中也可见。[1]因为这些殷墟青铜器的成分数据大多不明，所以无法确切分辨铅同位素比值数据指向的是哪种矿料。有研究认为，高放射性成因铅矿床的比值有较大的变化范围，这种数据上的分布差异可能是属于同一矿产地不同矿段之间的差异。[2]换言之，这些数据分布区间存在差异的含有高放射性成因铅的铅矿料和其他矿料或许是来自同一处多金属矿床。当然，也不能排除有多个高放射性成因铅矿料来源的可能，这是一个复杂的问题，还需进一步深入研究。

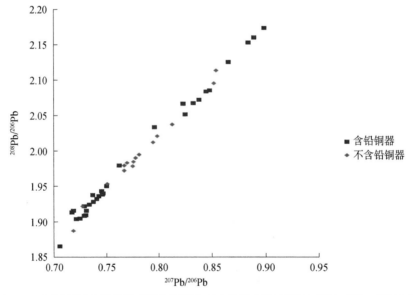

图 5-10　不同材质的殷墟青铜器的铅同位素比值散点图（$^{207}Pb/^{206}Pb$-$^{208}Pb/^{206}Pb$）

① 金正耀，平尾良光，杨锡璋，等. 中国两河流域青铜文明之间的联系：以出土商青铜器的铅同位素比值研究结果为考察中心//中国社会科学院考古研究所. 中国商文化国际学术讨论会论文集. 北京：中国大百科全书出版社，1998.

② 金正耀，Chase W T，马渊久夫，等. 商代青铜器中的高放射性成因铅：三星堆器物与沙可乐（赛克勒）博物馆藏品的比较研究//北京大学考古学系. "迎接二十一世纪的中国考古学"国际学术讨论会论文集. 北京：科学出版社，1998.

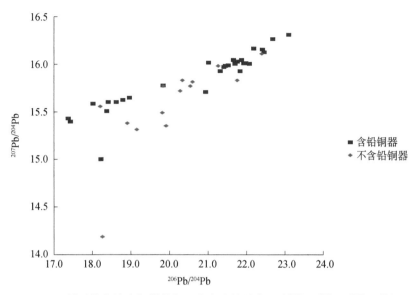

图 5-11　不同材质的殷墟青铜器的铅同位素比值散点图（^{206}Pb/^{204}Pb-^{207}Pb/^{204}Pb）

含普通铅的矿料来源或许较为复杂，从图 5-11 可以看出，分布在普通铅区域的含铅铜器与不含铅铜器的数据取向截然不同，这表明含普通铅的铅矿与含普通铅的其他矿料或许来源于不同的金属矿床。另外，本书所分析的含铅铜器中普通铅的^{207}Pb/^{206}Pb 比值主要分布于 0.82～0.87，有少量普通铅的 ^{207}Pb/^{206}Pb 比值在 0.88～0.9，而 2 件不含铅铜器中普通铅的 ^{207}Pb/^{206}Pb 比值都在 0.85 左右。与金正耀等的分析数据相比，普通铅的数据特征基本相符。金正耀等测得的 87 个普通铅数据中，属于殷墟一期的较少，且 ^{207}Pb/^{206}Pb 比值大多大于 0.9；殷墟二期普通铅器物的 ^{207}Pb/^{206}Pb 比值则全部集中在 0.82～0.88；从殷墟三期开始，^{207}Pb/^{206}Pb 比值大于 0.88 的器物又开始出现；到殷墟四期，普通铅器物的 ^{207}Pb/^{206}Pb 比值则绝大多数分布在 0.88～0.90。

总体来看，含高放射性成因铅的矿料较为复杂多样，但从殷墟一期至三期，安阳至少应有一个相对稳定的高放射性成因铅矿料供应，同时，也可能有与高放射性成因铅矿料来自同一多金属矿床的铜矿或锡矿料在供应着安阳。从殷墟三期开始，含高放射性成因铅的铅矿和其他矿料的供应都开始逐渐减少，转而由来源相对复杂的含普通铅的铅矿和其他矿料替代。

综上所述，殷墟青铜器的铅同位素总体特征是高放射性成因铅与普通铅并存，以高放射性成因铅为主。经分析的殷墟一、二期铜器绝大多数是高放射性成因铅器物，并且高放射性成因铅矿料来源相对稳定；殷墟三期高放射性成因铅器物的比例开始下降，转而由来源相对复杂的普通铅矿料替代；到殷墟四期，高放射性成因铅器物只有零星发现，普通铅器物占据了主要地位。虽然制作青铜器的矿料中有含高放射性成因铅与含普通铅的区别，但矿料的选择与器物的类型、风格以及埋藏等级都没有必然的关联。表明这些不同来源的矿料，在商人眼中都只是一种普通的冶金原料而已，并未进行区别对待。在当时，冶金工业主要是国家行为，因此不同来源的矿料在输入安阳之后，应该会进行统一的管理和使用。即便在当时对于礼器和生活用具的制造与使用是进行严格区分的，但无论是铸造大型的青铜礼器，还是铸造小件工具、兵器、车马器，都在使用同样的矿料。

5.2 陕北青铜器的铅同位素组成特征

5.2.1 商代晚期

本研究共分析了 17 件陕北出土的商代晚期青铜器，其中包括容器 4 件，刀、斧、锛、凿等工具 10 件，兵器 3 件。从风格上来分，这 17 件青铜器中包括了殷墟式青铜器、混合式青铜器和北方系青铜器三类。

铅同位素分析结果显示，这 17 件青铜器中有 10 件高放射性成因铅器物，7 件普通铅器物。从数据的聚合度来看，高放射性成因铅器物基本聚集在 $^{207}Pb/^{206}Pb$ 比值 0.70～0.76 与 0.77～0.80 两个区间内，其中数值分布在 0.70～0.76 区间内器物数量相对较多；而普通铅器物的数据聚合度相对较好，大部分聚集在 $^{207}Pb/^{206}Pb$ 比值 0.84～0.86。

将陕北商代晚期青铜器的铅同位素比值数据与本书及金正耀等发表的殷墟出土青铜器的铅同位素数据进行对比（图 5-12、图 5-13），可以看出整体上陕北青铜器的数据点与殷墟青铜器的数据点分布于同一个狭长的带状区域，大部分数据点还互有重合。殷墟青铜器的高放射性成因铅数据以 $^{207}Pb/^{206}Pb$ 比值 0.76 为界，可以分为两个集中分布的区间，其中 $^{207}Pb/^{206}Pb$ 比值 0.70～0.76 的数据尤为集中，陕北青铜器的高放射性成因铅数据与此特征极为相似。而且 $^{207}Pb/^{206}Pb$ 比值 0.70～0.76 分布区间内的陕北青铜器包括了三种不同风格的器物，可见陕北出土的不同风格器物都使用了与殷墟相同来源的高放射性成因铅金属矿料。另外，曹大志分析的 184 件晋陕高原青铜器铅同位素比值数据中，也存在高放射性成因铅数据以 $^{207}Pb/^{206}Pb$ 比值 0.76 为界的不同区间内不均匀分布现象，其中共有 76 件高放射性成因铅数据分布在 $^{207}Pb/^{206}Pb$ 比值 0.70～0.76，数量更多。[①]可见以 $^{207}Pb/^{206}Pb$ 比值 0.76 为界的两个集中分布区间或许是高放射性成因铅的一个特征。前文指出殷墟中高放射性成因铅的不同分布区间并不是铅矿与其他矿料之间的差异，同样，陕北出土高放射性成因铅器物中，分布在 $^{207}Pb/^{206}Pb$ 比值 0.70～0.76 的既有铅锡青铜和铅青铜，也有红铜和锡青铜，$^{207}Pb/^{206}Pb$ 比值 0.77～0.82 区间内也是相同情况（图 5-14、图 5-15）。可见，这些数据分布区间存在差异的含有高放射性成因铅的铅矿料和其他矿料或许是来自同一处多金属矿床。

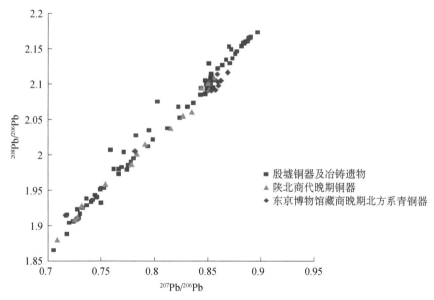

图 5-12　商代晚期北方系青铜器与殷墟青铜器铅同位素比值散点图
（$^{207}Pb/^{206}Pb$-$^{208}Pb/^{206}Pb$）

---

① Cao D . The Loess Highland in a Trading Network（1300-1050 BC）. Princeton：Princeton University，2014.

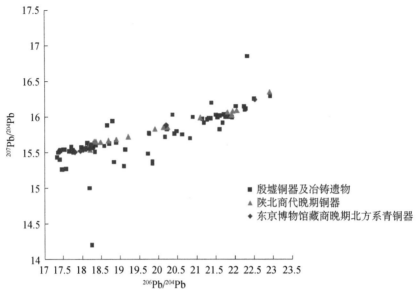

图 5-13　商代晚期北方系青铜器与殷墟青铜器铅同位素比值散点图
（ $^{206}Pb/^{204}Pb$-$^{207}Pb/^{204}Pb$ ）

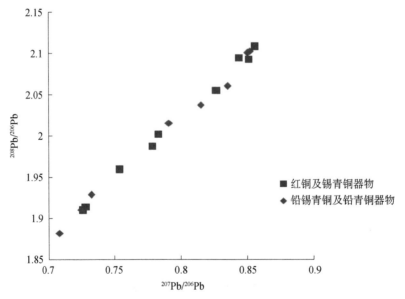

图 5-14　陕北商代晚期青铜器铅同位素比值与材质关系图
（ $^{207}Pb/^{206}Pb$-$^{208}Pb/^{206}Pb$ ）

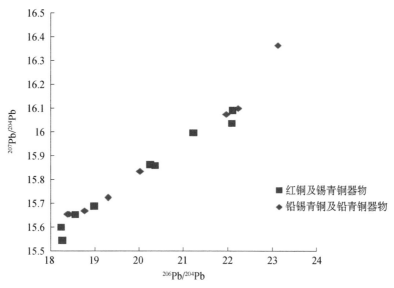

图 5-15　陕北商代晚期青铜器铅同位素比值与材质关系图
($^{206}Pb/^{204}Pb$-$^{207}Pb/^{204}Pb$)

　　陕北青铜器的普通铅数据聚合度较好，共有 5 件普通铅器物的 $^{207}Pb/^{206}Pb$ 比值介于 0.84～0.86，以北方系青铜器居多，而且铅锡青铜与锡青铜、红铜并存。平尾良光发表的东京国立博物馆收藏的 10 件中国北方系青铜器中，8 件普通铅器物的 $^{207}Pb/$ ^{206}Pb 比值全部集中在 0.85～0.87。曹大志文中 53 件普通铅器物中也以北方系青铜器居多，其 $^{207}Pb/^{206}Pb$ 比值主要集中在 0.84～0.88。殷墟的普通铅数据在这个区间里也有较多分布，尤其是殷墟二、三期铜器中的普通铅主要集中分布在 $^{207}Pb/^{206}Pb$ 比值0.84～0.86。而殷墟一期的普通铅器物的 $^{207}Pb/^{206}Pb$ 比值大多大于 0.9，殷墟三期开始集中出现 $^{207}Pb/^{206}Pb$ 比值大于 0.88 的普通铅，至殷墟四期普通铅的 $^{207}Pb/^{206}Pb$ 比值则主要介于 0.88～0.90。曹大志发表的数据中 $^{207}Pb/^{206}Pb$ 比值大于 0.88 的有 4 件，其中保德林遮峪出土的 1 件瓿的 $^{207}Pb/^{206}Pb$ 比值高达 0.955，如此高比值的普通铅数据在殷墟一期出现过，而林遮峪出土的瓿从形制上来看，其时代应属殷墟一期晚段。可见铅同位素比值数据与时代之间可以建立起某种对应关系，铅同位素比值的分析结果或许也可以对器物的年代判断提供一些帮助。

　　综上所述，陕北商代晚期青铜器所使用的无论是高放射性成因铅矿料还是普通铅矿料的来源，都与殷墟青铜器的矿料来源是相同或相近的。

5.2.2　西周时期

从殷墟青铜器的铅同位素比值分析中可以发现，自殷墟三期开始，殷墟青铜器的矿料来源开始发生变化，前期稳定供应的含高放射性成因铅的矿料开始减少，至殷墟四期时已大部分被含普通铅的矿料替代。而在西周青铜器中几乎已经不再使用含高放射性成因铅的矿料，天马-曲村晋国遗址、横水墓地虽仍有零星的高放射性成因铅器物发现，但大多为商代遗物或由商代旧器重熔再铸而成。[①]

陕北出土的西周青铜器相对较少，本研究未取得中原系青铜容器的样品，经分析的11件青铜器大多为刀、斧、锛等小件的北方系青铜工具，另有1件车马器马镳。铅同位素比值分析显示，11件西周青铜器样品中所含的铅全部为普通铅，$^{207}Pb/^{206}Pb$比值大多集中分布在0.84~0.87，仅有SD026马镳样品的$^{207}Pb/^{206}Pb$比值要明显高于其他样品。陕北西周青铜器的铅同位素比值数据与商代晚期的普通铅数据有一部分是重叠的。

目前经分析的西周青铜器大部分是中原系青铜容器，还有少部分为车马器及兵器，主要出土于天马-曲村邦墓区、晋侯墓地，绛县横水墓地，宝鸡鱼国墓地，北京琉璃河燕国墓地等。将陕北西周青铜器的铅同位素比值与其他西周青铜器的数据做散点图进行对比，从$^{207}Pb/^{206}Pb$-$^{208}Pb/^{206}Pb$散点图中可以看出（图5-16），陕北青铜器与天马-曲村晋国遗址、横水墓地以及琉璃河墓地青铜器的绝大部分铅同位素比值数据聚集在一个狭长的带状区域里相互交叉重叠，表明它们所使用的金属矿料应基本相同或相似，而鱼国墓地的数据则较为离散，说明其矿料来源与其他青铜器不同。而从$^{206}Pb/^{204}Pb$-$^{207}Pb/^{204}Pb$散点图来看（图5-17），天马-曲村晋侯墓地的数据与其他数据分布取向不同，有学者认为这表明晋国遗址中高等级贵族和低等级贵族的青铜器使用了两种不同类型的矿料。[②]

另外，目前已发表的关于西周时期北方系青铜器的铅同位素比值分析数据主要有：平尾良光对东京国立博物馆收藏的部分出土于内蒙古东部的夏家店文化上层青铜器的分析，以及杨菊对赤峰地区出土的夏家店上层文化青铜器的分析。经分析的东京国立博物馆藏夏家店上层文化青铜器主要是马衔、铜泡等器物，经分析的赤峰地区出土的夏家店上层文化青铜器主要是铜刀、铜环、铜扣等器物。从散点图（图5-18、图5-19）可以看出，东京国立博物馆藏的北方系青铜器的铅同位素比值分布比较集中，

---

① 山西省考古研究所. 绛县横水西周墓地青铜器科技研究. 北京：科学出版社，2012.
② 山西省考古研究所. 绛县横水西周墓地青铜器科技研究. 北京：科学出版社，2012.

其 $^{207}Pb/^{206}Pb$ 比值介于 0.86～0.87；赤峰地区出土的夏家店上层文化青铜器的数据范围比较广。陕北西周青铜器的铅同位素比值大部分与夏家店上层文化青铜器重合，其中 $^{207}Pb/^{206}Pb$ 比值较低的普通铅，在夏家店上层文化青铜器中未见。

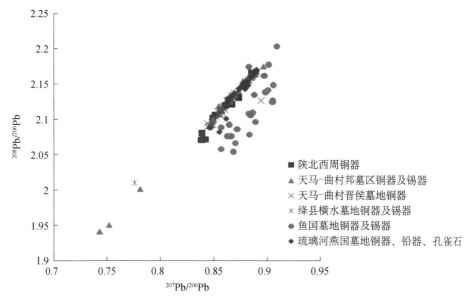

图 5-16　陕北西周青铜器与西周中原系器物铅同位素比值散点图（$^{207}Pb/^{206}Pb$-$^{208}Pb/^{206}Pb$）

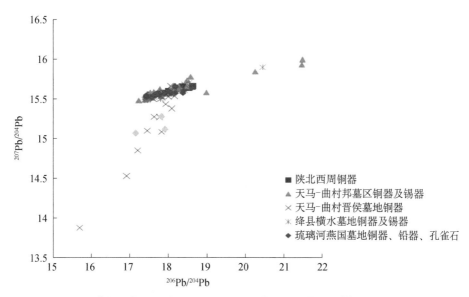

图 5-17　陕北西周青铜器与西周中原系器物铅同位素比值散点图（$^{206}Pb/^{204}Pb$-$^{207}Pb/^{204}Pb$）

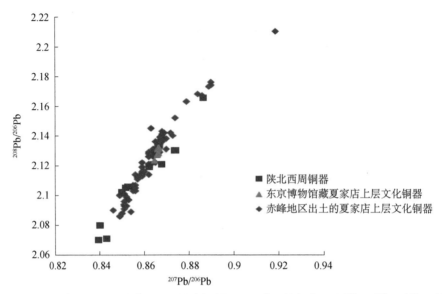

图 5-18　陕北西周青铜器与夏家店上层文化青铜器铅同位素比值散点图（$^{207}Pb/^{206}Pb$-$^{208}Pb/^{206}Pb$）

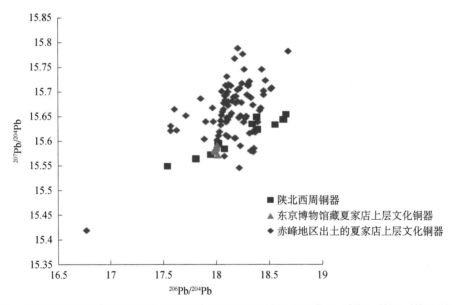

图 5-19　陕北西周青铜器与夏家店上层文化青铜器铅同位素比值散点图（$^{206}Pb/^{204}Pb$-$^{207}Pb/^{204}Pb$）

　　总体来看，陕北西周青铜器的铅同位素比值特征与天马 曲村邦墓区、横水墓地以及琉璃河墓地出土青铜器的铅同位素比值特征相似，表明它们或许有相同或相近的矿料来源。而通过与赤峰地区出土的夏家店上层文化青铜器的铅同位素比值比较后发现，虽然二者在以 ^{206}Pb 为基准的散点图中分布趋势大致相似，但以 ^{204}Pb 为基准的散点图却大不相同，二者之间某些数据点的重合或许是受铅同位素比值的重叠效应影响所致，陕北西周青铜器的矿料来源与赤峰地区夏家店上层文化青铜器的主要矿料来源应有所不同。东京国立博物馆收藏的北方系青铜器或许与部分陕北西周青铜器有相同的矿料来源。

5.2.3　东周时期

本书所分析的 30 件东周时期样品中，包括 12 件榆林地区的馆藏青铜器，11 件黄陵寨头河战国墓地出土的青铜器，以及 7 件横山黑水沟铸铜遗址出土的炉渣。分析结果显示，这些东周青铜器和冶铸遗物样品中所含的铅全部是普通铅。

从前文的铅同位素比值数据分析来看，在以 ^{206}Pb 为基准的散点图中，12 件榆林地区的馆藏青铜器中，除材质为砷铜的 SD015 外，其余 11 件青铜器样品的数据几乎都集中分布于一个狭窄的带状区域内，$^{207}Pb/^{206}Pb$ 比值介于 0.855～0.885；黑水沟铸铜遗址炉渣的 $^{207}Pb/^{206}Pb$ 比值与榆林馆藏青铜器没有重叠，但是其分布取向与榆林馆藏青铜器数据保持在同一斜率上；寨头河青铜器的铅同位素比值数据比较分散，与榆林馆藏青铜器和黑水沟遗址炉渣的数据点均没有重叠，而且绝大部分数据的分布取向都与榆林馆藏青铜器不同。在以 ^{204}Pb 为基准的散点图中，榆林馆藏青铜器、寨头河青铜器以及黑水沟炉渣分别分布在三个不同区域，互相没有重叠，黑水沟炉渣样品数据的分布取向与榆林馆藏青铜器的也不一样。整体来看，这三组来源不同的样品，其铅同位素比值数据也不同，表明它们的矿料来源也不相同。

平尾良光曾对东京国立博物馆收藏的 55 件我国北方地区出土的春秋战国时期的北方系青铜器进行了铅同位素比值分析，这些铜器主要包括铜刀、铜泡、马衔、短剑、带扣、牌饰等，全部是典型的北方系小件铜器。本研究将陕北地区东周时期三组样品的铅同位素数据与东京国立博物馆收藏的春秋战国时期北方系青铜器进行了对比。从图 5-20 可以看出，东京国立博物馆收藏的北方系青铜器的数据点分布范围较大，基本上覆盖了陕北三组东周样品的分布范围，某些数据点与陕北三组样品的数据点互有重叠。但是从图 5-21 来看，东京国立博物馆收藏的北方系青铜器的数据点与榆林地区馆藏的北方系青铜器的数据点大致集中分布在同一个取向，而寨头河墓地青铜器和黑水沟铸铜遗址炉渣的数据点则大多落于该范围之外，由此可见该批北方系青铜器的矿料来源总体上是相同或相近的。

总体来看，东京国立博物馆与榆林馆藏的北方系青铜器不但具有相同的文化因素，而且其所使用的矿料在来源上也应相同或相近。而寨头河战国墓地青铜器以及黑水沟冶铸遗物应有其他不同的矿料来源。

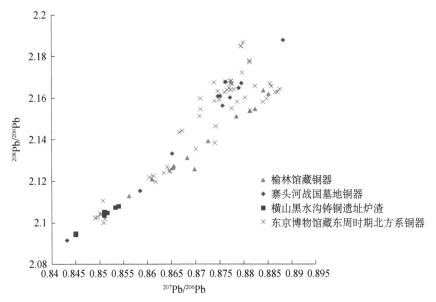

图 5-20　陕北东周青铜器及冶铸遗物与部分东周北方系青铜器铅同位素比值散点图
（ $^{207}Pb/^{206}Pb$-$^{208}Pb/^{206}Pb$ ）

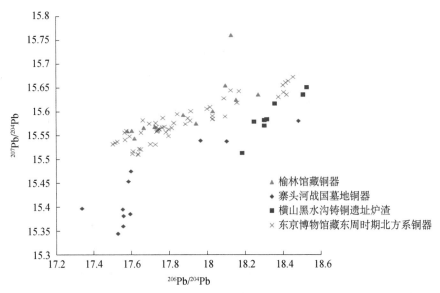

图 5-21　陕北东周青铜器及冶铸遗物与部分东周北方系青铜器铅同位素比值散点图
（ $^{206}Pb/^{204}Pb$-$^{207}Pb/^{204}Pb$ ）

第6章
青铜器矿料溯源
与产地问题

6.1　陕北青铜器的矿料溯源探索

　　运用考古类型学的方法对器物进行分类，可以较准确地判断器物的文化归属，并对其来源进行合理推测。但青铜器的生产是一种复杂的社会劳动，涉及采选矿石、冶炼金属、合金配制、铸型设计以及铸造加工等一系列技术环节，最终青铜器的生产体现了文化的选择，但也受着种种技术条件的制约。因此，古代青铜器矿料产地的溯源研究，对于探讨古代社会冶金工业的生产机制以及生业形态的复杂性具有非常重要的意义。而铅同位素比值分析在古代青铜器矿料产地的溯源研究中发挥着重要的作用。

　　我国古代青铜器的主要合金成分为铜、锡、铅。就铜锡铅三元合金与铜铅合金来说，其中的铅是作为配料加入合金之中的，因此铅同位素分析所得到的数据应反映的是铅料的来源信息。就红铜器物而言，由于其原料相对纯净，理论上铅同位素比值数据应反映的是铜料的来源信息。对于锡青铜来说，由于其中的铅属于杂质成分，而且一般在合金配比上铜料所占比例远大于锡料，因此铅同位素比值数据多偏近于铜料中杂质铅的同位素组成；当然也不能排除所用铜料较为纯净，而锡料含铅杂质较高，如此其铅同位素比值数据将反映锡料的产地信息。[1]有学者研究认为古代锡矿主要为锡石，锡石中杂质很少，合金元素锡对铅同位素数据的影响基本可以忽略不计，因此，大多数情况下，铅同位素比值应作为铜矿或铅矿的示踪剂。[2]但是我国地质上铜铅共生矿和锡铅共生矿都较为常见，所以在判断锡青铜的铅同位素比值数据究竟指示的是哪种矿料的产地信息时还需谨慎。本书所分析的北方系青铜器基本上锡含量都不高，大多在 10%以下，因此，本书在分析铅同位素比值指示何种矿料时，将锡青铜与红铜、砷铜归为一组，暂认为这三类材质铜器的铅同位素

---

　　① 金正耀. 铅同位素示踪方法应用于考古研究的进展. 地球学报，2003（06）：548-551.

　　② Gale N H, Stos-Gale Z. Lead isotope analyses applied to provenance studies//Ciliberto E, Spoto G. Modern Analytical Methods in Art and Archaeology. New York：Wiley, 2000.

组成指示的是铜料的来源，而铅锡青铜和铅青铜的铅同位素组成则反映的是铅料的产地信息。

经分析的 17 件商代晚期铜器样品中，有铅锡青铜和铅青铜共 8 件，锡青铜和红铜共 9 件；11 件西周铜器样品中有 4 件铅锡青铜，7 件锡青铜、红铜及砷铜；23 件东周铜器样品中，除 SD005 为锡青铜、SD015 为砷铜外，其余铜器的材质全部是铅锡青铜。而黑水沟铸铜遗址经研究确认存在有意识的合金化生产活动，且可能存在铜、锡、铅等较纯的金属物料，因此其炉渣样品的铅同位素组成暂认为是指示铅料的信息。

从地质资料的研究来看，陕北地区所在的晋陕高原本身是缺乏铜矿资源的。因此该地区出土青铜器的矿料来源需要在周边地区寻找。晋陕高原西缘的甘肃、陕西境内有绵延几百公里的铅锌铜多金属成矿带。晋陕高原东侧的中条山铜矿带，研究表明至少在二里头至二里岗时期就有较大规模的开采，是夏商王朝最主要的铜矿产地之一，而且一直沿用至周代。北方的内蒙古赤峰地区林西大井也是重要的铜矿产地。对夏家店上层文化时期的大井铜矿及矿冶遗迹的研究表明林西大井铜矿的矿石类型以含锡石、毒砂的黄铁矿-黄铜矿为主，矿冶遗址的产品应是含锡很高的铜锡砷三元合金并含有微量的银[1]，周边的夏家店文化铜器的铅同位素组成也多指向其矿料来源于大井多金属矿。南方的长江流域铜矿带是古代铜矿较为集中的地区，从商代至东周时期都一直有大规模的开采，其中最具代表性的铜矿遗址群主要集中在湖北大冶铜绿山、江西九瑞地区以及安徽皖南地区。另外，川滇地区铜矿区也是古代锡矿料的一个重要的输出中心，其中滇东北地区集中发现有罕见的含高放射性成因铅的多金属共生矿，据此，有学者研究认为商代晚期青铜器中所使用的高放射性成因铅矿料是西南地区的锡矿从滇东北输入中原的。但随着研究的不断深入，目前在中条山和秦岭都有高放射性成因铅矿的发现，这也给商代晚期高放射性成因铅矿料的来源问题提供了新的线索。

为探讨陕北地区青铜器的矿料来源问题，本书收集了目前已发表的湖北大冶[2]、

---

① 李延祥，朱延平，贾海新，等. 辽西地区早期冶铜技术. 广西民族学院学报（自然科学版），2004（02）：11-20.

② 彭子成，刘永刚，刘诗中，等. 赣鄂豫地区商代青铜器和部分铜铅矿料来源的初探. 自然科学史研究，1999（03）：241-249.

江西瑞昌①、安徽皖南②、中条山③等先秦铜矿以及中条山铜矿峪、横岭关、胡篦铜矿带④与中秦岭褶皱带陕西段柞水穆家庄⑤的现代铜矿数据，其中中条山矿区的铜矿峪以及柞水穆家庄的黄铜矿中含有高放射性成因铅；另外还收集了东秦岭地区后窑峪、银家沟等铅锌矿集区⑥的方铅矿或铅锌矿的铅同位素比值数据。

从图 6-1 可以看出，陕北青铜器中的高放射性成因铅数据与柞水穆家庄含高放射性成因铅的黄铜矿的数据处于同一分布斜率，但不重叠，而中条山铜矿峪的高放射性成因铅黄铜矿的数据偏离较远。由图 6-1、图 6-2 综合来看，相对于中条山铜矿数据，陕北青铜器的高放射性成因铅数据似乎与穆家庄铜矿的数据更加接近。目前关于商代晚期青铜器的高放射性成因铅矿料的产地问题还存在诸多争议，由于可比较的矿山数据较少，陕北青铜器的高放射成因铅矿料的产地也难有定论。

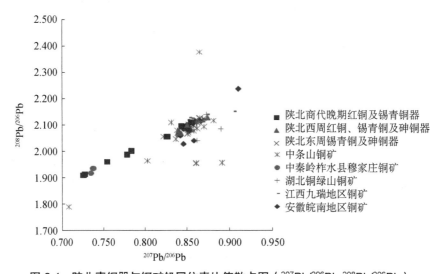

图 6-1　陕北青铜器与铜矿铅同位素比值散点图（$^{207}Pb/^{206}Pb$-$^{208}Pb/^{206}Pb$）

---

① 彭子成，王兆荣，孙卫东，等. 盘龙城商代青铜器铅同位素示踪研究//湖北省文物考古研究所. 盘龙城：1963～1994 年考古发掘报告. 北京：文物出版社，2001.

② 彭子成，孙卫东，黄允兰，等. 赣鄂皖诸地古代矿料去向的初步研究. 考古，1997（07）：53-61.

③ 崔剑锋，吴小红. 铅同位素考古研究：以中国云南和越南出土青铜为例. 北京：文物出版社，2008.

④ 徐文忻，汪礼明，李蘅，等. 中条山铜矿床同位素地球化学研究. 地球学报，2005，26（增刊）：130-133.

⑤ 朱华平，李虹，张汉成，等. 陕西柞山地区穆家庄铜矿铅同位素地球化学与成矿物质来源. 中国地质，2005（04）：110-116.

⑥ 任鹏，梁婷，牛亮，等. 陕西秦岭铅锌矿床的地质特征及成矿动力学过程. 地球科学与环境学报，2013，35（01）：34-47.

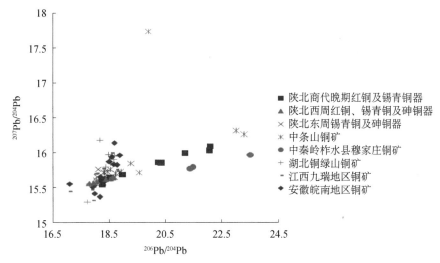

图 6-2　陕北青铜器与铜矿铅同位素比值散点图（$^{206}Pb/^{204}Pb$-$^{207}Pb/^{204}Pb$）

从图 6-1 可见，含普通铅的铜矿数据中，湖北铜绿山、江西九瑞、安徽皖南以及中条山的大部分铜矿的铅同位素比值数据相互交错聚集在一起，其中中条山的铜矿数据相对较为分散，而陕北地区的普通铅数据基本上落在了各个矿区数据的交错重叠区域，由于铅同位素比值的重叠效应，各个矿区的数据很难区分，因此也很难分辨出陕北青铜器的普通铅铜料到底是来源于哪一个矿区。

从图 6-3 来看，东秦岭和西秦岭地区的铅矿数据都属于普通铅，二者有部分数据在 $^{207}Pb/^{206}Pb$ 比值 0.86～0.90、$^{208}Pb/^{206}Pb$ 比值 2.11～2.15 聚集；但整体上东秦岭铅矿的铅同位素比值数据相对比较分散，其中部分数据的 $^{208}Pb/^{206}Pb$ 比值较高。个别的商代晚期铅锡青铜器、陕北的西周铅锡青铜器和东周铅锡青铜器及冶铸遗物的铅同位素比值数据与部分西秦岭铅锌矿集区和东秦岭铅矿的数据相互交错。而图 6-4 显示，寨头河战国墓地出土青铜器中仅有个别中原风格的器物与西秦岭铅矿数据有重合，其余大部分数据并未落在这两个矿区的数据分布区域。

总体来看，部分陕北的铅锡青铜器的铅同位素比值数据与西秦岭铅锌矿集区数据分布更为相近，其铅矿来源或许是西秦岭地区，但其中寨头河战国墓地大部分青铜器的铅矿来源与秦岭地区无关。

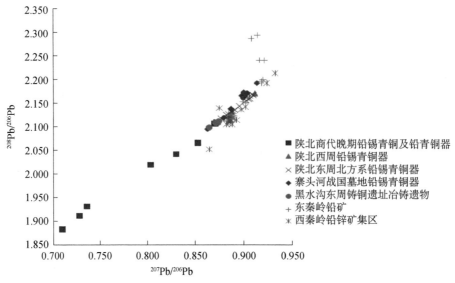

图 6-3　陕北青铜器与铅矿铅同位素比值散点图（$^{207}Pb/^{206}Pb$-$^{208}Pb/^{206}Pb$）

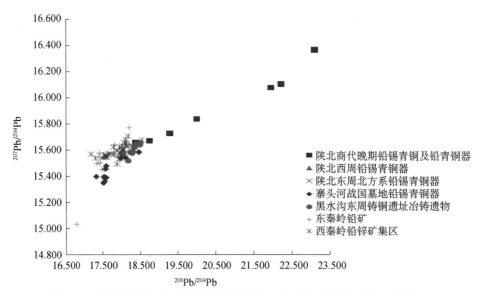

图 6-4　陕北青铜器与铅矿铅同位素比值散点图（$^{206}Pb/^{204}Pb$-$^{207}Pb/^{204}Pb$）

6.2　殷墟出土北方系青铜器的来源与产地

从目前的研究来看，中原与北方地区的交流最早可以追溯到二里头文化时期[1]，而在殷墟时期，双方的交流发展到了一个顶峰。在殷墟青铜器的所有外来文化因素中，北方的文化因素是最多最显著的。林沄先生在其早年著名的《商文化青铜器与北方地区青铜器关系之再研究》[2]一文中，曾对殷墟与北方地区的交流在青铜器上的影响有过经典的论述。他以妇好墓为例，将该墓出土的羊首刀、铜镜、铃首锥状器与我国北方及外贝加尔地区出土的同类器物相比，认为这些青铜器都是从中国的北方系青铜器分布区传来的，而且这些青铜器出现在妇好墓这样高规格墓葬的随葬品中，其意义已经不是在战争中掠夺异族随身物品那么简单，而是表明商人在日常生活中已开始借用一些北方系青铜器的成品。除了直接借用成品之外，在商人自己生产的青铜器中也反映出北方系青铜器的一定影响。林沄先生举了几件殷墟出土的兽首刀为例，这些刀的总体造型与北方系刀子一致，但动物头部的表现方法和典型的北方系兽首刀不同，他认为这是有着自己传统工艺技术和审美观念的商工匠仿制的北方系青铜器。另外，比仿制更重要的是，商人引进北方系青铜器的某些因素对自己的工具和武器加以改进，殷墟中常见的有銎戈、有銎钺及环首连柄刀便是明显的例证。从林沄先生的论述中，可以看出北方系文化因素在殷墟青铜器中有三种存在方式：借用、仿制和改进。自林沄先生之后，也有其他学者如乌恩[3]、郑振香[4]等人也提出过大致相同的观点，都肯定了殷墟与北方之间存在强烈的互动关系。即便从林沄先生文章发表的1982年至今已有四十多年，这期间殷墟陆续有许多新的发现，但从考古类型学及文化因素分析的角度来看，殷墟出土的北方系青铜器的来源无非就是这三种形式，而这三种形式的表述实际上隐含的是殷墟出土的北方系青铜器的产地问题。其中，商人对北方系青铜器的借用，实际上就是北方系青铜器成品的直接传入，其产地应在北方地

①　林沄. 早期北方系青铜器的几个年代问题//内蒙古文物考古研究所. 内蒙古文物考古文集. 北京：中国大百科全书出版社，1994.
②　林沄. 商文化青铜器与北方地区青铜器关系之再研究//苏秉琦. 考古学文化论集（一）. 北京：文物出版社，1987.
③　乌恩. 殷至周初的北方青铜器. 考古学报，1985（02）：135-156.
④　郑振香. 商文化与北方地区古文化的关系//北京市文物研究所. 北京建城3040年暨燕文明国际学术研讨会会议专辑. 北京：北京燕山出版社，1997.

区；而仿制和改进则是商人在本地仿制北方系青铜器或制作含有北方系文化因素的青铜器。

正如上文所述，在以往的考古学研究中对商人在本地仿制北方系青铜器的可能性已有论述，但从目前的考古发现来看，仅在孝民屯村西铸铜遗址中发现有数量较多的銎内戈范[1]，此外再无其他有关北方系文化因素青铜器冶铸遗物的相关报道。銎内戈是商人在吸收北方系文化因素的基础上对自有兵器的改进，并不是对北方系青铜器的直接仿制。因此，至今尚未有直接相关的证据来证明仿制北方系青铜器的生产活动在殷墟确切存在。所以当谈到殷墟出土的北方系青铜器时，我们大多时候会天然地认为这些器物是从北方地区直接输入中原的，无论是以战争掠夺的方式还是和平交往的形式。但是通过本书的分析却发现，不但殷墟早期的中原系青铜容器在大量使用高放射性成因铅矿料，而且在殷墟出土的北方系青铜器以及混合式青铜器中也有大量使用高放射性成因铅矿料的现象。其中，殷墟一、二期墓葬中出土的北方系青铜器几乎全部都是高放射性成因铅器物，与同时期的殷墟式青铜容器所使用的矿料是基本相同的。如此看来，这些北方系青铜器很有可能与殷墟的青铜礼容器一样，都是在安阳本地铸造的。

西安北郊秦墓铸铜工匠墓中曾出土有北方系动物纹牌饰的陶模具，有研究认为这是中原腹地工匠按照自身传统的制作工艺，为特定人群制作北方艺术品。[2]而本书发现同样的情形在殷墟也可能存在。这一结果本身是令人惊讶的，促使我们不得不对一些固有的认识进行重新审视。以三凸钮环首刀为例，这种刀在山西石楼二郎坡、石楼后兰家沟、河北青龙抄道沟、辽宁兴城杨河、抚顺望花、绥中冯家、殷墟小屯 164 号墓、大司空 539 号墓和王裕口村南 103 号墓都有出土[3]，这些刀的形制都颇为相似，但从器型上仍可分为两类，其中石楼和殷墟出土的刀刀体细长，柄刃间有凸阑，柄首凸钮为柱状；而河北和辽宁出土的刀刀体短小，柄刃间凸阑变短，柄首凸钮呈乳突

---

① 中国社会科学院考古研究所. 殷墟发掘报告 1958—1961. 北京：文物出版社，1987.

② 罗丰. 中原制造：关于北方动物纹金属牌饰. 文物，2010（03）：56-63+96.

③ 山西省文物管理委员会保管组. 山西石楼县二郎坡出土商周铜器. 文物参考资料，1958（01）：36-37；郭勇. 石楼后兰家沟发现商代青铜器简报. 文物，1962（Z1）：33-34+2；河北省文化局文物工作队. 河北青龙县抄道沟发现一批青铜器. 考古，1962（12）：644-645+7；锦州市博物馆. 辽宁兴城县杨河发现青铜器. 考古，1978（06）：387；抚顺市博物馆. 辽宁抚顺市发现殷代青铜环首刀. 考古，1981（02）：190；抚顺市博物馆考古队. 抚顺地区早期两类青铜文化遗存. 文物，1983（09）：58-65；王云刚、王国荣、李飞龙. 绥中冯家发现商代窖藏铜器. 辽海文物学刊，1996（01）：51-55；李济. 记小屯出土之青铜器：中篇 锋刃器. 考古学报，1949（04）：1-69；中国社会科学院考古研究所安阳工作队. 1980 年河南安阳大司空村 M539 发掘简报. 考古，1992（06）：509-517+579-581；中国社会科学院考古研究所安阳工作队. 河南安阳市殷墟王裕口村南地 2009 年发掘简报. 考古，2012（12）：3-25+1+97-105.

状。此外，三凸钮环首刀在米努辛斯克盆地也有较多发现，在形制上与我国北方地区的该类刀不同的是，其柄首凸钮低矮圆润呈泡状，且柄刃间凸阑不明显或没有凸阑。[①] 我国境内出土的三凸钮环首刀大多与商代晚期青铜器相伴出土，米努辛斯克盆地出土的该类刀属于卡拉苏克文化，年代与殷墟时期相当。但是这类刀在中原地区找不到祖型，因此有学者认为其原生地可能在长城沿线或米努辛斯克盆地，虽然殷墟也有出土，但绝非殷商文化的固有要素。[②]如此看来，三凸钮环首刀应是典型的北方系青铜器，所以在谈论殷墟出土的三凸钮环首刀的来源时，会自然地认为它们是作为成品输入安阳的。比如有学者通过随葬青铜器的类型来推测小屯 M164 中的死者可能是一名武士，而大司空 M539 的墓主人很可能是一名武职官员，这两座墓葬的年代都属于殷墟二期，因此其出土的三凸钮环首刀应该是武丁时期商王朝对西北方国的战争中所获的战利品，或是方国给商王的贡品。[③]然而，铅同位素比值分析结果却对我们这种固有的认识提出了挑战。本书的分析显示，大司空 M539 和王峪口村南 M103 的两件三凸钮环首刀都属于高放射性成因铅器物，也就是说这两件器物很可能就是在安阳本地制作的，而且这种可能性非常大。由此也说明商人在安阳地区确实存在仿制或者直接复制北方系青铜器的生产活动。然而更加有趣的是，石楼二郎坡和后兰家沟出土的两件三凸钮环首刀也是高放射性成因铅器物[④]，这两件铜刀在形制上与殷墟的同类器物最为相似，而与河北辽宁的同类器物稍有区别。关于这两件铜刀的年代问题有很多学者做过研究。但是由于石楼所在的晋陕高原地区出土的商代晚期青铜器大多没有经过科学发掘，缺乏明确的地层关系和共存陶器，所以在青铜器的断代分期上只能参考殷墟出土的同类器物来进行，而不同的学者在同一群青铜器绝对年代的判定上看法也不尽相同。其中关于后兰家沟铜器群的年代，张长寿、郑振香与陈志达认为可早到盘庚迁殷至武丁时期，李伯谦认为只属于武丁时期，朱凤瀚则认为可具体到武丁早期，而邹衡、刘军社认为属于武丁晚期至祖甲时期；关于二郎坡铜器群的年代，张长寿、李伯谦认为大致相当于祖庚至康丁时期，郑振香、陈志达、朱凤瀚认为属于武丁晚期至祖甲时期，刘军社认为属于廪辛文丁时期，而邹衡则认为可晚到帝乙帝辛时期。总体来看，除刘军社、邹衡认为石楼二郎坡青铜器的年代可晚到殷墟晚期以外，基本上大

---

① 李明华. 商周时期中国北方与南西伯利亚地区青铜刀的比较. 赤峰学院学报（汉文哲学社会科学版），2010，31（05）：11-16.

② 李刚. 中国北方青铜器的欧亚草原文化因素. 北京：文物出版社，2011.

③ 刘一曼. 殷墟青铜刀. 考古，1993（02）：150-166.

④ Cao D . The Loess Highland in a Trading Network（1300-1050 BC）. Princeton：Princeton University，2014.

部分学者都认为石楼后兰家沟和二郎坡的青铜器年代大致应属于殷墟早期，而且后兰家沟青铜器的相对年代要早于二郎坡。由此来看，石楼的两件三凸钮环首刀的年代与殷墟出土的该类铜刀的年代应大致相当。鉴于它们都属于高放射性成因铅器物，而且在形制上颇为相似，而又与河北辽宁的同类器物相区别，我们不妨大胆设想，商人在安阳仿制了南西伯利亚地区的三凸钮环首刀，并在仿制的过程中不自觉地按照自己的审美观念将柄首的凸钮制作成高细的柱状，柄身交界处的阑更加突出，之后这些仿制的铜刀成品又流入了晋陕高原。

如果这一假说成立的话，那将使我们原先对于中原与北方之间文化交流方式的固有看法有极大的改观。因为三凸钮环首刀并不是孤例，比如，殷墟花园庄东地 54 号墓出土的铃首锥状器，与山西保德林遮峪出土的觿形器是同类器物，二者形制极为相似，同时二者也都是高放射性成因铅器物。花东 M54 的年代为殷墟二期偏晚阶段，相当于祖庚祖甲时期，而保德林遮峪铜器群的年代与花东 M54 的年代大体同时或略晚，其年代下限为殷墟三期，相当于廪辛至文丁时期。如此来看，在殷墟仿制的北方系青铜器也可能流传到了离安阳更远的保德地区。通过石楼后兰家沟、二郎坡以及保德林遮峪出土的众多殷墟式青铜礼容器来看，这种可能性是非常大的，而且这些殷墟式青铜礼容器也大多是高放射性成因铅器物。[①]这些仿制的北方系青铜器很有可能是同这些殷墟式青铜容器一道陆续流入晋陕高原的。

另外，殷墟有人祭、人殉的埋葬习俗，在殷墟的宫殿、陵墓、作坊等遗迹中发现有大量的祭祀坑，而且在殷墟甲骨文中也有较多"人祭卜辞"的记载。从时代来看，甲骨文里有关人祭的卜辞以武丁时期为最多，武丁时期对外征伐频繁，用来杀祭的殉人应该是战争俘虏，而羌人是人祭卜辞中记载的主要的杀戮对象。[②]羌是商王朝以西的方国或部族的泛称，活跃在现今的陕甘地区，有研究认为，殷墟王陵区人祭坑中的人骨遗骸便是甲骨文记录的羌人，而且锶同位素的分析结果也表明殷墟王陵区祭祀坑中的殉人大多来自陕、甘一带。[③]另外，在殷墟侯家庄西北冈王陵区东部发现一些祭祀坑中随葬有成套的刀、斧、砺石，称之为"刀斧葬"[④]，而这些随葬的刀、斧大多

---

① Cao D. The Loess Highland in a Trading Network（1300-1050 BC）. Princeton：Princeton University，2014.

② 胡厚宣. 中国奴隶社会的人殉和人祭（下篇）. 文物，1974（08）：56-67+72.

③ 唐际根，汤毓赟. 再论殷墟人祭坑与甲骨文中羌祭卜辞的相关性. 中原文物，2014（03）：24-28.

④ 高去寻. 刀斧葬中的铜刀. "中研院"历史语言研究所集刊，1967，37：355-381；高去寻，杨锡璋. 安阳殷代王室墓葬地. 殷都学刊，1988（04）：15-19.

是环首刀、兽首刀以及管銎斧，是典型的北方系青铜工具，由此也可见这些祭祀坑中的殉人应该是北方族群的成员，而这些随葬的北方系青铜器很可能为他们生前所用。[①] 同样，在殷墟宫殿宗庙遗址中也发现有随葬北方系青铜工具的祭祀坑。本书分析了小屯北地丁组基址 1 号房基址南部的 M10 祭祀坑出土的 6 件青铜器，该葬坑中埋有三具俯身葬人骨，应属于殉人，时代为殷墟一期。经分析的 6 件青铜器中，4 件管銎斧是典型的北方风格器物，2 件环首刀的刀身则保留了中原传统扁茎刀的直背翘尖的形制，属于混合式器物。铅同位素分析显示这些青铜器都使用了含高放射性成因铅的矿料，表明其产地很可能是安阳本地，而不是由这些被杀祭的北方族群成员从北方地区随身携带到安阳的。如果说这些随葬的青铜器是殉人生前所用器具的话，那么可以推测至少在殷墟一期时即有北方族群成员在安阳居住，这些北方族群成员或许是战俘，或许是北方方国所贡的奴隶，他们使用刀、斧等工具进行日常劳作，为商王朝贵族服务，但是在宫殿房屋奠基或宗庙祭祀活动中又被商贵族无情杀戮。

　　从以上的分析来看，似乎可以确定殷墟有制作北方系青铜器的生产活动存在。但正如前文所提到的，目前在殷墟已发现有大量的铸造容器所用的范、模、芯，也有铸造殷墟式兵器、工具、车马器的范，其中还有较多制作混合式青铜器銎内戈所用的范，但至今却仍未发现有制作典型的北方系青铜器所用的陶范，然而在一些殷墟出土的使用了高放射性成因铅矿料的北方系青铜器上确实可以看到范线痕迹，比如 M539：37 的刀背正中便可见双合范的范线痕迹。所以如果没有陶范等相关的铸铜器具或遗物发现的话，那将是证明殷墟仿制北方系青铜器的证据链中的一大缺环。目前关于殷墟铸铜遗址的发掘与研究表明，殷墟的铸铜作坊应该是有明确分工的，或许还存在官营与民营的区别，比如苗圃北地便是一处规模较大、以生产礼器为主的在殷王室控制下的铸铜作坊，而孝民屯西则可能是一处规模较小的、以生产工具和武器为主的民营铸铜作坊。[②] 据此推测，或许殷墟另有专门制作北方系青铜器的小型作坊，只是还未被发现。不过相对于殷墟式青铜器的制作量来说，仿制的北方系青铜器的数量可谓极少，所以这种仿制的生产活动应该很难形成一定的规模，而且铸造这类小件器物的陶范也相对较难保存下来。

　　以上是基于铅同位素比值的特征，对殷墟出土的北方系青铜器的来源及产地问题

---

① 朱凤瀚. 由殷墟出土北方式青铜器看商人与北方族群的联系. 考古学报，2013（01）：1-28.
② 中国社会科学院考古研究所. 殷墟的发现与研究. 北京：科学出版社，1994.

的一种推测。殷商文化相对于周边地区是一种先进而强势的文化，但是文化之间的交流与传播不可能是单向的，即便是在一种强势文化与一种弱势文化的交往过程中，这种交往关系也应该是双向互动的。只是从本书的研究来看，北方系青铜文化对商文化的影响比我们想象中要更加深刻。从甲骨卜辞的研究可以看出，商代晚期尤其是武丁晚期，商王朝多次对外征伐，其兵锋所向主要是安阳的西部和西北部，即晋陕高原地区，可见北方人群与商人关系不睦，对中原地区构成了很大的威胁。所以在这样的背景下，商人仿制北方系青铜器与偶尔地通过战争掠夺或纳贡得到北方系青铜器的意义是不同的。仿制北方系青铜器已不仅仅是一种单纯追求其独特装饰风格或寻求使用功能上某些便利的生产活动，而更是一种文化选择，北方族群虽是商人劲敌，但其北方系青铜文化却在一定程度上得到了商人的认同。这或许也是北方文化因素在殷墟中显著存在的原因。当然，并不是殷墟出土的所有北方系青铜器都一定是在殷墟仿制的。从矿料上来分辨只是提出一种可能的解释。因为并不是所有殷墟出土的北方系青铜器都使用高放射性成因铅矿料，比如王峪口村南 103 号墓出土的镜形器的铅同位素比值便与其他殷墟二期的北方系青铜器不一样，是一件普通铅器物。而且并不是所有使用高放射性成因铅矿料的殷墟出土的北方系青铜器就一定是在殷墟仿制的，这需要具体问题具体分析。

实际上，殷墟与北方地区的交流不会简单地遵循某一种或某几种模式，二者之间的交往形式一定是非常复杂的。因此，就目前的研究现状而言，对于探讨青铜器的来源及产地问题，考古类型学和文化因素分析方法仍然是非常重要的方法[1]，这两种方法有成熟的理论基础和研究实践，对于研究某一类器物尤其是混合文化因素器物的源流及归属具有重要的方法论意义。而铅同位素分析方法虽然行之有效，在考古学中也得到了大量应用，但仍处于方法摸索和数据积累阶段，而且该方法本身也存在明显的局限性，比如铅同位素比值存在重叠现象，不同的成矿时间和成矿环境可以产生不同特征的铅同位素比值，也可产生相同和相近的铅同位素比值；另外，不同来源的铅混合后会使得铅同位素比值数据居于几种矿料的比值之间，因此在使用铅同位素数据示踪矿料来源的区域时应采取慎重态度。[2]不过在研究同一地区、同一时代甚至同一单位出土的青铜器时，使用铅同位素比值数据来还原这些青铜器的原料特征及冶铸环境

---

① 俞伟超. 楚文化的研究与文化因素的分析. 楚文化研究论集，1987，1：1-15；李伯谦. 论文化因素分析方法. 中国文物报，1988-11-04.
② 彭子成，邓衍尧，刘长福. 铅同位素比值法在考古研究中的应用. 考古，1985（11）：1032-1037.

信息，不失为一种好的方法。因此，将铅同位素比值分析方法作为类型学研究和文化因素分析之外的一种辅助手段，对所分析的青铜器进行同源聚类分析，可以对固有的研究结论进行一定的修正，另外也能从新的视角提出一些新的见解，在一些存在争议的问题上拓展研究的思路。

6.3　陕北商代晚期青铜器的来源与产地

前文根据铅同位素比值特征，探讨了殷墟出土的北方系青铜器的来源问题，指出在安阳本地存在制作北方系青铜器的可能性。那么再回头来看陕北地区出土的商代晚期青铜器的铅同位素比值特征，将之与殷墟青铜器相比较，从而探讨陕北乃至晋陕高原地区与殷墟的渊源关系。

陕北所在的晋陕高原地区是我国北方系青铜器的主要出土区域，也是殷墟式青铜器和北方系青铜器共存现象最显著的地区。从文化因素分析的角度，陕北地区出土的商代晚期青铜器基本可以分为殷墟式、混合式、土著式（即北方式）三类。实际上这种分类方式的背后隐含的是陕北商代晚期青铜器的产地问题。从以往的研究来看，大部分学者认为殷墟式青铜器是通过战争、贸易、赏赐或其他方式直接或间接来自商文化区，而混合式铜器和土著式铜器则全是在当地铸造的。

从矿料特征来看，陕北商代晚期青铜器中也是高放射性成因铅器物与普通铅器物并存，与殷墟青铜器的矿料特征相符。本书分析的 17 件陕北出土的商代晚期青铜器中，尊、盘、瓿、銎内钺、卷刃三銮刀、铃首剑以及 4 件直线纹斧等共 10 件青铜器为高放射性成因铅器物，其余 7 件则为普通铅器物。可以发现，这 10 件高放射性成因铅器物中囊括了陕北商代晚期青铜器中殷墟式、混合式以及土著式等三种不同风格类型的器物。其中，子洲出土的 6 件殷墟式青铜容器，从器物的形制、纹饰、铸造工艺以及合金成分等几个方面来看，与殷墟出土的同类器物都非常相似，而根据铅同位素的分析结果则可以进一步确认这些青铜容器是直接来自安阳无疑。但是，除了这些典型的殷墟式青铜容器含有高放射性成因铅以外，像铃首剑、直线纹斧、銎内钺、卷刃三銮刀等一些我们一直认为是在当地铸造的土著式青铜器和混合式青铜器中也含有高放射性成因铅，而且其数量还比较显著，因此这些高放射性成因铅器物的出现一定不是偶然现象。曹大志在对与陕北地区文化面貌相似的晋西北地区出土的商代晚期青铜器进行铅同位素分析后发现，97 件北方草原风格和晋陕高原本土风格的青铜器[①]中有 43 件为高放射性成因铅器物，占这两类铜器总数的 44%。[②]总体来看，整个晋陕高原出土的土著式和混合式青铜器中高放射性成因铅器物都占有很大的比例。前文提到了大量使用含有高放射性成因铅的金属矿料是殷墟青铜器的一个非常显著的特征，并探讨了殷墟仿制北方系青铜器的可能性，而晋陕高原出土的这些含有高放射性成因铅的北方系青铜器则正好印证了这种可能性。如果说殷墟式青铜容器可以确定是在安阳铸造完成之后再传入晋陕高原的话，那么这些含有高放射性成因铅的北方系青铜器也可以通过相同的途径或方式在安阳制作完成后再传入晋陕高原。

然而，事情或许并没有这么简单。那些在殷墟出土的含有高放射性成因铅的北方系青铜器有可能是在安阳制作的，那么在晋陕高原出土的含有高放射性成因铅的北方系青铜器就一定都是在安阳制好后再传入晋陕高原的吗？关于青铜器产地的确认，除了类型学和文化因素分析之外，还需要有铸造工艺观察、合金成分、矿料来源、铸铜遗迹遗物以及陶范或泥芯的分析数据等多重证据，但是本书的研究仅有基本的技术特征数据和铅同位素比值的分析数据支撑。铅同位素比值数据只能显示晋陕高原出土的北方系青铜器使用了与殷墟青铜器相同的矿料，但并不能确切地说明这些青铜器的产地一定就是安阳。

殷商时期，在殷墟以外的很多遗址，比如三星堆遗址[③]、新干大洋洲商墓[④]、金沙遗址[⑤]以及汉中的城洋地区[⑥]，都发现有数量较多的含有高放射性成因铅的青铜器，高放射性成因铅矿料在商代晚期的应用范围之广可见一斑。这些遗址或墓葬在文化面貌上都显示出了与中原商文化的密切关系，但其自身又都具有非常鲜明的地方特色，而且无论是中原系青铜器还是地方特色的青铜器都同样使用了高放射性成因铅矿

① 曹大志按照风格特征将晋陕高原出土的商代晚期铜器分为安阳风格（Anyang style）、北方草原风格（northern steppe style）、本土风格（local style）三种。虽然在某些器物是属于北方草原风格还是本土风格的分类上有所不同，但总体上曹大志所划定的这两种风格器物的内涵与本书所使用的乌恩等学者提出的土著式和混合式的分类内涵是相同的。
② Cao D . The Loess Highland in a Trading Network（1300-1050 BC）. Princeton：Princeton University，2014.
③ 金正耀，马渊久夫，Chase T，等. 广汉三星堆遗物坑青铜器的铅同位素比值研究. 文物，1995（02）：80-85.
④ 金正耀，Chase W T，平尾良光，等. 江西新干大洋洲商墓青铜器的铅同位素比值研究. 考古，1994（08）：744-747+735.
⑤ 金正耀，朱炳泉，常向阳，等. 成都金沙遗址铜器研究. 文物，2004（07）：76-88+1.
⑥ 金正耀，赵丛苍，陈福坤，等. 宝山遗址和城洋部分铜器的铅同位素组成与相关问题//西北大学文博学院，陕西省文物局. 城洋青铜器. 北京：科学出版社，2006.

料。从铅同位素比值散点图来看（图 6-5、图 6-6），这些遗址中高放射性成因铅青铜器的数据点有较好的聚类分布，且互有重叠，表明它们所用的高放射性成因铅矿料来源应是相同或相近的。从类型学和文化因素的角度来分析，大部分学者认为这些遗址中出土的地方特色青铜器是在本地生产的。其中最具代表性的是对三星堆遗址出土的商器与非商器的产地研究。苏荣誉通过铸造工艺的考察，认为三星堆出土的所有青铜器都是采用了中原地区的青铜器铸造技术在本地生产的，而三星堆铸铜遗迹的发现也进一步佐证了其本地存在冶铸生产的能力。[①]崔剑锋等重新分析了三星堆遗址祭祀坑出土的部分青铜器的成分、工艺和铅同位素比值，认为三星堆文化的大部分本地青铜器很有可能是外地工匠携带着金属原料来到三星堆后在很短时间内铸造而成的。[②]另外，汉中城洋地区出土的镰形器等地方特色的器物从冶金技术的角度来看也属于本土冶铸的产物。[③]总体来看，无论是从文化因素的角度分析还是从技术的角度论证，这些使用了高放射性成因铅矿料的地方特色器物都被证明是在当地生产的。

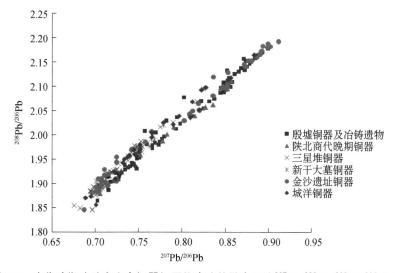

图 6-5　商代晚期遗址出土青铜器铅同位素比值散点图（^{207}Pb/^{206}Pb-^{208}Pb/^{206}Pb）

①　苏荣誉. 三星堆祭祀坑青铜器铸造工艺的初步考察//孙华，苏荣誉. 神秘的王国. 成都：巴蜀书社，2003.
②　崔剑锋，吴小红. 三星堆遗址祭祀坑中出土部分青铜器的金属学和铅同位素比值再分析：对三星堆青铜文化的一些新认识. 南方民族考古，2013（00）：237-250+472-473.
③　陈坤龙，梅建军，赵丛苍. 城固宝山遗址出土铜器的科学分析及其相关问题. 文物，2012（07）：85-92.

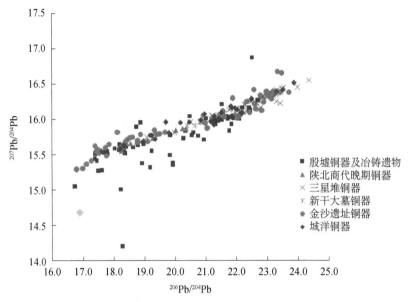

图 6-6　商代晚期遗址出土青铜器铅同位素比值散点图（$^{206}Pb/^{204}Pb$-$^{207}Pb/^{204}Pb$）

同理，我们是否也可以这样推测晋陕高原地区出土的使用了高放射性成因铅矿料的地方特色青铜器也存在本土生产的可能性？本书对陕北出土的商代晚期青铜器的合金成分分析显示，北方系青铜工具、兵器的合金元素含量普遍较低，锡含量大多在4%以下，铅含量大多在5%以下，与同时期的殷墟青铜器形成鲜明的对比。其中最典型的例子是ZZ006，其材质为锡青铜，平均含锡量仅为3.4%，其合金配比与其功能并不匹配，抗拉强度、硬度等机械性能应较差，显然该铃首剑的制作者在锡矿料的使用上受到了较大的限制，或者在合金配比的控制方面水平较低，但是铅同位素比值分析却显示其使用了含有高放射性成因铅的矿料。因此，有理由推测这件铃首剑应该是在资源条件或技术水平方面受限的晋陕高原本地工匠使用从安阳输入的高放射性成因铅矿料制作的。

朱开沟遗址曾出土用于铸造青铜工具的石范，在陕西安塞化子坪也曾征集到铸造铜刀的石范，近年来在石峁遗址和辛庄遗址都发现了铸铜遗物，这些都表明晋陕高原地区至少在公元前2千纪便已具备了青铜冶铸能力。另外，在审视晋陕高原出土的含有高放射性成因铅的北方系青铜器时，我们会注意到，其中除了有削刀、斧、锛、铃、弓形器等这些日常使用的小件工具、车马器，以及铃首剑、管銎斧、銎内钺、三銎刀这类作战用兵器或仪仗类兵器外，还有一些诸如直线纹簋、高三足盘、带薄而宽扉棱的瓿、带铃觚等容器。这些容器与典型的殷墟式青铜容器显然是不一样的，它们是殷墟常见容器的形制与北方装饰风格相结合的产物。现有的研究都认同，殷墟式青铜礼容器本身是达成某种宗教目的和政治目的的工具，其表现出来的艺术性背后是有一定的宗教力量与政治力量的。[①]这些宗教力量与政治力量有着相同或相似的审美，因此在礼器的形制与纹饰的选择、演变中也有一定的规范，这也是殷墟式礼容器会有很高辨识度的原因。殷墟礼器的拥有者应该视这种制器的规范是神圣不可侵犯的，所以我们很难想象晋陕高原出土的这些脱离殷墟制器规范的"世俗"产品是出自安阳工匠之手，即便安阳有与商人理念、习俗不同的北方族群的人定居，但在被商王朝严格控制的青铜冶铸作坊中也大概不会容忍出现这种逾越礼制的青铜器。因为对礼器的改制与对北方系青铜工具的仿制是不同的。所以对这一现象的最合理的解释是，这些殷墟式青铜礼容器的仿制品是在晋陕高原本地铸造的，晋陕高原的统治者接纳了商礼并极力模仿，在仿制的过程中又根据自己的审美观念和使用习惯对器物进行了改造。鉴于青铜容器的铸造是一个复杂的工程，因此掌握铸造大型容器技术的工匠也可能从安阳来到了晋陕高原，而且这些殷墟容器的仿制品与同时期的殷墟青铜器使用了相同的高放射性成因铅矿料，可见供应安阳的矿料也通过安阳又传入了晋陕高原地区。

如此看来，战争与掠夺、纳贡与赏赐或许并不是中原与北方之间的全部交往内容，应该还存在着更多的民间经济交流和人群往来迁徙。在这样的交往过程中，除了青铜器成品的流通，也包括铸铜原料的交易，而且其中也不乏铸铜工匠的流动。总之，无论是哪种可能性，商代晚期晋陕高原与安阳之间交流的复杂程度与广度都比我们想象中要深远得多。

然而，就目前来看，这种复杂的交往方式也并非不可想象，因为晋陕高原的青铜文明在殷商时期的兴盛并不是一个孤例。正如前文提到的，当我们审视整个殷商时期的青铜文化时，会发现在以中原地区为核心的一个大的时空范围内，先后出现了许多集中出土青铜器的区域，这一地理范围北及内蒙古中南部至辽西一线，西抵晋陕高原西缘乃至巴蜀盆地，南达长江以南的赣江流域。强大的殷商文化以青铜礼器为载体对这一范围内的青铜文化产生着深远的影响，形成了一个"青铜礼器文化圈"。[②]而通过

---

① 张光直. 中国古代艺术与政治：续论商周青铜器上的动物纹样. 新亚学术集刊, 1983 (04): 29-35.

② 徐良高. 文化因素定性分析与商代"青铜礼器文化圈"研究//中国社会科学院考古研究所. 中国商文化国际学术讨论会论文集. 北京：中国大百科全书出版社, 1998.

铅同位素比值的分析发现，这个"青铜礼器文化圈"内与商文化联系紧密的区域，在铸铜原料的选择上也与殷墟在一定程度上相同或相似。这表明在商代晚期，在商文化影响所及之处，在礼制、习俗、观念传播的同时，也伴随着金属资源的流动。这对于理解商代晚期社会经济的发展与生业形态的面貌具有重要的意义。

第 7 章

陕北地区与周边地区
青铜文化的关系

7.1 与中原地区的关系

陕北地区所在的晋陕高原是我国北方系青铜器出土的主要区域。而"北方系青铜器"是一个内涵较为宽泛的学术概念。从中国考古学的角度来看，它指代的是我国北方农牧交错地带出土的形制较为特殊且具有发展延续性的青铜器，这些青铜器在器类、器型、纹饰和艺术风格上有别于中原青铜器，而与欧亚草原地带的青铜器有密切的关系。从其概念的表述上来看，北方系青铜器主要是相对于中原系青铜器而言的，突出的是与中原典型器物的相异而与欧亚草原的共性因素。但是考古学的研究却表明，陕北地区与中原地区的关系非常密切，该地区出土青铜器中大量的中原系青铜器的存在正是对这种紧密关系的最具说服力的诠释。看来，陕北与中原之间是一种相互区别的共存关系，而其中二者之间的相异与趋同的程度正是考古学研究关注的问题。

商末周初的陕北地区归属于李家崖文化，而这个时期正是李家崖文化的繁盛期。该文化有以花边鬲、蛇纹鬲、仿商式陶簋、肩部压印云雷纹的折肩或溜肩罐为代表的陶器群，而且从清涧李家崖城址及近年来辛庄遗址的发现来看，这支考古学文化遗存所反映的社会组织是以农业经济为基础的有邑居的定居社会。[①]如此看来，陕北地区的人群相比于中原地区的商人虽具有一定的流动性，但显然并不属于欧亚草原游牧人群中的一支。甲骨卜辞及金文的研究表明，安阳西北方向的晋陕高原地区一直是中原王朝用兵的主要方向，但由于甲骨卜辞中关于殷商王朝西北地区方国的记述极不翔实，各个学者对卜辞中方国地望的解释也很不一致，目前主要有土方、鬼方、𢀛方、沚方等多种意见，其中以鬼方、𢀛方的意见占据主导地位。但无论是哪个方国，从考古学的研究来看，晋陕高原的人群应该是属于同一文化系统的。这支人群不受商王朝的直接控制，但却使用着商人的青铜器，接纳并尊崇商人的礼制，并用其约束和规范自己。

① 常怀颖. 山西保德林遮峪铜器墓年代及相关问题. 考古，2014（09）：63-74+2.

陕北地区受中原文化的强烈影响是多方面的。陕北地区的人群不但在上层建筑中接纳了中原的礼制，而且其青铜冶金技术也与中原同属一个体系。从陕北出土的北方系青铜器的科学分析来看，其材质类型主要是铅锡青铜和锡青铜，与中原铜器同样属于以锡、铅为主要合金元素的合金配制体系。而这与同时期的欧亚草原地区铜器是截然不同的。在青铜器的制作工艺方面，陕北出土的北方系青铜器包括铸造、热锻、冷加工等工艺，但器物的成形工艺都是铸造，锻打只是铸后的加工方式，这与中原地区的青铜器成形技术是相同的。另外，陕北出土的北方系青铜工具上可以见到明显的铸造范线，但是否采用陶范铸造，因没有直接证据还不好下定论，而安塞出土的铜刀石范表明陕北地区存在石范铸造技术。清涧李家崖城址中曾出土铜渣、陶范、坩埚残片等铸铜遗物[①]，表明商代晚期陕北地区已存在青铜冶铸活动，从该地区出土的地方特色鲜明的小件工具、武器来看，陕北的人群应该具备铸造小型青铜工具、武器的能力，在青铜冶金技术方面受中原地区影响较大，但与中原的青铜冶金工业相比，陕北地区的青铜冶铸业还处于相对比较初级的阶段。除此之外，陕北地区在铸铜原料上也受到了中原地区的强烈影响。陕北地区出土的商代晚期北方系青铜器中有很大一部分使用了与殷墟相同的高放射性成因铅矿料。在没有条件和能力控制矿源的情况下，为铸造青铜器从邻近地区进口矿料是必然的。从本研究的分析来看，安阳应是陕北地区最主要的矿料来源地。含高放射性成因铅的矿料对于安阳来说本身也是外来的，而关于这种特殊矿料的来源，目前学术界有"西南说""江南说""中原说"等不同的看法，莫衷一是。从金属矿料的流通来看，陕北地区与中原地区之间的关系已经不再是单纯的战争与掠夺的关系，而有更深层次的经济往来。金属矿料在当时作为一种稀缺资源，它的流通必然会引发一系列连锁反应，包括技术、文化以及人群的更密集传播与流动。

当然，文化的交流不可能是单向的，即便这种交流发生在两个强弱对比鲜明的文化之间。北方的文化因素在殷墟中也有很多发现，而且这种影响在整个殷墟时期一直延续。除了像妇好墓、花东 54 号墓这种高规格的墓葬中出土有北方系青铜器外，在一些祭祀坑、陪葬坑中也有北方系青铜器出土。先不论这些祭祀坑或陪葬坑的埋葬者是否为来自北方族群的俘虏，单看北方文化因素的影响范围是很广的。而且殷墟中不光出土有北方系青铜器，也同样发现了李家崖文化的陶器。[②]而本书进而发现，殷墟

---

①　陕西省考古研究院. 李家崖. 北京：文物出版社, 2013.

②　常怀颖. 山西保德林遮峪铜器墓年代及相关问题. 考古, 2014（09）：63-74+2.

出土的北方系青铜器所使用的矿料绝大部分也是高放射性成因铅矿料，说明这些青铜器非常可能是在安阳本地制作的。这样看来，北方对于中原的影响已不是一种简单的器物的输入与获取，而是商文化对于北方系青铜文化的某种认同。这对于理解晋陕高原与中原地区的关系是有重要意义的。

7.2　与晋西北地区的关系

由于地貌特点及出土的商末周初时期青铜器在类型特征方面存在较多的相似性，在北方系青铜器的研究中，南流黄河两岸的陕西北部和山西西北部黄土高原地区往往作为一个区域整体被称为晋陕高原。

陕北集中出土青铜器的地点有清涧、绥德、子洲等地，晋西北集中出土青铜器的地点有石楼、柳林、保德等地，从出土青铜器的基本面貌上来看，南流黄河两岸的晋陕高原地区在商末周初时期应归属于同一考古学文化系统。但是有学者根据各地点铜器群的器物组合与构成，认为晋陕高原出土的商末周初青铜器可分为"石楼类型"和"保德类型"，持这种观点的学者以俄罗斯学者瓦廖诺夫[①]以及蒋刚[②]、沃浩伟[③]为代表。这种观点认为，"石楼类型"和"保德类型"不仅在青铜器的组合上存在差异，而且其代表的两支不同人群在兴起的时代上也存在先后顺序。其中，晚商早期，重视礼制且与中原保持密切联系的"石楼类型"已在整个晋西北、陕北黄河两岸地区兴起；而到了晚商晚期，尚武且与欧亚草原地区关系更密切的"保德类型"开始在晋西北偏北地区出现并逐渐南进挤压"石楼类型"居民的生存空间，"石楼类型"居民不得已放弃了黄河以东的晋西北地区，向西退缩到了黄河以西的陕北地区。曹玮也注意到了黄河两岸的陕北和晋西北地区在铜器群的器物构成及特征上表现出一定的差异性，其中陕北出土的商代青铜容器大多接近于殷墟的同类器物，晋西北的青铜器则大量地模仿和改造商式青铜器，而且晋西北还出土了一些既不见于殷墟也不见于陕北的

---

①　瓦廖诺夫. 商代至西周早期中国北方诸小族的考古遗存——年代、分布及文化关系问题. 中国古代北方民族考古文化国际学术研讨会（公元前 16 世纪～公元 14 世纪）. 呼和浩特：内蒙古文物考古研究所，1992.

②　蒋刚. 南流黄河两岸出土青铜器的年代与组合研究//杨建华，蒋刚. 公元前 2 千纪的晋陕高原与燕山南北. 北京：科学出版社，2008.

③　沃浩伟. 晋陕高原商周时期青铜器分群研究//杨建华，蒋刚. 公元前 2 千纪的晋陕高原与燕山南北. 北京：科学出版社，2008.

特殊器物，如铜弓形饰、龙形觥、铎形器、高三足盘、变形龙纹带铃觚、高柄带铃豆等。由此，他认为黄河两岸应存在着两个文化上有极大相似性的不同方国，陕北境内的是鬼方，而活动在晋西北的是𠬝方。[1]实际上，曹玮的观点与蒋刚等人的观点存在着某种暗合，他们都认为在商末周初时期晋陕高原地区存在着两支不同人群，而且这两支人群与安阳的关系亲疏有别。对此，常怀颖[2]提出了不同意见。他对所谓的"保德类型"铜器群的年代重新进行了判断，认为将南流黄河两岸的铜器群划分为两个年代存在先后的类型尚缺乏有力的证据，晋陕高原的铜器群应属于同一文化系统，而对于黄河两岸是否文化系统相同但却存在不同人群的观点则持保留意见。这些注意到晋陕高原区域内部存在差异的观点虽然还存在争议，但审视铜器群之间在组合和类型特征方面存在的不同，对于进一步深入探讨该地区青铜器的区域性特征具有非常重要的意义。

从同一地点出土铜器群所包含的文化因素的角度来看，晋陕高原出土的商末周初铜器群往往是中原系青铜礼容器与北方系青铜器相伴出土的，只含有单纯的中原文化因素的铜器群仅占少数，而且大多分布于黄河西岸的陕北地区。[3]虽然这些铜器群绝大多数不是发掘出土的，或许并不能完全真实地反映其最初埋藏时器物组合与构成的本来面貌，但是这种现象仍值得引起注意。2010年子洲关王岔商墓出土的青铜器，便是典型的只包含单纯中原文化因素的铜器群，其埋藏年代最早应在殷墟二期。该批容器纹饰精美、制作精良，与殷墟出土的同类器物相比有过之而无不及，在类型特征、铸型组合、合金成分以及矿料来源等方面都与殷墟青铜器的特征非常相似，基本可以认定是在安阳铸造的等级比较高的青铜礼容器。如此高规格的殷墟式礼容器集中出土于远离安阳的黄河西岸的一座墓葬中，而且该铜器群中未见有北方系青铜文化因素的器物存在，这本身便是一个值得重视的现象。

如果从某一件青铜器上所包含的文化因素来分析的话，晋陕高原地区除了有典型的殷墟式青铜礼容器之外，还出土了一些兼具殷墟青铜器形制与北方装饰风格的商文化本地类型青铜器，出土数量虽不多，但特征非常明显，主要有高圈足直线纹簋、敛口贯耳壶、带薄而宽扉棱的瓿、高三足盘、带铃觚、高柄带铃豆等共十余件器物。在

① 曹玮. 陕北出土青铜器. 陕北的商代青铜器研究. 成都：巴蜀书社，2009：1-43.
② 常怀颖. 山西保德林遮峪铜器墓年代及相关问题. 考古，2014（09）：63-74+2.
③ 对已发表的晋陕高原出土青铜器资料进行不完全统计，全部是殷墟式青铜器的铜器群出土地点共有10处。其中分布于晋西北地区的有2处，分别是忻州连寺沟、永和；分布于陕北地区的有8处，分别是清涧寨沟、子长李家塌、子长柏树台、吴堡冯家塌、甘泉寺坨子、甘泉安家坪、绥德高家川、子洲关王岔。

该类青铜器的出土数量及类型的丰富程度上，晋西北地区都超过了陕北地区。从目前的资料来看，正如曹玮所指出的，陕北地区出土的商代青铜容器绝大多数接近于殷墟出土的同类器物，而晋西北地区模仿和改造殷墟青铜器的现象更加明显。而子洲关王岔青铜器的出土似乎更加强化了这一认识。曹玮将青铜器中所表现出的这种地域性差别的原因归结为陕北与晋西北分别活动着鬼方和舌方两个不同的方国，陕北的鬼方与殷商王朝的关系较为友好，容易接受殷商文化的影响，而舌方长期与殷商敌对，对殷商文化有较大抵触，所以仿造器物的现象盛行。这一观点可备一说，但还需要更多的考古证据加以佐证。

在元素成分和铅同位素比值的分析结果上，晋西北商代晚期青铜器与陕北商代晚期青铜器表现出基本一致的特征。殷墟式青铜器的锡铅含量较高，而且大多数使用了含有高放射性成因铅的矿料，与殷墟出土青铜器的基本技术特征相符；北方系青铜器的锡铅含量相对较低，或许反映了晋陕高原地区人群在锡铅等金属的使用上受到一定制约，但该地区的人群应该已经能够有意识地对工具类器物进行加工硬化以弥补其材质在硬度上的不足；另外，部分北方系青铜器也使用了与殷墟青铜器相同的含高放射性成因铅的矿料。正如前文所分析的，虽然相较于中原地区，商代晚期晋陕高原的青铜冶金技术尚处于较为初级的阶段，但其合金配制技术与中原地区应同属于铜锡二元合金或铜锡铅三元合金体系，除了直接从安阳输入青铜器成品外，晋陕高原还从安阳进口铸铜原料以解决该地区在金属矿料上的匮乏问题。

总体来看，陕北与晋西北虽然被黄河分割为两个地理单元，但在商代晚期这两个地区应同属于一个大的文化系统。两个地区不但在青铜器上表现出基本一致的文化面貌，而且拥有相似的以陶器为统一标杆的考古学文化谱系，在青铜冶金技术和矿料来源上也具有相同的特征，并且表现出与殷墟青铜文化非常密切的关系，而位于晋中盆地的灵石旌介应该是晋陕高原与安阳进行交流的中转站之一。至于陕北与晋西北在铜器群的器物组合及构成上所表现出的区域性差异，或许是同一文化系统内存在不同人群的反映。

7.3 与关中地区的关系

前文提到，陕北地区的人群与商人的关系非常密切，但是在地理位置上却又远离商王朝的核心控制区。除了通过晋中、晋东南地区作为中转地与商人进行交往以外，关中地区应该是陕北北方系青铜文化与殷商文化进行交流的另一条通道。

在早商时期，商文化即已进入关中平原东部到达西安、铜川一线，形成了以耀州区北村和西安老牛坡等遗址为代表的早商文化北村类型；中商时期继续西进到渭河中游的周原地区，与本土文化相融合形成京当型商文化；约到殷墟二期阶段商文化又退回到关中东部的渭河下游地区，形成了商文化老牛坡类型。而从二里岗上层时期开始，在关中地区西部与京当型商文化相邻的主要有先周文化、刘家文化和碾子坡文化。①可见关中地区的考古学文化具有类型众多、结构复杂的特点。而这种特点在青铜器上也有直接的体现。关中地区出土的商代青铜器除了有大量来自东方的商文化因素外，还有来自北方游牧民族青铜文化的因素以及南方汉中盆地早期蜀文化的因素，另外也有关中地区独特的因素。②其中含有北方草原文化因素的青铜器在二里岗时期即在关中地区有零星的发现；至商代晚期其出土数量开始增多，出土范围也逐渐扩大，在西安、岐山、扶风、蓝田、渭南、三原、麟游、铜川、武功、彬州、淳化等地均有出土，其中以位于子午岭南缘的彬州断泾二期遗存和淳化黑豆嘴类型最具代表性。张天恩认为断泾二期遗存应是李家崖文化南下的一支，受到了晚商文化老牛坡类型强烈影响，并接受了先周文化的部分因素；而黑豆嘴类型是与北方青铜文化有密切关系并受到商文化影响的、尚未被完全清楚认识的新文化。③这两类文化遗存的年代上限为殷墟三期，表明至少在殷墟三期，北方草原青铜文化已越过子午岭进入了关中地区，与关中东部的商文化以及关中西部的先周文化产生了交流。进入西周纪年以后，北方系青铜文化与关中地区周文化的交流似乎在逐渐减弱，西周青铜器在陕北地区发现较少，主要集中在延安地区，在北部的榆林地区则没有发现西周时期的青铜容器，而且这时期陕北地区的北方系青铜器出土数量也很少，看起来直到晋、秦崛起之前，西周时期的陕北地区处于一个政治势力的真空期。

目前的考古发现与研究表明，关中东部地区在商代早中期即已经存在青铜冶铸生产活动。西安老牛坡遗址④中曾发现炉渣、残炉壁、陶范、木炭屑及红烧土块等大量

---

①　张天恩. 关中商代文化研究. 北京：文物出版社，2004.
②　李海荣. 关中地区出土商时期青铜器文化因素分析. 考古与文物，2000（02）：35-47.
③　张天恩. 关中商代文化研究. 北京：文物出版社，2004.
④　刘士莪. 老牛坡. 西安：陕西人民出版社，2001.

与铸铜相关的遗迹、遗物，研究表明该遗址是一处规模大、延续时间长的冶炼和铸造兼备的重要聚落所在。蓝田怀珍坊遗址①中也出土了大量炉渣、木炭、炉壁残块等冶铸遗物，另外还出土一块圆形铜饼，但未见有陶范等与青铜器铸造相关的遗物，可能是专门冶炼铜料的场所。周公庙遗址发现的先周时期残范、炉渣等遗物基本可以表明，周人控制的关中西部地区，在商代晚期也已经开始自己制造青铜器。②梅建军、韩汝玢曾对碾子坡遗址出土的2件铜鼎和1件铜瓿进行了分析检测，其中鼎的材质为红铜，瓿的材质为铅锡青铜。③杨军昌曾对关中地区出土的26件先周铜器样品进行科学分析，其中有16件铅锡青铜、4件铅青铜、3件锡青铜和3件红铜。青铜器皆为陶范铸造成形，部分兵器、工具可能在铸后曾经过冷热加工。他认为，周人大约在公元前12世纪中叶掌握了铸造容器的方法，但铸铜技术比较原始，表现在器物纹饰简单、合范粗疏、做工粗糙，主要仿制商器，材质以红铜为主；此后，周人使用的铜合金大致经历了由红铜到锡青铜、铅青铜和铅锡青铜混用，再到以铅锡青铜为主的发展过程。④

可见，关中东部地区由于属于商人的势力范围，相应地一直存在着大规模的青铜冶铸活动；而占据关中西部的先周文化，在与商文化的交往过程中，积极吸收和引进商人先进的冶金技术，使得周人的青铜器制作技术得到了快速的发展。与关中地区不同的是，陕北地区的青铜冶金业处于相对初级的阶段，产品大多是小件的工具、武器，尚缺乏独立铸造大型容器的能力，陕北地区出土的青铜容器大多直接由中原地区输入，仅有少量的混合式容器，如直线纹簋、带薄而宽扉棱的瓿等器物可能是在陕北本地铸造的。商代晚期的关中东部地区，是殷商王朝统治区域的西部边界，在与周人交往的同时，也承担着联络中原与汉中、中原与陕北的交流中转地的角色。商代晚期，中原周边地区兴起较多本土特征鲜明的青铜文化区域类型，围绕中原地区交织成一张区域间文化交流的网络，而陕北、关中作为这张网络上的节点，在区域间交流的同时，与中原地区保持着紧密的联系。

---

① 西安半坡博物馆，蓝田县文化馆. 陕西蓝田怀珍坊商代遗址试掘简报.考古与文物，1981（03）：48-53.

② 种建荣，雷兴山. 先周文化铸铜遗存的确认及其意义. 中国文物报，2007-11-30（007）.

③ 梅建军，韩汝玢. 碾子坡先周文化铜器的金相检验和定量分析报告//中国社会科学院考古研究所. 南邠州·碾子坡. 北京：世界图书出版公司北京公司，2007.

④ 杨军昌. 陕西关中地区先周和西周早期铜器的技术分析与比较研究. 北京：北京科技大学，2002.

7.4 　与内蒙古中南部地区的关系

陕北地区在北部与内蒙古中南部河套地区的鄂尔多斯相邻，由于考古学文化面貌上的相似性，有的学者也将内蒙古中南部河套地区纳入广义的晋陕高原范围内。[①]

分布在该地区的朱开沟文化是我国北方草原地带的一支非常重要的考古学文化，该文化从龙山晚期至青铜时代早期的发展序列清晰、内涵丰富、特点鲜明，近年来考古调查发现在榆林和延安地区有一批文化内涵与朱开沟文化相同的遗存，年代下限为西周早期，与李家崖文化平行发展且关系密切。[②]春秋战国时期，内蒙古中南部地区活跃着两支北方系青铜文化，分别是分布在鄂尔多斯及陕北神木的桃红巴拉文化，以及分布在内蒙古乌兰察布的毛庆沟文化。这两支文化在功能性很强的北方系青铜工具和武器方面表现出较大的相似性，但在反映其传统因素的葬俗和陶器方面差别较大，毛庆沟文化接受中原文化的影响较多，而桃红巴拉文化则很少见中原文化的影响，发达的青铜圆雕动物形装饰品及金银饰品是桃红巴拉文化晚期遗存中最显著的特点。[③]

李秀辉、韩汝玢等学者曾对50余件朱开沟文化青铜器进行了科学分析研究[④]，经分析的器物大多为兵器、工具、车马器及装饰品，另外还有鼎、爵、耳杯等少部分容器；时代大致涵盖了朱开沟文化第三段至第五段，相当于夏代中期至商代早期阶段。朱开沟三、四段出土的青铜器大部分为小件的饰品、工具，铜器的制作仍以锻造为主，而且红铜、锡青铜、铅锡青铜并存，表明此时已处于青铜时代早期。从朱开沟遗址五段开始出现了鄂尔多斯式青铜器，有青铜短剑、刀、泡、鍪等，器物的制作以铸造为主，兼有热加工、铸后热冷加工，材质有锡青铜、铅锡青铜、含砷锡青铜，已步入较发达的青铜时代。第五段还出土了斧范，说明青铜的生产已较前期有了较大发

① 张忠培，朱延平，乔梁. 晋陕高原及关中地区商代考古学文化结构分析//内蒙古文物考古研究所. 内蒙古文物考古文集. 北京：中国大百科全书出版社，1994.

② 马明志. 朱开沟文化的流布及相关问题研究. 西部考古，2009（00）：135-153.

③ 杨建华. 春秋战国时期中国北方文化带的形成. 北京：文物出版社，2004.

④ 李秀辉，韩汝玢. 朱开沟遗址早商铜器的成分及金相分析. 文物，1996（08）：84-93；李秀辉，韩汝玢. 朱开沟遗址出土铜器的金相学研究//内蒙古自治区文物考古研究所. 朱开沟：青铜时代早期遗址发掘报告. 北京：文物出版社，2000.

展，而且还出土了鼎、爵、戈等典型的中原商式青铜器，表明中原二里岗上层文化已渗入该地区。

何堂坤等学者曾对鄂尔多斯博物馆收藏的 57 件春秋战国时期青铜器进行科学分析[1]，并综合韩汝玢、李秀辉等学者对朱开沟遗址出土青铜器的科学分析结果，分出朱开沟三、四段，朱开沟五段，商代晚期至西周，春秋战国时期等四个时期，对鄂尔多斯青铜合金技术的发展状况进行了讨论和总结[2]。研究结果表明：材质方面，早期即朱开沟三、四段时期存在少量红铜器物；铅锡青铜和锡青铜最为常见，并且锡、铅合金含量在朱开沟五段时期呈现出一个峰值水平，该时期许多标本显示锡、铅平均含量相对于朱开沟三、四段时期明显增加，由于商代晚期至西周时期的器物出土不多且分析工作较少，分析数据的可比性较弱，但春秋战国时期的青铜器标本检测结果显示锡、铅平均含量有明显降低趋势；其他材质如砷铜在朱开沟五段、黄铜在春秋战国时期仅有个别存在。另外，从器物功用与材质的关系方面看，从早到晚四个时期中兵器和工具一直以锡青铜和铅锡青铜为主，以朱开沟三、四段为代表的早期阶段，兵器、工具、饰品等不同功用的器物其合金成分无明显差别，到晚期即春秋战国时期的饰品中铅锡青铜和红铜、黄铜的比例增加，这表明了古人对于锡、铅合金元素比例与器物机械性能之间关系的认识在不断深化，反映了青铜合金技术水平的不断提高，虽然晚期青铜器的含锡量有所降低，但并不代表冶金技术的降低，很可能是与资源短缺有关。成形工艺方面则包括铸造、热锻和冷加工；值得注意的是，春秋战国时期为了弥补含锡量降低对兵器、工具机械性能的影响，普遍采用热、冷加工的技术手段达到改善使用性能的目的。

李家崖文化与朱开沟文化虽属于不同的文化谱系，但二者之间的关系密切，在青铜冶金技术的特征上，二者也表现出一定的相似性。根据本书的分析结果来看，代表商代晚期陕北地区本地冶金技术发展水平的工具、武器类器物的材质仍为红铜、铅锡青铜、锡青铜并存，器物主要为铸造成形，铸后加工的现象普遍，与朱开沟文化的青铜冶金技术相比，李家崖文化的青铜冶金技术并无很大的实质性转变与飞跃。春秋战国时期，陕北地区的青铜文化表现出与北方草原地区更加紧密的联系。陕北出

---

① 何堂坤，杨泽蒙. 鄂尔多斯春秋战国青铜器科学分析//《鄂尔多斯青铜器国际学术研讨会论文集》编辑组. 鄂尔多斯青铜器国际学术研讨会论文集. 北京：科学出版社，2009.

② 何堂坤，王志浩，王佩琼. 鄂尔多斯青铜合金技术初步研究//《鄂尔多斯青铜器国际学术研讨会论文集》编辑组. 鄂尔多斯青铜器国际学术研讨会论文集. 北京：科学出版社，2009.

土的春秋战国时期青铜器的材质以铜锡铅三元合金为主，青铜器的制作上铸后加工的现象普遍，在青铜冶金技术总体特征上与鄂尔多斯地区出土的青铜器具有一定的相似性。

总体来说，陕北地区与内蒙古中南部鄂尔多斯地区在考古学文化面貌、青铜冶金技术上都具有一定的相似性。

7.5　与欧亚草原地区的关系

由于地理位置的特殊性，晋陕高原地区不仅与中原地区保持着异常密切的关系，而且与南西伯利亚地区乃至欧亚草原地带的青铜文化交流频繁，充当着中原与欧亚草原之间交流的桥梁和媒介。晋陕高原的李家崖文化时代与南西伯利亚卡拉苏克文化的前期相当。二者在短剑、铜刀、管銎斧、空首斧以及弓形器等青铜器方面显示出较多的共性与联系，但二者在主体文化上是具有显著区别的。晋陕高原的北方系青铜器拥有自身的区域性特征，很多北方系青铜器与南西伯利亚地区青铜器形制相似，但并不完全相同。比如前文提到的三凸钮环首刀，虽然其祖型应起源于米努辛斯克盆地，但流传至晋陕高原后还是产生了变化，从而形成了晋陕高原北方系青铜器的区域性特征。

从冶金技术上来看，晋陕高原也表现出与南西伯利亚地区的不同，前文提到晋陕高原青铜器的合金配制体系与中原地区相同，同样以锡、铅为主要合金元素。而卡拉苏克文化至公元前 2 千纪末还在大量使用砷铜器物；晋陕高原出土的砷铜器物数量不多，而且多集中于春秋战国时期。另外，从周边地区冶炼砷铜的迹象来看，晋陕高原地区在拥有本土铸造能力的情况下，完全可能自己冶炼出砷铜。而相比于稍远的卡拉苏克文化，蒙古和外贝加尔地区与晋陕高原的关系更为密切。正如晋陕高原是中原与欧亚草原之间的中转站，蒙古和外贝加尔地区也在晋陕高原与卡拉苏克文化之间充当着桥梁的作用。

晋陕高原青铜文明的兴起并不是孤立的偶然现象。相比于二里岗时期，殷墟时期商人的势力范围已大为收缩。与此同时，在殷墟周边地区，除了北方的晋陕高原李家崖文化开始进入兴盛期外，在南方也出现了以广汉三星堆、湖南湘江流域以及江西赣江流域为主的几个区域性的青铜文化中心。①南方地区集中出土青铜器的这些区域跟晋陕高原一样显示出了非常浓厚的区域性特征，但同时也都与中原地区有着密切的联系。但是诸如三星堆、新干这些南方的青铜文化与中原地区之间的关系，更多体现在中原文化因素对它们的影响，比如三星堆遗址、新干大墓中都发现有中原常见的青铜礼容器；反之，这些南方青铜文化中一些具体器类与造型、装饰风格则未对中原青铜文化的核心部分构成影响。与之形成鲜明对比的是，晋陕高原的北方系文化因素却在殷墟中有显著的存在。本书发现，北方系青铜文化与中原殷墟青铜文化之间联系的紧密程度比我们想象中要更加深刻。如果在这样一个大的时代背景下，从商人的政治势力的消长及社会结构的变迁来看问题的话，会对晋陕高原与中原地区之间物质文化交流的密切程度有新的理解。当然，与三星堆和新干不同的是，晋陕高原处于中原和欧亚草原地带两种文化系统的过渡地带，在两种不同的青铜文明影响下，逐渐形成了自己独特的文化面貌，这种文化具有更强的冲击力，深刻地影响着中原青铜文化。

---

① 施劲松. 中原与南方在中国青铜文化统一体中的互动关系//高崇文，安田喜宪. 长江流域青铜文化研究. 北京：科学出版社，2002.

附　录

附表　陕北部分馆藏青铜器 pXRF 定性分析结果

序号	器物名称	馆藏编号	样品号	时代	材质判断
1	直线纹斧	绥德 140-8	SD002	商代晚期	铜锡铅
2	直线纹斧	绥德 140-10		商代晚期	铜铅
3	直线纹斧	绥德 140-1		商代晚期	铜锡铅（含砷）
4	直线纹斧	绥德 140-11	SD003	商代晚期	铜（含铅）
5	锛	绥德 153-11	SD006	商代晚期	铜锡铅
6	直线纹凿	绥德 153-4		商代晚期	铜锡铅
7	凿	绥德 142-X	SD013	商代晚期	铜（含铅）
8	锥	绥德 142-8		商代晚期	铜锡铅
9	直柄刀	绥德（SC30）		商代晚期	铜铅锡
10	直柄刀	绥德（SC48）		商代晚期	铜铅锡
11	刀	绥德（SC54）	SD014	商代晚期	铜（含锡）
12	环首小刀	绥德 146-16（SC16）		商代晚期	铜锡
13	环首刀	绥德（SC32）		商代晚期	铜锡
14	柱状凸钮环首刀	绥德（SC18）	SD024	商代晚期	铜锡（含铅）
15	尊	子洲 1116	ZZ001	商代晚期	铜锡铅
16	瓿	子洲 1117	ZZ002	商代晚期	铜锡
17	盘	子洲 1118	ZZ003/ZZ004	商代晚期	铜锡（含铅）
18	鼎	子洲 1113		商代晚期	铜锡（含铅）
19	提梁卣	子洲 1114		商代晚期	铜锡（含铅）
20	觚	子洲 1115	ZZ005	商代晚期	铜锡铅
21	铃首剑	子洲 0415-0096	ZZ006	商代晚期	铜锡（含铅）
22	直线纹锛	子洲 0409-0090	ZZ007	商代晚期	铜铅

序号	器物名称	馆藏编号	样品号	时代	材质判断
23	直线纹锛	子洲 0417-0098	ZZ008	商代晚期	铜（含铅）
24	卷刃三銎刀	子洲 0416-0097	ZZ009	商代晚期	铜锡铅（含砷）
25	三銎刀	子洲 0414-0095		商代晚期	铜锡（含铅）
26	凿	子洲 0410-0091		商代晚期	铜
27	銎内戈	清涧 0641-040		商代晚期	铜铅（含砷）
28	直线纹斧	清涧 0081-046	QJ001	商代晚期	铜铅（含锡）
29	直线纹斧	清涧 0080-047		商代晚期	铜铅
30	管銎钺	清涧 0656-042		商代晚期	铜锡铅
31	直内钺	清涧 0110-044		商代晚期	铜锡铅
32	锛	清涧 0705-153	QJ002	商代晚期	铜锡铅
33	半环首刀	清涧 0783-186		商代晚期	铜锡铅
34	銎内戈	米脂 828		商代晚期	铜锡铅
35	銎内钺	米脂 0220-A0112	MZ001	商代晚期	铜锡铅
36	斧	绥德 140-3		西周	铜锡铅
37	斧	绥德 140-4		西周	铜锡铅
38	斧	绥德 140-5	SD004	西周	铜锡
39	斧	绥德 140-2		西周	铜锡铅
40	斧	绥德 140-X		西周	铜锡铅
41	斧	绥德 153-3		西周	铜锡铅
42	斧	绥德 153-7		西周	铜锡铅
43	斧	绥德 153-10		西周	铜锡铅
44	锛	绥德 153-17	SD007	西周	铜锡铅
45	锛	绥德 153-15	SD008	西周	铜锡铅
46	锛	绥德 153-5	SD009	西周	铜锡铅
47	锛	绥德 153-14	SD010	西周	铜（含铅）
48	直柄刀	绥德（SC23）		西周	铜锡铅
49	刀	绥德（SC29）		西周	铜锡
50	刀	绥德 145-11（SC01）		西周	铜锡铅
51	刀	绥德（SC31）		西周	铜铅
52	刀	绥德（SC36）		西周	铜锡
53	刀	绥德（SC37）		西周	铜锡
54	刀	绥德（SC34）		西周	铜（含锡、铅）

序号	器物名称	馆藏编号	样品号	时代	材质判断
55	刀	绥德（SC27）		西周	铜锡铅
56	柱状凸钮环首刀	绥德（SC22）		西周	铜锡（含铅）
57	环首刀	绥德（SC50）		西周	铜（含锡、砷）
58	环首刀	绥德（SC41）		西周	铜锡铅
59	椭圆形首刀	绥德145-11（SC11）	SD017	西周	铜砷
60	椭圆形首刀	绥德145-12（SC12）		西周	铜锡（含铅）
61	残刀	绥德145-7（SC07）		西周	铜锡
62	圆首刀	绥德145-5（SC05）		西周	铜锡铅
63	蛇纹齿柄刀	绥德（SC25）	SD019	西周	铜锡
64	折线纹柄残刀	绥德145-6（SC06）	SD023	西周	铜锡（含砷）
65	銎首刀	绥德（SC55）	SD025	西周	铜砷
66	马镳	绥德（SC57）	SD026	西周	铜铅锡（含砷）
67	双环首刀	绥德（SC45）	SD027	西周	铜锡
68	半环首刀	绥德145-10（SC10）		西周	铜锡
69	椭圆形首刀	绥德145-3（SC03）		西周	铜锡砷（含铅）
70	锛	米脂823-A127		西周	铜锡铅
71	刀	米脂0223-A0115-2		西周	铜锡铅
72	锛	榆阳148		西周	铜锡铅
73	斧	绥德140-6		东周	铜锡铅
74	斧	绥德140-9	SD001	东周	铜锡铅
75	斧	绥德140-7		东周	铜锡
76	斧	绥德153-6		东周	铜锡铅
77	斧	绥德153-1		东周	铜锡铅
78	斧	绥德153-X	SD005	东周	铜锡（含铅）
79	斧	绥德153-12		东周	铜锡
80	斧	绥德153-9		东周	铜锡砷
81	斧	绥德153-13		东周	铜锡（含铅）
82	锛	绥德153-2		东周	铜锡铅
83	凿	绥德142-X	SD011	东周	铜锡铅
84	凿	绥德142-X		东周	铜锡铅
85	凿	绥德142-1		东周	铜砷
86	凿	绥德142-2		东周	铜锡铅

序号	器物名称	馆藏编号	样品号	时代	材质判断
87	凿	绥德142-3		东周	铜锡铅
88	凿	绥德142-4	SD012	东周	铜锡铅
89	凿	绥德142-5		东周	铜锡铅
90	凿	绥德142-6		东周	铜锡砷
91	凿	绥德142-7		东周	铜锡铅（含砷）
92	凿	绥德142-9		东周	铜锡铅
93	凿	绥德142-10		东周	铜
94	凿	绥德142-11		东周	铜锡铅
95	凿	绥德142-X		东周	铜锡
96	凿	绥德142-X		东周	铜锡砷（含铅）
97	刀	绥德（SC26）		东周	铜锡铅
98	刀	绥德145-8（SC08）		东周	铜锡铅
99	刀	绥德（SC28）		东周	铜铅锡
100	刀	绥德145-2（SC02）		东周	铜锡铅
101	刀	绥德（SC33）		东周	铜锡铅
102	环首小刀	绥德（SC21）		东周	铜锡铅
103	马镳	绥德145-9（SC09）		东周	铜铅锡
104	穿首小刀	绥德（SC52）		东周	铜锡铅
105	环首小刀	绥德145-4（SC04）		东周	铜锡（含砷）
106	鸟首小刀	绥德（SC56）	SD015	东周	铜砷
107	穿首刀	绥德（SC46）	SD016	东周	铜锡铅
108	环首刀	绥德（SC24）		东周	铜锡
109	残刀	绥德（SC39）	SD018	东周	铜锡铅
110	环首刀	绥德（SC47）		东周	铜锡铅
111	环首刀	绥德（SC44）		东周	铜锡铅
112	环首刀	绥德145-13（SC13）		东周	铜（含砷）
113	环首刀	绥德（SC20）		东周	铜锡铅
114	环首刀	绥德145-15（SC15）		东周	铜锡铅
115	鸟首刀	绥德145-14（SC14）		东周	铜锡
116	鸟首刀	绥德（SC38）	SD020	东周	铜锡铅
117	方环首刀	绥德（SC43）	SD021	东周	铜铅锡

序号	器物名称	馆藏编号	样品号	时代	材质判断
118	圆首刀	绥德（SC51）	SD022	东周	铜锡铅
119	残刀	绥德（SC53）		东周	铜
120	刀	绥德（SC19）		东周	铜（含锡）
121	刀	绥德（SC49）		东周	铜锡铅
122	刀	绥德（SC40）	SD028	东周	铜锡铅
123	刀	绥德（SC35）	SD029	东周	铜铅锡（含砷）
124	刀	绥德（SC42）		东周	铜锡铅
125	刀	绥德145-17（SC17）		东周	铜锡铅
126	鸟形带扣	神木445-116		东周	铜锡铅
127	四鹿形牌饰	神木445-116		东周	铜锡铅
128	联珠形饰件	神木445-116		东周	铜锡铅
129	半月形饰件	神木445-116		东周	铜锡铅
130	环形饰件	神木445-116		东周	铜锡铅
131	饰件	神木445-116		东周	铜锡铅
132	环首刀	神木69-69		东周	铜锡（含铅、砷）
133	镞	神木446-117		东周	铜锡砷
134	圆形牌饰	神木446-117		东周	铜锡铅
135	波纹饰件	神木446-117		东周	铜锡铅
136	锥管状饰件	神木446-117		东周	铜锡铅（含砷）
137	圆形牌饰	神木446-117		东周	铜锡铅
138	管状饰件	神木446-117		东周	铜锡铅
139	铃形杆头饰	神木446-117		东周	铜锡铅
140	兔形扣饰	神木696-193		东周	铜锡
141	耳环	神木695-192		东周	银铜
142	斧	神木402-105		东周	铜砷
143	环首刀	神木393-100		东周	铜锡
144	环首刀	神木68-68		东周	铜锡铅
145	虎形饰件	米脂0921-A0223		东周	铜锡铅（含砷）
146	刀	米脂0777-A0171		东周	铜锡铅
147	刀	米脂0900-A0212		东周	铜锡铅
148	方形牌饰	米脂0255-A0147		东周	铜锡铅
149	刀	米脂0223-A0115-1		东周	铜锡

续表

序号	器物名称	馆藏编号	样品号	时代	材质判断
150	矛	米脂 958-A162		东周	铜铅
151	戈	米脂 A53		东周	铜锡铅
152	戈	榆阳（不详）		东周	铜锡铅
153	剑	榆阳（不详）		东周	铜锡铅
154	牌饰	榆阳 0389		东周	铜锡铅
155	斧	榆阳 1-199		东周	铜砷（含锡）
156	环首刀	榆阳 198		东周	铜锡铅
157	环首刀	榆阳 198		东周	铜锡
158	简化兽首刀	榆阳 1-154		东周	铜锡铅
159	鸟首刀	榆阳 1-154		东周	铜锡
160	椭圆形铃	榆阳 1-287		东周	铜锡铅
161	方形铃	榆阳 1-286		东周	铜锡铅
162	龙形杖首	榆阳 1-89		东周	铜锡铅
163	环首饰件	榆阳 1-89		东周	铜锡铅
164	方形牌饰	榆阳 1-89		东周	铜锡铅
165	圆形牌饰	榆阳 1-89		东周	铜锡铅
166	卧鹿形牌饰	榆阳 1-89		东周	铜锡铅
167	盖弓帽	榆阳 1-89		东周	铜锡铅
168	马衔	榆阳 1-78		东周	铜锡铅
169	刀	榆阳 1-263		东周	铜（含锡）
170	刀	榆阳 1-261		东周	铜锡铅
171	刀	榆阳 1-82		东周	铜锡
172	刀	榆阳 1-262		东周	铜
173	刀	榆阳 1-268		东周	铜锡
174	刀	榆阳 1-271		东周	铜锡铅
175	刀	榆阳 1-270		东周	铜锡铅
176	刀	榆阳 1-272		东周	铜锡铅
177	刀	榆阳 1-260		东周	铜锡铅
178	环首刀	榆阳 1-267		东周	铜锡铅
179	环首刀	榆阳 1-259		东周	铜锡铅
180	环首刀	榆阳 1-269		东周	铜锡铅

序号	器物名称	馆藏编号	样品号	时代	材质判断
181	刀	榆阳 1-264		东周	铜锡铅
182	刀	榆阳 1-273		东周	铜锡铅
183	刀	榆阳 1-265		东周	铜锡铅
184	刀	榆阳 1-266		东周	铜锡铅

后　记

本书是在我的博士毕业论文基础上修改完成的。

2015 年我从北京科技大学科技史与文化遗产研究院博士毕业，进入故宫博物院工作，至今已 4 年时间了。在这 4 年时间里，与本书内容相关的晋陕高原地区及安阳殷墟的考古研究工作都取得了丰硕的成果。其中，陕西榆林神木石峁城址的石范、清涧辛庄遗址的陶范及铜渣等铸铜遗物的发现，为研究陕北地区夏商时期青铜冶金技术的发展源流提供了重要的实物资料；《晋西商代青铜器》一书的出版，也对晋陕高原北方系青铜器的研究具有重要的参考价值。与此同时，殷墟的考古工作也取得了重要的进展，刘家庄北地铅锭贮藏坑、辛店铸铜遗址、任家庄南地铸铜遗址的发掘，对于商王朝铸铜原料的来源以及铜器生产组织的发展研究具有重要意义。此外，近几年铅同位素考古学的重要论题——商代晚期青铜器中高放射性成因铅来源问题愈发受到学术界的关注，甚至出现了"非洲来源说"的论调，引发了学术界的大讨论；而国内铅同位素考古的先行者金正耀教授推翻了自己坚守三十余年的"西南来源说"，提出了商代青铜器中高放射性成因铅矿料应来源于豫西地区的观点。

学术界的研究成果日新月异，更加凸显我的研究进展如滚芥投针一般。如今在本书付梓之际，诚惶诚恐之感尤其。本研究寄望于立足冶金考古学的方法，为商周时期北方地区青铜冶金技术的发展和金属流通网络的研究提供数据支撑，力虽不逮意有余，愿献此一芹，接受方家及同人的批评。

拙著不成器，但它记录了这些年来我的每一步成长，而这些都离不开老师们的悉心培养、单位领导的鼎力支持和亲友们的包容爱护，我衷心地感谢他们！

我首先要感谢我博士就读期间的三位指导教师，他们是英国剑桥李约瑟研究所所长梅建军教授、中国社会科学院考古研究所刘煜研究员、北京科技大学科技史与文化遗产研究院陈坤龙教授。他们如灯塔一样，照亮了我的学术之路，引领我走入学术圣殿。梅建军老师谦谦君子，温润如玉，他待人一以贯之地谦逊、宽容、耐心，总是以循循善诱的方式引导我思考，总是以鼓励的口吻督促我的每一步成长，他的治学精神和人格魅力深深地感染着我。刘煜老师拥有多彩的人生，在她的身上科学思维和人文情怀完美融合，对我的学术研究思维方式产生了重要影响，她热情似火的生活态度，浓郁的诗歌情结，在耳濡目染中激发着我对一切美好事物的追求和向往。陈坤龙老师在学术研究上拥有敏锐的洞察力和强劲的执行力，是我辈之楷模，在梅建军教授赴任李约瑟研究所所长之后，他更多地承担起了我的日常学业管理和指导工作，每一次的不吝赐教都能让我茅塞顿开，生活中如兄长般的关爱与照顾，让我感到温暖备至。我很荣幸，他们也是本书的合著者，本书从立论选题、样品采集、实验设计、数据阐释，以及文章的撰写与修改乃至出版，每一个环节无不凝聚了三位恩师的汗水与心血。

　　感谢培养我的北京科技大学科技史与文化遗产研究院的全体老师们，研究院好似一个温暖的大家庭，这里的老师就像家中的长辈一样，关心呵护着我的成长与进步。特别感谢韩汝玢先生对本研究和我个人自始至终的支持与关怀，韩先生时刻关注着陕北及周边地区冶金考古的最新进展，经常提供给我相关的文献资料，对我的博士论文更是进行了通篇修改，提出了许多宝贵的意见和建议，使论文内容更加完善，思路更加清晰。感谢孙淑云先生在学习和生活中对我的关怀与帮助，孙先生不辞辛劳非常认真地审阅了我的博士论文，并提出了很重要的修改意见，令晚辈感动不已。感谢李延祥教授对我的提携与支持，他为我的博士论文提供了非常重要的殷墟孝民屯铸铜遗址出土的冶铸遗物样品。感谢李秀辉副教授在金相组织描述和文章格式方面提出了重要的修改意见。感谢北京大学考古文博学院的陈建立教授在实验室研究和论文写作中给予的指导和帮助。感谢潜伟教授、李晓岑教授、章梅芳教授、魏书亚教授、马泓蛟老师、程瑜老师、赵维丽老师，他们在学术研究和学校日常事务中给予了我很多的指导和帮助。也感谢曾与我同时在校的师兄马赞峰、袁凯铮、邵安定、席光兰，同学李博、王璞、陈国科、王力丹、刘海峰、郁永彬、黄超、刘畅、王璐、王颖琛，以及无法在此一一具名的所有与我有过交集的同学们，他们在学习和生活上给予了我很多帮助和关照，在此深表谢意。

　　特别感谢陕西省考古研究院时任院长王炜林先生，因为他的热心支持和统筹安排，我在陕西榆林地区的实地考察才得以顺利开展。我先后三次赴榆林地区考察，其间承蒙陕西省考古研究院马明志副研究员、邵安定研究员，榆林市文物保护研究所乔建军所长、榆林市文物考古勘探工作队周健队长的热情安排和大力支持，使得考察工作圆满完成。另外，在考察过程中，绥德、子洲、清涧、米脂、榆阳、神木、靖边等地的博物馆和文物管理单位均积极配合并给予了最大的帮助，在此一并致以衷心感谢！

特别感谢南方科技大学的唐际根教授，他在担任中国社会科学院考古研究所安阳工作站站长期间，获悉本文对殷墟出土北方系青铜器的铅同位素比值分析计划后，百忙之中立即做出积极回应，与我分享他的想法，并提出了非常重要的指导意见；我也很荣幸能够邀请他作为我博士论文的答辩委员会主席，现场审视检验研究成果。同时也非常感谢安阳工作站的岳占伟、何毓灵两位老师在调查取样过程中给予的最大支持和帮助。

感谢北京大学考古文博学院的崔剑锋副教授在微量元素分析和铅同位素比值分析方面提供的指导和帮助。感谢山西省太原市国土资源局的张宏亮先生在地理位置绘制方面提供了技术支持。感谢故宫博物院的黄婧女士在数据统计图的处理上提供的支持和帮助。

衷心感谢我的工作单位故宫博物院，能在博士毕业后成为一名"故宫人"我感到非常荣幸，单位为我提供了生活的保障以及便利的科研条件和继续攀登的阶梯，承蒙领导和同事们平日里的信任和鼓励，我在完成本职工作的同时还能继续开展本书的研究和写作。

本书的研究工作曾得到国家文物局文化遗产保护领域科学和技术研究课题"陕北地区出土先秦铜器及冶铸遗物科学分析研究"（20110114）的资助，在此一并致谢。

最后，我要特别感谢我的父亲、母亲、妻子、女儿，以及所有关心爱护我的亲人们，感谢他们一直以来的理解和支持。对于因忙于工作而导致生活中的角色缺位，我深感愧疚。从小，父母对我的教导方式虽然一贯严厉，但从来不会给我施加太多的压力；长大后，他们也总是对于我所做的决定持尊重的态度，感谢他们塑造了我，感谢他们的信任和无私奉献，我深感无以为报，希望自己有所长进，希望不会让他们失望，希望能永远陪他们岁月静好。

刘建宇

2019 年 7 月